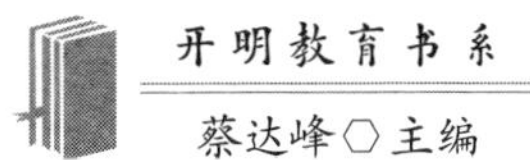

开明教育书系

蔡达峰〇主编

教育必须是科学的

陈一百教育文选

陈一百〇著

裴云〇选编

开明出版社

“开明教育书系”
总　序

中国民主促进会（以下简称民进）是以从事教育、文化、出版工作的高、中级知识分子为主的参政党。民进创立以后，在中国共产党的指引和帮助下，积极投身爱国民主运动，在这个过程中，发挥自身优势，举办难民补习培训，创办中学招收群众，参加妇女教育活动，在解放区开展扫盲教育，培养青年教师。

新中国成立以后，民进以推进国家教育事业发展为己任，贯彻党的教育方针，倡导呼吁尊师重教。

一方面，坚持不懈地为教育发展建言献策。从马叙伦先生在任教育部长时向毛泽东主席反映学生健康问题，得到了毛主席关于“健康第一”的重要批示，到建议设立教师节、建立健全《教师法》《职业技术教育法》《民办教育促进法》等法律法规、深化教育改革、促进学前教育发展、义务教育均等化、加强教师队伍建设、中小学教材建设、减轻学生课业负担等等，提出了一系列高质量的意见建议。

另一方面，坚持不懈地开展教育服务。改革开放以来，围绕“四化”建设的需要，持续举办了大量讲座和培训，帮助群众学习，为民工子女、下岗职工、贫困家庭子女、军地两用人才、贫困地区教师等提供教育服务，创办了文化补习学校、业余职业大学、专科学校、业余中学等大批学校，出现了当时全国第一所民办高中、规模最大的民办高校、成人教育学院、民办幼儿教育集团等；不断开展“尊师重教”的慰问、宣传和捐赠等活动，拍摄了电视片《托着太阳升起的人》；举办了一系列教育服务的研讨会和交流会。

在为教育事业长期服务的过程中，民进集聚了越来越多的教育界会员，现有的近19万会员中，约60%来自教育界，其中大部分是中小学教师。广大会员怀着崇高的使命感和责任感，爱岗敬业、默默奉献、积极作为，在教育事业和党派工作中取得了卓越的成就，涌现出无数感人的事迹，赢得了无数的赞誉，涌现出大量优秀教师、校长和著名教育家、专家学者、教育管理者等，他们共同写就了民进的光荣历史，铸就了民进的宝贵财富，是民进的自豪和骄傲。

系统地收集和整理民进会员的教育论著和教育贡献，是民进会史研究和教育的重要任务，对于民进发扬优良传统、加强自身建设、激励履职尽责具有积极的意义，对于我们深入学习多党合作历史、深入开展我国现当代教育历史研究，也具有重要的理论和现实意义。民进中央对此高度重视，组织编辑“开明教育书系”，朱永新副主席和民进中央研究室的同志们辛勤工作，邀请会内外专家学者共同参与，历时数年完成了编写工作。谨此，向各位作者和编辑同志，向开明出版社，向所有关心和支持本书编撰工作的同志，表示诚挚的感谢。

全国人大常委会副委员长

民进中央主席 蔡达峰

2022年12月

前言

科学与进步：陈一百先生的教育追求

裴 云

教育家小传

陈一百先生生于1909年，卒于1993年，广西壮族自治区北流市人。先后毕业于金陵大学教育学专业和美国康奈尔大学教育心理学专业。

陈一百先生首先是一位教育实践家，先后在光华大学、大夏大学、国立师范学院（湖南蓝田）、中山大学、南宁师范学院、广西大学、广东师范学院、广东教育学院、华南师范学院、广州师范学院任教，曾任广东师范学院副院长、广州师范学院院长，热心教学工作，精心指导学生，尽心办好学校，影响了一大批学生和同事，特别是为广东省的师范教育工作做出了巨大贡献。

陈一百先生也是一位教育理论家，先后从事教育心理、教育测量、教学理论、教育政策、师范教育等方面的研究，发表了很多文章，特别是在教育方针、教育统计、师范教育方面提出了很多真知灼见。

他对于中国传统文化、西方教育学理论、苏联教育理论都有很深的了解，并熟练地掌握，能够把这些思想和方法结合起来，灵活运用于理论研究和教学实践中。他特别重视西方先进教育理论的学习和传播，为此翻译了很多外国文献。

陈一百先生还是一位社会活动家，先后担任民进广州市委员会主任委员、民进广东省委员会主任委员、民进中央常委和全国政协委员、广东省政协常委、广东省教育学会副会长、广东省心理学会副理事长等职务。

一、陈一百先生的生平

（一）家世

陈一百先生，1909 年 9 月诞生于广西壮族自治区北流市民乐镇萝村的一个教育世家。他虽然一辈子都生活在学校里，但是由于所处时代的社会局势动荡不停，其经历也是波澜起伏、颇多曲折。

陈氏家族历来思想进步、热心教育。陈一百先生的曾祖父陈宗鲁、祖父陈开桢在清朝末年提倡实学、新学，在当地积极兴办新式中小学和师范学校，并担任校长。

他的父亲陈柱先生（1890—1944）早年曾留学日本，学习机电专业，后来志向转变，回国到南洋大学学习国文专业，很快就学识卓著。毕业后回到广西担任梧州中学校长六年，进行了大刀阔斧的改革。后在无锡国学专科学校、大夏大学、光华大学、交通大学、中央大学等校任教授，著作达 90 多种，是近代著名的国学家。

（二）学业

因为父亲对于当时的小学堂不满意，所以陈一百没有上过正规的小学，而是在家接受父亲及其朋友的教育，在数学、中文、外语方面都奠定了扎实的基础。1922 年随父亲到无锡上中学，用两年多时间就学完了全部中学课程。1924 年，年仅 15 岁的陈一百就考取了金陵大学。

他在文学方面家学深厚，有很高的文学素养。在大学期间，担任《金陵月刊》主编，既写古体诗又写作现代诗，出版了著作《陶渊明诗研究》《曹子建诗研究》。

但是他在专业上并没有继承父业，攻读比较热门的国文专业，而是选择了冷门的教育学专业。因为他认为文学，尤其是古典文学，不能救国，唯有教育才能救国。这种想法在当时堪称奇志。因为那时正经历着中国近现代教育史上第一次“去师范化”浪潮，大多数高等师范学校改为普通大学，很多中等师范学校改为高中，师范教育陷入低谷，很少有人愿意学习教育学。

1929 年从金陵大学毕业后，他希望到教育最发达的国家去学习最先进的教育理论，就在 1930 年到美国康奈尔大学研究院学习，专攻教育心理统计与测量，学习了最先进的教育学、心理学理论，以及相关的科学研究方法，并了解了当时先进的自然科学技术。获得硕士学位后，他又先后到加州大学和斯坦福大学研究院深造。

（三）1949 年以前的经历

1934 年，陈一百先生结束留学，回到中国。

此时中国教育界的形势又发生了一些变化。因为在他留学期间，中国教育界发生了一件大事：1931 年，欧洲教育专家应中国政府邀请来华考察，提出《中国教育之改进》报告，认为中国教育不应该向美国学习，而应该保存和发展中国自己的文化，反对美国的教育科学化、专业化，认为教师没有必要学习很多教育知识和方法；因此中国政府在 1932 年派出教育考察团到欧洲学习，回来以后陆续推行了一系列教育体制改革。这个事件直接导致了中国社会对于美国教育、教育科学的怀疑和国学教育运动的兴起。

在此情况下，他依然坚持“教育救国”的理想、相信教育科学的价值，拒绝了广西地方政府的高官厚禄，投入师范教育工作，先后在上海的光华大学、大夏大学的教育学院担任教授。

这是两所很有意思的私立大学。现在的人们一般认为私立大学喜欢开办热门专业，不会开办教育学这样的冷门专业。而且这两所大学都是在 1924 年的学潮中从著名大学（圣约翰大学、厦门大学）出走的师生创办的，办学条件比较艰苦。但是这两所大学的赞助者和教授们在这种情况下居然非常重视教育学专业，把这个专业办得风生水起。光华大学有廖世承、孟宪承等大教育家。大夏大学的教育学院则是该校最大、最著名的学院。所以陈一百到这两所学校任教不是偶然的，这两所学校在解放后合并为华东师范大学，其教育学科水平至今全国最高，也不是偶然的。

他在光华大学、大夏大学开设教育统计和教育心理测量课程，至少写作了九篇论文，把当时最先进的理论与方法介绍给同事和学生，给中国教育界带来了科学研究方法的清风。他不但担任《教育研究通讯》和《心理学季刊》主编，还致力于科学普及教育，翻译了《生物学讲话》等国外科学著作。

1938 年，陈一百先生到新建的国立师范学院任教。

这是一所特殊的学校。经历了十几年的困境，加之战争的逼迫，国民党政府终于认识到师范教育的重要性和过去政策的失误，于是在 1938 年 7 月颁布了《师范学院规程》，逐步恢复独立的师范教育体系。其中最重要的一项举措就是在湖南省建设一所新的国立师范学院，由著名教育家廖世承先生担任筹备委员会主任。廖先生原任光华大学副校长，也曾留学美国，对心理测量很重视，所以邀请陈一百先生前来任教。

这所学校建在偏僻的安化县蓝田镇里，不仅教学、生活条件很差，而且经常面临战争威胁，两次因日军迫近而搬迁。在这种情况下，广大领导、教师和学生不畏艰难、奋发教学，可谓“栉风沐雨，筚路蓝缕，薪火相传，玉汝于成”，在中国师范教育史写下了辉煌的一页。

那时，多数人看不起师范院校、教育专业。所以这所学校虽然是师范学院，并由教育家担任院长，但是教育专业在这所学校里的地位还是比较低的。钱钟书就是被父亲钱基博先生逼着来到这所学校，从事自己厌恶的教学工作，不到两年就实在无法忍耐，跑到上海沦陷区去了。所以他在小说《围城》中把以这所学校为原型的三闾大学描述得非常不堪，而且还说“在大学里，理科生瞧不起文科生，……教育系学生没有谁可以给他们瞧不起了，只能瞧不起本系的先生”。

陈先生就是“连学生都瞧不起的”教育系教师。他和钱基博先生一样，本来可以随着自己原来任职的学校迁到远离战区、条件较好的贵州，但是依然积极响应廖世承先生的号召来到临近战区、条件很差的山区小镇，为学校的发展做出了很大贡献。可能是因为忙于教学、工作条件比较差，他在这段时间的著述比较少。

陈先生虽然长期处于专业鄙视链的最底端，但是相信教育事业、教育科学的价值，执着于自己“教育救国”的理想；即使后来经历了更多的波折和委屈，也从来没有动摇过，始终热爱教学工作，在师范院校的教育系里坚持了一辈子，为学生和社会奉献终身，但是自己的著述却比较少，名气不是很大。这正是典型的现代教育家，而非传统的书斋文人。

抗战结束后，陈先生于 1946 年到广州任中山大学师范学院教授，不久担任了院长。广州的工作条件比较好，他一面做教学和管理工作，一面继续研究心理测量。他还招聘多位教育学家，使教师队伍迅速壮大。但是安稳的日子并不长。1949 年至 1953 年的短短四年间，他的生活经历了剧烈的起伏，所以著述也比较少。

他虽然很少直接参加政治活动，但是一向思想进步，并且受到了弟弟陈三百的影响。陈三百 17 岁参加革命，18 岁加入中国共产党，曾经在南京、上海从事地下情报工作，被日寇囚禁三年，坚强不屈，后来长期从事军队文艺工作。

1949 年 3 月，中山大学附属中学发生了学生反抗校长迫害的斗争，陈一百先生领导的师范学院对学生们给予支持。斗争胜利后，师生们拥护陈先生兼任附中校长。4 月，国民党政府迁到广州之后，师生的反独裁、反迁校、迎解放活动运动受到进一步镇压，他依然积极参与这些活动，冒着危险保护和营救学生。

1946 年由桂林迁到南宁的（广西）师范学院，在 1949 年 5 月也爆发学潮，反动的院长被进步师生们赶走。7 月，陈先生应邀担任南宁师范学院院长，支持师生们的进步活动。11 月，人民解放军发起广西战役，陈先生积极组织师生迎接解放。

（四）1949 年以后的经历

1950 年 2 月，遵循师生要求和新政府安排，南宁师范学院师生在陈一百先生的带领下迁回桂林，并入广西大学，成为广西大学师范学院（后称义教学院），陈先生继续担任院长。1953 年，全国院系调整，广西大学撤销，原来师范学院的教育系调整到华南师范学院，其他专业重新组建广西师范学院。他于是回到广州，此后就再也没有离开。

新中国成立初期是中国师范教育史上第二个高峰期，师范院校的数量和规模远远超过了第一个高峰期（民国初年）。仅仅在广州就建设了华南师范学院、广东师范学院、广州师范学院、广东教育学院、广州教育学院五所高等师范院校，陈先生就曾经在其中四所院校任教。

刚回到广州时，他先在中山大学任教授、教育研究室主任，1961年到广东师范学院（由原来的广州师范学院和广东师范学院合并而成）任教授、副院长，大力提高该院的教学质量和教育研究水平。1964年，广东师范学院停办后，到广东教育学院（现广东第二师范学院）任教授，创建教育科学研究室。1970年广东教育学院停办后，他到华南师范学院（现华南师范大学）任教授。

“文化大革命”之前，得到党和政府的支持和鼓励，陈先生自己也处于经验丰富、年富力强的时期，所以尽管工作变动比较多，但是总体上比较顺利，在三所学校都产生了较大影响。

他衷心拥护共产党和新政权，努力学习马克思主义理论、苏联教育理论和经验，深刻反思自己以往接受的中国传统文化和西方教育理论，参与教育方针、学校管理的讨论，在教学和研究工作中全面运用新思想，发表了至少六篇论文。《论“全面发展”与“因材施教”在教育目的论上的对立》一文就明显地体现了他在这一时期的思想特点。

他与著名的马克思主义教育学家许崇清关系密切，受到许先生的很大影响，在解放以前就接触了马克思主义教育学。从解放以后写作的论文来看，他积极、大量地学习和思考，将所学理论努力运用于教学和研究中，并且一直坚持下去，成为一名真正的马克思主义教育家，获得了新的生命力。而不是像有些旧文人，虽然在解放后屈从于政治压力，也学会用一些流行的话语来包装自己，但骨子里还是旧思维、自私的，到改革开放以后政治压力减小的时候就暴露出来了。

当然，他也有自己的烦恼。那就是在一切向苏联学习的形势下，自己从西方学来的教育理论和方法受到了批判。在这种情况下，他相信科学、坚持真理，冒着风险、想方设法在广东师范学院开设了“教育心理统计与测量学”课程，受到广大师生的赞誉。

“文化大革命”开始后，他作为“反动学术权威”受到打击，被关进“牛棚”。但是他不气馁，继续保持良好的生活习惯。“文革”后期，他刚从“牛棚”中解放出来，就应广东人民出版社的邀请，接受了外交部委托的翻译南太平洋国家史籍的任务。在条件非常简陋、完全没有报酬的情况下，他毫无怨言、夜以继日地工作，圆满完成了《斐济现代史》《新几内亚简史》《新西兰简史》等著作的翻译出版工作。

“文革”结束后，陈先生迎来了最后也是最辉煌的岁月。1978 年，年近 70 的他主持广州师范学院（2000 年与其他学校合并组建广州大学）的复办工作，1982 年担任院长，1984 年担任顾问。这个时期也是中国师范教育史上的高峰时期，不但在“文革”中停办的师范院校都得到恢复，而且还有较大发展，是迄今为止师范院校数量最多，而且自成体系、师范性较强的一个阶段。

尽管年逾古稀，工作繁重，但是他的思维清晰、行动有力，不但在管理和教学上，而且在学术上也获得了丰收。这一时期写作的文章，仅《陈一百教育文选》收录的就有 22 篇。除了继续研究教育心理测量、引进外国先进教育理论之外，他主要研究了一个基本问题（教育事业的地位）和一个具体问题（师范教育的改革），提出了很多在我们今天看来都感到惊叹的真知灼见。

1992 年，国务院授予陈一百先生“为发展我国高等教育事业做出突出贡献的专家”称号。1993 年，他病逝于广州。

（五）社会活动

陈先生不仅是一位优秀的教育家，还是一位优秀的社会活动家。

他于 1979 年任民进广州市委员会代理主任委员，1980 年任民进广州市委员会第七届主任委员，1981 年任民进广东省委员会筹备委员会主任，1982 年任民进广东省委员会第一任主任委员，后任民进广东省委员会第二、三届名誉主任委员，1979 年、1983 年分别任民进中央第

六、七届常委，1987 年任民进中央参议委员会第八届常委，为民进的事业发展，特别是广东民进的发展做出了巨大贡献。

他还曾担任全国政协第六、七届委员，广东省政协第五、六届常委，广东省人民代表大会第三、四届代表，全国教育统计学会理事，广东省教育学会副会长，广东省心理学会副理事长，广东省高等教育学会顾问，广东省社会科学界联合会顾问等职务。

二、陈一百先生的教育论述

陈一百先生首先是教育实践家，其次才是教育理论家。他的主要贡献在于长期的办学、教学工作。他一生写作论文近百篇、著作多部，还翻译了不少外国的教育学、心理学文献。

这本《陈一百教育文选》收录的 31 篇文章，只是其中的少数部分。数量不算多，绝大多数是为了解决实际问题而作的。虽然是应用型研究，但是因为陈先生的理论水平高，尤其是论证非常好，所以也有不小的理论价值。

陈先生的教育论述可以分为六个方面。

（一）教育事业的重要性

20 世纪 70 年代末至 80 年代，陈先生在教育方面发表了至少六篇文章。年轻时，他就树立了“教育救国”的理想。改革开放以后，经历了半个世纪波折的他更加认识到教育事业的重要性，以及过去不重视教育事业所造成的严重问题。所以他利用各种机会不断呼吁各方面重视教育事业。他不是自说自话、自卖自夸，而是运用历史唯物主义、现代教育理论和经济理论，从社会发展规律、我国历史教训、发达国家经验三个方面，科学、深刻地论证了教育事业在社会发展中的作用，旗帜鲜明地指出“一切重经济轻教育、先‘四化’后办学的思想都是极其有害的，也是违背社会主义建设的客观规律的”。

（二）教育方针的科学性

20世纪50年代后半期，为了参与新中国教育方针的讨论，陈先生至少发表了四篇教育类文章。其中三篇是关于“因材施教”的讨论。陈先生把当时关于“全面发展与因材施教的关系”的各种意见梳理为两大类六小类，然后逐个进行分析；指出了因材施教的五种含义，说明其中两种属于教育方法范畴，是唯物主义教育思想，包含于全面发展教育方针之中，应该坚持，但是不能与全面发展并列；但是其中三种属于教育目的范畴，是唯心主义教育思想，与全面发展教育方针是矛盾的，应该抛弃；“平均发展、全能发展、强求一律”等问题的根源是教条主义的做法，而不是全面发展的教育方针。

（三）教育改革的科学性

20世纪80年代初，陈一百先生积极参与到教育改革的讨论中，至少发表了五篇文章。他在《深入开展教育改革，大面积提高教学质量》一文中提出，“改革需要依靠教育，教育必须改革。人民教师应该成为教育改革的先锋，改革的模范”，对教学改革的方向提出了科学的见解。他认为当前教学中存在诸多问题，根源是教学工作存在很大的盲目性，也就是缺乏科学性。造成这种盲目性的原因，主要是我国教师缺乏先进的现代教学论作指导。所以他积极介绍西方的先进教育理论，特别重视布卢姆提出的掌握学习理论，为此在1989年专门写了长文《布卢姆的精通学习理论》予以推荐。

（四）师范教育的专业化

陈一百先生始终在师范院校工作，对于师范教育有着深入的思考。

所以他在 1982 年担任了广州师范学院院长之后，更加深入地研究师范教育，发表了四篇文章，并采取实际措施发展师范教育。他提出了“以教学为主、突出师范性”的办学方向，“一专、二能、三字、四会”的培养目标，“以身作则、为人师表”的良好校风，以及四方面的措施：一是突出师范性，加强师范生的师德教育；二是改革师范课程结构和教材教法，培养一专多能的理想教师；三是突出师范性，加强师范生的基本功训练；四是要加强高等师范师资队伍建设，为提高师范教育质量打好基础。

（五）教育测量的科学化

陈一百先生是中国教育测量和统计学的奠基人之一。他在留学期间专门学习这个专业，回国后一直从事这方面的研究和教学。但是在解放前，缺乏这方面的条件，解放后这方面的理论又受到批判，所以没有产生较大的影响。直到改革开放以后，他才真正有机会大显身手。不仅自己开展课题研究，参编了《教育统计学》教材，撰写了至少八篇文章，翻译了多篇文献，而且指导青年教师，组织研究队伍，建设重点学科，为我国教育测量和统计学的发展做出了巨大贡献。例如他在《从历史发展趋向看学业成绩考评方法》一文中就对我国学业成绩考评办法的历史、问题和发展进行了总结。

（六）心理研究的科学化

陈一百先生自从在美国留学时学习了先进的心理学理论和方法之后，就一直关注心理学的进展，积极介绍西方心理学的研究成果。他在几乎所有研究中都使用心理学理论，并且努力推广和改进心理学研究方法。特别是刚回国的那几年，他发表了多篇文章，不仅努力介绍教育心理学的新进展，而且热心介绍工业心理学的理论和方法，以期推动我国工业的进步，是我国较早关注和介绍工业心理学的学者。他非常重视心理学研究方法的改进，是中国较早掌握和运用因素分析法的教育学者之一，所以改革开放后教育部组织编写全国师范院校的《教育统计学》教材时，专门请他写作了“因素分析”一章。

三、向陈一百先生学习

在编写这本文选之前，我从未听说过陈一百先生，所以刚刚接到这个任务时，心里觉得他只不过是一名小有成就的教育家。但是深入了解之后，敬佩之情油然而生，认识到他其实是一位怀珠抱玉的大师，只是因为自己的低调和社会的忽视而没有产生更大影响。而且我觉得，我们不仅应该学习陈一百先生的教育实践和论述本身，更应该学习这些论述和实践中包含的教育精神、科学精神、奋斗精神。

（一）教育精神，就是热爱教育事业，并为之奉献的精神

中国社会中长期存在轻视教育的思想，只是有时高调，有时低调，有些人含蓄，有些人直白罢了。所以教育事业很少受到真正的重视，多数人不愿意从事教师职业。陈一百先生却在“去师范化”浪潮兴起时选择了冷清的教育学专业，一生坚持教育报国的理想，始终从事师范教育工作。他曾经对同事说，留学回来，只要有机会选择，他一定会选择到师范院校去做教学工作。

教学是一个辛苦而难以获得名利的工作。对于任何一个教师，尤其是大学教师、师范院校的教师，工作中总是面对着育人与育己的矛盾、科研与教学的矛盾。陈一百先生的思维能力、创新精神、理论水平、文学水平都很高，但是他的著述并不多，名气也不太大。原因就是他热衷于教学，倾心为学生服务，经常对学生进行个别指导，70 多岁时作为

院长还亲自跟犯错误的学生谈心。他希望所有学生都有好的发展，把学生们的发展看作自己的最大成就；而不是只发展自己的才能、作品、声誉、财富，做孤芳自赏、沽名钓誉、急功近利的事情。

喜欢教育工作，不一定就能做好教育工作。教育需要遵循规律，需要科学支持，光靠经验积累是不够的。直到现在，中国的大多数教师依然是经验型教师，而不是科学型教师。陈一百先生深刻地认识到这一点，所以大力呼吁教师学习先进的教育理论，探索教育规律，“消除教学工作的盲目性”。他率先垂范，面对任何教育问题，都从科学的角度去思考，寻找教育现象背后的规律，采用科学的方法去做教育工作。

尽管近代以来我国教育发生了翻天覆地的变化，但是与发达国家相比，依然很落后，存在很多深重的问题，每个时期都非常需要改革，所以参与教育改革是每个教师义不容辞的责任。陈一百先生在每个时期都积极参与教育改革活动。1935 年、1957 年、1958 年、1981 年分别参加了“减少假期、缩短学年”“全面发展、因材施教”“教育大跃进”“教育不全是上层建筑”等问题的讨论，1938 年参与了国立师范学院的创办。改革开放以后更是主持广州师范学院的复办，积极推动师范教育改革、考试评价改革，大力推广掌握学习理论，要求师范生学习电化教育技术。

具有责任感的教师，必然不只是关心学生，还关心集体、同事、社会。陈一百先生一生中经历了十多所学校，无论在上海、美国学习时，在上海、湖南任教时，还是在广东、广西担任领导时，都因为真诚谦虚、平易近人、热情待人、公正团结、热心公益而得到老师、同学、同事、学生的称赞和拥护。特别是在晚年，对于学校的发展、教师队伍的建设、青年学者的培养投入了很大精力，给予了最大支持，还积极参加中国民主促进会广东省委会的筹办等社会活动。

陈先生不仅是自己具有强烈的教育精神，而且把它（专业、乐业思想）作为师范生的首要素质，采取多种措施，努力培养。

（二）科学精神，就是相信、学习、运用、维护科学的精神

作为教师，教学内容主要就是科学；作为学者，就是从事科学研究；所以科学精神是每个教师，特别是大学教师必须具备的。但是众所周知，由于多种原因，我国教师，就连很多大学教师，科学精神也是比较缺乏的。而陈一百先生却是一位科学精神特别充足的人。

在阅读陈先生的文章时，我常常被他那深厚的理论功底、深刻全面的思维和清晰流畅的论述所折服。无论是马克思主义哲学，还是西方的科学理论、苏联的教育理论，他都能信手拈来、融会贯通、灵活运用、游刃有余。

陈先生经常强调要具体问题具体分析，不要一概而论。要一分为二地看问题，既看到一个事物（一种方法）的优势，又看到它的缺陷。比如他把因材施教的含义分为两类五层，逐个进行分析，实在是令人惊叹。

陈先生很擅长历史思维（发展的眼光），注重考察一个事物的发展变化。比如他从发展的角度对两种实验方法进行比较，他多次强调编写教材要“不满足于现状，而是采取发展的观点、面向未来的观点去看待发展趋向”。

陈先生非常重视科学研究方法的学习和使用，不但自己熟练运用理论、实验、历史、统计等方法，而且多次撰文论述和提倡因素分析法和实验研究法，长期开设课程教授科学研究方法，热情指导青年学者改进科学研究方法，提倡利用计算机技术进行科学研究。

无论是青年、中年时，还是老年时，陈先生的思想都是开放的，对于中国传统文化、西方文化、苏联文化都抱着积极学习、借鉴又不盲从、迷信的态度。他的文学艺术水平很高，对自然科学也比较了解。他总是主张学习要广博，多次撰文主张专业划分要宽一些，师范生要“一

专、二能、三字、四会”。他还热心购买、翻译、介绍各国教育文献，扩展大家的视野。

陈先生推崇创新，接受“不成熟”，鼓励青年大胆提出新的观点，开拓新的领域。他不但经常在文章中提倡“古为今用、洋为中用”，创建我国特色的教育理论与方法，而且把首创精神作为师范生的重要素质，把组织课外科技活动作为师范生的必备能力之一。他说“教师的工作是最富于创造性的工作。我们要培养未来教师的良好工作品质中，莫过于他们的首创精神”。这种远见，让我们今天的师范教育工作者都感到汗颜。

陈先生并不是盲目地推崇科学。他还认识到科学的有限性，明确反对迷信科学的思想。他在为《教育测量学》写的后记中说："测量学界出自对科学化的狂热，常易出现盲目追求一定数量指标的倾向，或者忽视对数据作理性的分析和逻辑的分析，而完全诿之于一成不变的统计分析程序。这种不切实际的科学迷是与真正的科学精神毫无共通之处的，也是本学科领域一切偏见得以产生的主要根源之一，其发展只能使教育测量走向伪科学的边缘。”他所反对的这种现象，直到今天还很常见。

我们还应该学习陈一百先生的文风。他留学西方，外语水平高，熟悉西方教育理论。但是他的文章很平实，面对真问题，进行真研究，做出真创新，只在必要时引用西方教育理论，而且把握精髓、灵活运用，必然表达流畅、意思清晰。这可能是那一代教育学家们的普遍作风，所以当时教育理论和实践都得到了较快发展。

（三）奋斗精神，就是面对困难、挫折不屈服，坚持努力的乐观精神

陈一百先生的一生虽然不像政治人物那样波澜壮阔、惊心动魄，但是也起伏不停。他始终在学校工作，但是从 1934 年至 1978 年的 45 年间，先后在八所学校工作，其中两次在中山大学工作。在一所学校连续

工作的时间，平均才五年。最长也是最艰苦的一段时间，就是在国立师范学院工作的八年。但是他服从社会和学校的需要，积极参与每一所学校的工作，即使是迫不得已，即使条件艰难，也以乐观的态度投入工作。

无论是长期以来社会大众对教育专业的歧视，抗日战争时的危险与艰难，临近解放时的社会动荡，还是新中国成立初期对西方教育理论的批判，“文革”中对知识分子的迫害，他都经历了，难免受到一些影响。但是他都能够坚持下来，从不失去希望。这种良好的心态也使他在颠沛流离的生活中保持身体健康，在 70 岁时承担起复办广州师范学院的重任，在 80 岁时还坚持研究和写作，于晚年进入一生中最辉煌的时期。

1985 年，为了纪念第一个教师节，陈先生在《尊师重教，育才兴邦》一文中呼吁，广大教师要“自尊自重，自强不息，以自己的德才学识，树立榜样，赢得人民的信赖”，“对于有志气的人来说，更重要的是事业，是贡献。只要你为祖国、为社会、为人类做出贡献，就是真正有价值的人，即使横受挫折，历史也有公论”，“岗位是理想的摇篮，三尺讲台上同样的有伟大的事业”，“开始认准的事业，就要一干到底，才能取得成就、做出贡献！”

这些话可能在有些人看来、说来是空洞的口号、虚伪的高调，但是在我看来、在陈先生说来，却是真情实感、肺腑之言，也是他用自己一生的实际行动证实了的真理。

我常常对于中国教育发展，尤其是师范教育的现状和前景有些悲观。在刚开始阅读陈一百先生关于师范教育的论述时，甚至想，如果陈先生再长寿一些，赶上中国教育史上第二次“去师范化”浪潮，看着他亲手复办的广州师范学院摘下了师范的牌子，看着他当年指出的问题在今天依然没有改变，看着他当年提出的希望在今天依然没有实现，恐怕也会伤心、失望的。中国的师范教育到底什么时候才能健康发展起来呀?!

但是看完陈先生的所有文章，特别是看到陈先生写的“有些教育界的同志一接触到这些复杂的问题，就往往只是唉声叹气，在困难面前表现出无所作为。这当然不是拨乱反正、继往开来，开创伟大历史新时代的积极态度”，“自卑添麻烦，奋斗则起飞。奋斗，需要力量，需要科学，而不是望洋兴叹，更不是怨天尤人”时，再联想到陈先生一生的奋斗历程，我觉得，他可能会为教育的挫折而伤心，但是绝不会失望，还会继续奋斗的。所以，我也要相信科学的力量，相信冬天总会过去，春天总会来到。

希望所有阅读这本文集的同仁都从中汲取力量，投入到教育改革事业中去。

目录

第一辑　教育地位研究

第二辑　教育方针研究

第三辑　教育改革研究

第四辑　师范教育研究

第五辑　教育测量研究

第六辑　心理科学研究

第一辑

教育地位研究

“教育不全是上层建筑”的阐明对教育科学研究的启发

我国教育科学研究长期处于落后状态，除了林彪、“四人帮”的反动路线的干扰以外，从我们教育科学工作者这方面来看，这究竟是什么主观上的原因所造成的呢？

在这个问题上，于光远同志在《重视培养人的研究》一文中关于“教育不全是上层建筑”的论述，给了我们很大的启发。很重要的原因之一，就是我们对教育的本质长期以来都缺乏确切的认识。在讲到教育的本质的时候，就总是把教育纯粹地说成是上层建筑，有阶级性；此外便再不包含其他东西。

“教育全是上层建筑”这种片面性理解，滋长了教育科学研究中以一点论代替重点论即两点论的形而上学倾向。它导致我们倾向于把教育和政治思想教育等同起来。对教育科学中的各项课题，它还使我们倾向于从革命导师的理论或有关论述中寻找现成的结论，如以一般认识过程的客观规律性的研究，取代教育现象的专门特点。一句话，它使我们不可能全面地正确地理解“教育必须为无产阶级政治服务，必须同生产劳动相结合”的方针，并以此来指导我们的科研工作。

“教育全是上层建筑”这种片面提法，还为万恶的“四人帮”的“学校消亡论”提供理论根据。他们所鼓吹的什么“学校专政论”“斗资唯一专业论”“学生无才便是德论”等等，就是在这种理论掩护下制造出来的。

于光远同志关于“教育不全是上层建筑”的论述，对于我们在教育科研中如何具体运用辩证唯物主义与历史唯物主义观点，有批判地继承、吸收历史遗产和外国经验，坚持贯彻“古为今用、洋为中用”的方针，具有很大的启发意义。

列宁曾指出，要“用人类创造的全部知识财富来丰富自己的头脑”，“必须取得资本主义遗留下来的全部文化，用它来建设社会主义”。毛主席也强调，“我们决不可拒绝继承和借鉴古人和外国人，哪怕是封建阶级和资产阶级的东西”；反对那种“所谓坏就是绝对的坏，一切皆坏，所谓好就是绝对的好，一切皆好”，不是盲目照搬就是一概排斥的非历史唯物主义态度；要求“以中国人民的实际需要为基础”，“去其糟粕，取其精华”，吸取一切对我们有益的东西。

革命导师的意思是很清楚的，这就是历史上和外国的任何一个思想、文化体系，即使是政治上反动的，其中也会有一些对今天我们是有用的东西。

因此，显而易见，我们决不应把评价一项文化遗产在历史上的科学地位同它今天还有没有被继承的价值混同起来，因为二者是两码子事，而必须看到，无论是进步的文化遗产或是反动的文化遗产，都各有其“精华”和“糟粕”，我们都不应拒绝继承和借鉴。

方针是如此明确，然而我们在教育科学领域中加以贯彻时，长期以来总是徘徊不前，迈不开大步。对于一些被认为是历史上反动的思想家的教育学说，对于某些曾被贴上资产阶级反动学术标签的教育研究领域如智力测量、教育测验、天才儿童研究等等，至今还是很少人敢于问律。其所以如此，除了由于抱有“所谓坏就是绝对的坏，一切皆坏”的观点外，一个重要的原因就是“教育全是上层建筑”的观念根深蒂固，看不到教育与纯粹属于上层建筑的政治、哲学等的观点体系不同，它是具有较大的历史继承性的。于光远同志根据教育的双重职能，阐明了教育是既有上层建筑成分又有非上层建筑成分，这就大大地打开了我们的眼界，使我们看到了在剥削阶级教育遗产和经验中一定会包含有并不反映其政治、经济基础的东西，包含有社会性的东西，科学性的东西，这些东西经过挑选和改造，是可以拿来为我所用的。这就根本上扫除了我们不屑、不愿或不敢向这些遗产、经验吸取原料的思想障碍。

为什么一个反动的教育体系、教育思想体系，例如杜威的教育思想、美国现行教育制度以及智力测量等等，其阶级性很强，也能提供某些对无产阶级、社会主义有用的东西呢？我想除了从教育的双重职能去理解之外，从下面两点来加以说明，也是有好处的。

第一，教育的阶级性与社会性是辩证统一的。在阶级社会中，统治阶级总是力图使教育为自己的阶级利益服务。但随着生产力的发展，教育的社会性也和一定的生产力水平相适应而得到发展。这是不以那个统治阶级的意志为转移的。以目前资本主义社会为例，由于生产力的高度发展，垄断资产阶级为了维护其反动统治和谋求最大限度的利润，不仅需要具有高度科学文化水平的管理人才和科学技术人才，而且也需要具有较高科学文化水平的工人。因此，不管资本主义社会阶级对立和阶级斗争多么尖锐，资产阶级也必得提出或采取某些带有一定程度全民性的教育主张和措施，如普及教育，用现代科学文化对整个社会教育加以改造等等。当然，资产阶级也通过教育灌输统治阶级的思想。很显然，在这里教育的社会性是为教育的阶级性服务的。但是，在这些社会性的教育经验中毕竟会有一些可供我们利用或借鉴的东西。

第二，教育的阶级性与科学性是辩证统一的。一个剥削阶级的教育体系、思想体系，出于反动政治的需要，为了有成效地实现其阶级意图，往往也必得吸收一些人类有用的经验，科学的东西，作为其整个体系的构成材料。某些剥削阶级学者，由于种种原因，也有可能自发地产生某些唯物主义或辩证法的因素。孔子为了培养“士君子”的接班人，也懂得“因材施教”，搞点唯物主义，就是一例。再则，某些剥削阶级学者，由于忠于科学，运用科学方法，也会不断取得新的比较可靠的研究成果，并以此推翻自己先前具有浓厚阶级偏见的结论。这种情况，在上文所提到的智力研究和测量的研究领域中，就不乏具体事例。

基于以上分析，可以看见，剥削阶级的教育体系包括政治上很反动的教育思想体系在内，都会包含有一些并不反映其反动政治或根本观点的成分，是科学性的东西、没有阶级性的东西。把这一些东西都当成毒草去锄，这是十分荒谬的。

至于对待教育的历史遗产和外国经验，应如何鉴别“精华”与“糟粕”，充分做到“古为今用，洋为中用”，从于光远同志的文章中，我们也得到了很大的启发，这就是要运用马克思主义的科学抽象法，把真正属于上层建筑的部分和非上层建筑的部分、有阶级性的部分和没有阶级性的部分区分出来。对前一部分，要一分为二，彻底批判，取其典型，作为反面教材。对后一部分，亦要一分为二，根据实际需要和是否适用，有分析地予以摈弃或吸收。至于运用是否得当，则仍有待于今后实践的检验。这样，我们就有了一条比较易于掌握的方法准则了。

总之，于光远同志关于“教育不全是上层建筑”的阐明，是对中国教育科学的一个重大贡献。它有助于端正我们今后的教育科研方向。它使我们在教育学领域贯彻“古为今用、洋为中用”的方针，看到了无限开阔的前景。在这个新的认识的推动下，整个教育学界必将气象一新，破“禁区”，出成果，迅速改变过去的落后状态。可以说，教育科学的春天已经到来了。

（原载于《学术研究》1978 年第 4 期）

试论教育本质的三种属性

什么是教育？教育的本质是什么？对这个问题，长期以来争论不休，各抒己见。然而，在我们通常的观念中，总是把教育的本质属性归结为阶级性。在我国当前的一般教育学书上仍然这样写着："揭露出教育的社会本质，特别是阶级本质"，这是马克思主义产生以来第一次给予科学的说明。这种观点比之马克思主义产生以前的一切教育观点，显然是更接近真理。用这种观点来说明阶级社会中的教育，并使教育更好地为社会主义的革命和建设服务，是起了巨大作用的。然而，科学在发展，社会在前进，教育理论也不能停留在原来的水平上。而且，教育也不是某一个阶级社会中特有的现象，而是整个人类历史中永恒的社会实践活动。在阶级出现之前和阶级消灭之后，教育的本质又是什么？显然不能用"阶级性"来回答这个问题。我们认为，教育的本质属性有三个方面：一是教育的社会实践性，二是教育的生产性，三是教育的政治性。教育的三重性从整体上规定了任何社会的教育性质。三性是互相联系，密不可分的，也是客观存在的。为了论述的方便，我们分别说明如下：

教育的社会实践性

教育是社会现象，教育产生于劳动和社会生活。人类的生存不只是一代传一代的生理行为，更主要的是体现为老一代对新一代有目的、有计划的社会教育实践活动。这是人所共知的历史唯物主义的教育观点。一切唯心主义者和具有资产阶级偏见的人，都否认教育是社会现象，认为教育起源于生物界，在人类之前的生物界已经存在教育，把生物的本能活动说成是教育现象，这显然是错误的，反科学的。按照这种观点，教育只是一种毫无目的，毫无意识地适应遗传，适应人类生存的生物现象，根本谈不上教育在人类社会中的作用。这种陈腐的观点连现代资产阶级也是反对的。

承认教育是社会现象，还没有触及教育的本质。只有承认教育是人类社会实践活动，才算触及了教育的本质。人类的社会实践活动范围很广，包括着一切改造自然，改造社会和改变人们的思想观点，促使人的身心发展的活动，都可以说是社会实践活动。其中，生产斗争是基本实践活动，是决定其他一切活动的东西。作为社会实践活动的教育，同生产斗争、阶级斗争、科学实验等社会实践是紧密相联的，但又有其自身的独特任务。通过教育实践活动，可以改变人的思想观点，传授科学文化知识，促进年青一代的身心发展。不仅如此，现代教育实践活动，还可以直接参加科学实验，直接参与生产活动。所以，生产斗争，阶级斗争、科学实验、教育活动等，都是构成社会实践的重要因素，都是推动社会生产发展的动力。通过教育实践活动，不但促进人的身心的发展，而且直接间接地促进和改造着客观世界，推动着社会生产的发展。从这种意义上讲，教育和政治、经济的关系不是单纯的“工具”关系，也不是单纯的“服务”关系，而是互相适应、互相促进和互相推动的关系。

承认教育是社会实践，就是承认教育是推动社会生产发展的动力之一。随着社会的发展和现代教育事业的发展，教育与生产斗争和科学实验等实践活动的关系越来越密切，教育的作用愈益显得重要。如果仅仅把教育看成是观念形态的东西，看成是一种社会现象，而不把教育事业同生产斗争、阶级斗争、科学实验等并列为社会实践活动，或者仅仅看成是某一种社会实践活动的工具，那么，就会片面理解教育本质，把教育的位置摆错，贬低教育的作用，破坏教育事业，损害到开展生产斗争、阶级斗争和科学实验，阻碍社会的前进。

在奴隶社会和封建社会里，教育事业的发展受到很大的限制，教育实践活动的作用很难显示出来。在资本主义社会里，资产阶级在主观上同样把教育看成是维护统治阶级的工具。但是，科学技术促进了工业革命，而工业技术的变革势必要求广大劳动者熟练地掌握科学知识。随着现代生产的发展和现代物质文明的进步，客观上迫使资产阶级不得不扩大人民的教育权利，并且从不自觉到自觉地重视教育事业的发展，把教育视为决定国力的重要因素。50 年代以来，美、苏各国出于各自称霸世界的野心，意识到要有强大的现代工业，就必需拥有强大的现代科学技术，就必需首先拥有强大而又先进的教育体系。在所有现代先进的工业国中，都逐步把教育投资列入生产投资的范围，把“智力投资”和物质投资看成是同等重要的事情。这就是说，在这些国家中，人们已经自觉或不自觉地在客观上把教育事业和发展生产看成是同等重要的社会实践活动了。

三十年来，我们几乎总是把教育看成是观念形态的东西，看成是上层建筑部分，看成是阶级斗争的工具，而不是实事求是地把教育看成是社会实践活动。所以，关于教育事业在国民经济中的地位和作用问题始终没有得到正确的解决。十年内乱，对教育事业的糟蹋，对国计民生的破坏，对科学技术的摧残，对人才培养的戕害，教训是沉痛的。今天，我们不应该再抱残守缺，固步自封；应该大胆正视过去，放眼未来，注重现实，从现在开始，把教育事业同生产斗争、阶级斗争、科学实验看成是同等重要的社会实践，从而把教育摆在国民经济发展中应有的位置。

教育的生产性

教育起源于生产劳动，教育必须和生产劳动相结合，这是众所周知的常识。然而，教育的本质属性主要不是体现在这里。教育实质上也是一种生产，是劳动力的再生产，是人才的生产——这才是教育本质属性的重要方面。学校实质上就是培养人才的工厂，教育的根本职能就是培养生产力中最活跃的因素——劳动者。对这种教育本质属性的理解，在生产和科学技术极端落后的奴隶社会和封建社会里，在教育和生产严重脱离的情况下，人们往往不容易觉察。随着资本主义现代生产的发展和科学技术的进步，教育本质中的生产属性日益明显表露出来。马克思主义诞生以来，十分重视教育实践，重视人才的培养，马克思主义关于人的全面发展的学说，正是从大工业的生产需要出发而提出来的。诚然，马克思主义总是把生产力的发展和生产关系的变革联系在一起的。社会主义革命的胜利给生产力的发展创造了极其有利的条件。我国目前正集中精力实现四个现代化。现代化生产将大大促进生产力的发展，促进社会的发展。但是光引进先进设备，先进技术，而缺乏掌握先进技术，使用先进设备的人，要发展生产力，实现四个现代化是不可想象的。在现代化的生产中，劳动者的科学文化水平越高，现代技术越熟练，在生产中所发挥的作用越大。所以，要实现四个现代化，发展生产力，必须使科学走在生产的前面，而教育又必须走在科学的前面。恩格斯早在《共产主义原理》中指出："要把工业和农业生产提高……单靠机械的和化学的辅助工具是不够的，还必须相应地发展运用这些工具的人的能力。”①

当代资产阶级从称霸世界和创造更多的利润出发，也在拼命发展生产力。他们除了不断采用现代先进科学技术和不断改革机器设备之外，还花相当大的投资去发展科学研究和培养、选拔人才，而且把这项投资列入生产投资范畴。在普通教育方面，许多国家从幼儿教育开始就制订了雄心勃勃的发展教育事业的计划，在职业技术教育方面，从各种形式的业余大学到成人教育、终生教育，职业学校等，都是为了更好地培养和选拔人才。根据欧美各国的统计，他们的“智力投资”的增长率比生产投资的增长率更快。“智力投资”给他们带来了巨大的技术经济效益。“美国现在国民总产值的平均增长额，大约一半是由改善劳动力的教育水平取得的。”“日本研究报告称：工人的技术革新建议程度与他的教育水平相对应，工人教育水平每提高一个年级，技术革新者的比例平均增加百分之六……受过良好技术教育的管理人员创造和推广现代科学管理技术，可降低成本百分之三十以上。”② 可见，在一定的社会条件下，发展生产，提高生产效率，主要依靠科学技术的教育。其中，掌握一定科学技术知识和劳动技能的人是生产中最活跃、最革命的因素。

在当代的资本主义国家中，不但生产技术和科学技术被当作商品出售，而且现代化的教育设施，电化教育、电子教育等新的教育手段和教育内容，也都被逐步纳入生产，加以出售。在现代化的学校中，特别是高等院校，还直接参加科学实验，直接参与生产。许多科研成果都直接转化为生产力。总之，随着科学技术的现代化、生产现代化和教育现代化，教育本质属性中的生产性日益显示出来，并逐步为人们所理解、所掌握，这是社会发展的客观规律。我们要及时地揭示它、认识它，从而更好地运用它。

---

①《马克思恩格斯选集》第一卷，北京：人民出版社 1972 年版，第 222 页。

②《论智力投资》，《文汇报》1979 年 12 月 6 日。

教育本身具有构成生产力的重要因素，如果说“教育是生产斗争的工具”，那就混淆了主从，反映不出教育的本质属性，也反映不出教育的地位和作用。我们知道，一种工具可以变成可有可无的东西，而且可以被其他工具所代替，而教育的地位和作用是任何其他东西所无法取代的。从历史唯物主义的观点出发，生产力的发展，决定了教育内容和方法的变革，决定着教育事业发展的速度和规模，这是问题的一方面。另一方面，在现代社会中，一个国家的科学技术和生产力发展的水平，在一定程度上又取决于教育水平。教育是生产力发展的先决条件。从这种意义上说，教育又是推动社会生产发展的动力。所以，教育和生产的关系，应该是互相推动，互相促进的关系，而不是“工具”关系。

教育的政治性

尽管我们承认教育的本质具有强烈的实践性和生产性，但是，教育是社会中十分复杂的社会实践活动。教育本身不能脱离社会政治、经济而独立存在。反过来也一样，一定社会的政治和经济，同样不能没有教育实践活动。教育是受一定的社会经济、政治所决定的，同时又反过来推动社会政治和经济。人类社会经历了五种不同性质的政治和经济形态，相应地也存在五种不同性质的教育。一定社会的政治和经济的变革，必然要引起教育的相应改革。在大工业生产的社会中，教育的根本职能就是培养劳动力。但是，任何劳动力，除了掌握一定的科学技术知识和劳动技能之外，都是有思想有意识的人，不能离开一定社会的政治和经济，而空谈劳动力的培养。任何社会形态的教育，都是教育者对受教育者的身心所施行的有目的、有计划、有组织的系统影响的一种社会实践活动。任何形态的教育，都会打下时代的印记，在阶级社会里则带着阶级的烙印。教育在各种社会形态中所表露出来的这种时代特性和阶级烙印，我们可以概括地称之为“政治性”。即使在未来的共产主义社会中，教育仍然具有这种政治属性，而在阶级社会里则集中表现为阶级性。正因为教育具有这种本质属性，所以，在不同的杜会制度中，就有不同的教育思想、方针政策和道德意识，并且在教育内容和方法上，都会打上时代的和阶级的烙印。一切剥削阶级都企图垄断教育，把教育看成是阶级统治的工具。作为剥削阶级对立面的无产者，在一定的历史条件下，也必须把教育当成无产阶级专政的工具，这是理所当然的。

对于教育本质属性中的政治性和阶级性，一切空想社会主义者和好心的民主教育家都认识不足。从英国空想社会主义者欧文试办的“新学院”到我国民主教育家陶行知先生所推行的“乡村教育”运动，其目的都是想“超政治”“超阶级”地通过教育来挽救社会的命运。但是，其结果都以失败而告终。资产阶级统治者总是企图否认教育的政治性和阶级性，把教育说成是“超阶级”“超政治”的东西。马克思主义诞生以来，特别是苏联十月革命胜利后，在资产阶级和无产阶级的激烈搏斗的年代中，以列宁为首的马克思主义者，揭示了教育本质中的政治性和阶级性，揭露了资产阶级力图掩盖教育的政治性和阶级性的罪恶目的，从而把教育实践纳入社会主义革命和建设之中，纳入无产阶级专政之中，这是马克思主义教育理论的重大发展。然而，有许多人看到了教育具有强烈的政治性和阶级性，从而就把教育看成是上层建筑。这种看法是不够全面的。教育受社会关系的制约，为政治所制约，这仅仅是教育本质中的一种属性，只能说教育具有上层建筑的特性，不能说教育就是上层建筑。教育是一种具有多种属性的永恒的社会实践。它既具有上层建筑的因素，又具有生产力的因素，既受社会关系的制约，又受生产力和人的生理、心理发展的客观规律所制约。它虽然不能离开一定社会政治、经济而单独存在，但又有其相对的独立性和教育自身发展的规律性。

综上所述，教育的三种属性说明它既具有生产力、上层建筑的因素，又具有非生产力、非上层建筑的因素，说明了教育是一种具有多种属性的复合体。教育本质中的三种属性是互相联系，不可分割的。但在不同的社会历史条件下各种属性的体现和意义却有所不同。在生产力比较落后的阶级社会中，在阶级斗争比较尖锐激烈的历史年代中，教育本质属性中的政治性和阶级性有着决定性的意义，在现代化生产飞速发展的社会中，在阶级斗争比较缓和的历史条件下，教育本质属性中的生产性起着决定性的作用。一般来说，社会主义革命给生产力的发展开拓了广阔的前景。但是，如果我们不认识教育的本质属性，不把教育放在重要位置上，甚至忽视教育实践的作用，那么，生产力的发展始终受到限制，社会主义的优势就难以得到充分的发挥。相反，在资本主义社会制度中，资产阶级自觉或不自觉地发挥了教育本质属性的作用，重视教育实践，把教育摆在生产和科学技术的前头，那么，在一定的条件下，其社会生产力就仍然可以飞速向前发展。由此可见，能否充分发挥教育对社会生产的促进作用，虽主要地取决于社会生产关系，但这种可能性能否转变为现实性却取决于人们对教育及其客观规律的认识和重视程度，取决于生产力的发展水平，而不是取决于社会生产关系和社会政治制度。对于教育本质的理解，我们不能采取形式逻辑的推理方式，把它看得过于简单。对于教育水平的估计，也同样不能采取简单的推理方式得出这样的结论：因为我们具有优越的先进社会主义制度，所以，教育也必然是先进的。这种判断和推理是不符合实际的。诚然，资本主义发达国家的教育也存在许多弊病，但是它们在科学技术教育水平和教育手段现代化方面比我们先进。我们一定要正视现实，承认在我国社会主义中的先进生产关系和落后生产力的矛盾，承认先进政治制度与落后的教育水平的矛盾，从而促使我们更加重视教育事业的发展，重视人才的培养，重视生产力的发展。

（原载于《学术研究》1981 年第 1 期，与孔棣华合撰）

做好教育的普及和提高工作

在新长征中具有划时代意义的党的十一届六中全会，胜利闭幕了。会上通过的《关于建国以来党的若干历史问题的决议》，有如璀璨的明珠，将在党的历史文献宝库中永远放射出灿烂的光辉。《决议》回顾党的六十年的光辉战斗历程，总结了建国以来三十二年的基本经验和教训，分清了大是大非，处处闪烁着马克思列宁主义、毛泽东思想的光芒，为全党、全国人民指明了继续前进的方向，也为我们广大教育工作者提出了更高的要求。

《决议》号召我们把我国建设成为现代化的、高度民主的、高度文明的社会主义强国，指出，这就必须“坚决扫除长期间存在而在‘文化大革命’期间登峰造极的那种轻视教育科学文化和歧视知识分子的完全错误的观念，努力提高教育科学文化在现代化建设中的地位和作用，明确肯定知识分子同工人、农民一样是社会主义事业的依靠力量，没有文化和知识分子是不可能建设社会主义的”。这说明党中央通过这次历史性的总结，已经明确肯定教育科学文化事业在整个国民经济中的重要地位和作用。我国目前三亿多青年儿童，都是社会主义建设事业的接班人，祖国的未来和希望都寄托在他们的身上。但是，不少地方的小学教育至今没有完全普及，一部分少年儿童仍然得不到入学的机会，或者由于各种原因不能受完小学五年教育。这种情况如不及时扭转，将在青少年一代中继续出现文盲或半文盲。这和我国的现代化建设和高度精神文明建设是极不适应的。再者，有些中小学虽然在学校毕业了，但是，如果以德智体全面发展的尺度去衡量，或者以教学大纲和教科书的要求去衡量，其中不少仍然达不到要求，甚至相差很远。这实际上是“不及格”的毕业生。那么，我们如何使自己所教的每一个学生，都能够真正达到党和人民所提出的最基本的要求呢？如何使所有学生，包括“后进生”，都能在德智体几方面得到发展，成为一名合格的毕业生呢？这是每一个教育工作者必须严肃考虑的大问题，只有实现德智体全面发展的最基本要求，方能谈得上对青少年一代负责，对党、对人民、对社会负责。我们不应随便把一个“不及格”的毕业生放到社会上去，给国家和人民背上包袱，也给他本人带来不幸。我们必须尽一切可能，把所有青少年儿童都培养成为有理想、有道德、有文化、有体力的又红又专的一代新人。

为此，在当前教育事业上，我们的重要任务就是要促进教育的普及和提高，促进人民教育事业的发展，促进青少年一代的健康成长，促进社会主义现代化建设和精神文明的建设。

粉碎“四人帮”以来，特别是党的三中全会以来，教育战线的形势大有好转，青少年一代勤奋好学，奋发向上的精神不断发扬，广大教师的积极性空前高涨。但是，教育事业中的问题仍然不少，如办学经费不足，校舍被占，教师待遇微薄，等等。有些地方，有些部门，对于教育在当前社会主义条件下业已成为促进社会经济和政治向前发展的强大动力，是建设精神文明和物质文明的战略性措施，还缺乏足够的认识，“重经济、轻教育、先四化、后办学”这种极端有害的思想在某些部门同志身上还有所表现。而有些教育界的同志一接触到这些复杂的问题，就往往只是唉声叹气，在困难面前表现出无所作为。这当然不是拨乱反正、继往开来，开创伟大历史新时代的积极态度。目前，党中央已在把教育事业摆在从未有过的重要位置上来。作为教育工作者，我们应该满怀信心，以党的历史性《决议》作为指针，充分发扬实事求是、坚持真理、修正错误的精神，认真总结建国三十二年来的历史经验，坚持四项基本原则，肃清极左流毒，进一步解放思想、努力吸取文化遗产和学习借鉴外国有益的理论，广开智源，并立足我国实际，开展教育科学研究，加深对培养一代新人客观规律的认识，为把教育事业的普及和提高工作推向前进，为把我国建设成为繁荣昌盛的、高度民主的、高度精神文明的现代化强国而努力奋斗！

（原载于《教育研究》1981 年第 8 期）

尊师重教，育才兴邦

我国有句古训：国之将兴，必尊师而重傅。验之近况，益感信而有征。在所有文化发达的国家，尊师重教，致力培养人才，大都早已蔚然成风。现在党和政府确定每年 9 月 10 日是我国的教师节。这是非常值得庆贺的大事。现在党中央和国务院拨乱反正，教师成了建设“四化”，开发智力，培养人才的主力军。党中央在《教育体制改革的决定》中指出：“今后事情成败的一个重要关键在于人才，而要解决人才问题，就必须使教育事业在经济发展基础上有一个大的发展。”重视人才，必须重视教育；重视教育，必须重视教师，这是关系到国家盛衰兴亡的大问题。古往今来，一切为人民建功立业的开拓者和实干家，有谁不是出自教师的熏陶？哪一项发明、创造，不倾注有师辈的心血？多少教师，身居斗室，胸怀世界，先人而忧，后人而乐，呕心沥血，为培育人才振兴中华而矢志不移。他们不慕名利，甘当人梯，吃的是“草”，挤的是“奶”，心如慈母胜似慈母，勤若黄牛而胜似黄牛，行若春蚕而胜似春蚕，是真正的无名英雄。一切远见卓识的干部和社会人士，都要主动关心这些无名英雄的生活；改善他们的待遇，使他们安居乐业，奋发进取。

然而，我们不能不看到，在当前的社会上仍然存在着轻视教育，轻视教师的现象。一方面社会上某些目光短浅的人，“左”的流毒未清，思想僵化，仍然把教师当成“教书匠”，任意败坏教师的名声，糟蹋教师的形象，破坏学校的正常秩序，甚至任意歧视、打击教师；另一方面也有少数教育工作者，或教师本人，自己瞧不起自己，或认“钱”不认“师”，要“钱”不要“师”，或不安于位，产生自卑感，工作效果不佳；或者互相拆台、嫉妒或不讲师德，任意损害教师的形象……社会上的问题，要靠党和政府去解决，首先要向干部、群众进行宣传教育，认识教育的战略地位，重视教师的社会作用。同时要采取严格措施，保护教师顺利工作，改善教师的政治、经济和生活待遇。这是政府部门应该做，而且正在做的事情。

其次，更重要的是我们教育工作者，教师本人，也要自尊自重，自强不息，以自己的德、才、学、识，树立榜样，赢得人民的信赖。目前，大家都希望自己能成才，这是美好的理想。但是什么叫人才？中央领导同志说得好：“人才决不仅仅是名家学者，也应该包括那些默默无闻，勤勤恳恳，兢兢业业在自己岗位上取得优异成绩的实干家。”① 对于任何有志气的人来说，成才的最佳领域就在自己的脚下。金钱虽然宝贵，物质也很重要，但是对于一个有志气的人来说，更重要的是事业，是贡献。只要你为祖国、为社会、为人类做出贡献，就是真正有价值的人，即使横受挫折，历史也有公论。意大利哲学家布鲁诺为了维护科学真理，曾被宗教信徒活活烧死，但他为科学事业做出的贡献却赢得了全世界人民的尊敬。孔夫子在世时，备历坎坷，日子并不好过，死后又遭到许多人的非议、批判，但是他那种学而不厌，诲人不倦的精神，以及教学法上的某些创见，直到今天还值得我们发扬。

---

① 胡启立：《在青年自学经验交流会上的讲话》，《新华日报》1985 年 3 月 26 日。

今天，面对万马奔腾的大好形势，各行各业对人才的需要，益见迫切。教师是各项人才的“母机”，在一个教师身上可以看见成千上万各式人才的身影。作为“四化”成败关键所系的教师，更应当自强不息，奋发向上，与时俱进，尽忠职责，坚守不移，以期完成党和人民的重托。岗位是理想的摇篮，三尺讲台上同样有伟大的事业。俗话说“开弓没有回头箭”。开始认准的事业，就要一干到底，才能取得成就，做出贡献！“自卑添麻烦，奋斗则起飞”。奋斗，需要力量，需要科学，而不是望洋兴叹，更不是怨天尤人。愿我们教师们，都能坚强地站在时代的前列、勇于投身改革的洪流，努力奋斗，不断进取，在教育改革的战役中做出新贡献。

（原载于《民进》1985 年第 9 期）

百年大计　教育为本

中国共产党十三大的胜利召开，标志着社会主义建设过程中确立一个新的里程碑。党从自身长期的反复实践中，总结了宝贵的经验教训，升华发展了马克思主义理论，明确了我国整个社会主义初级阶段是以经济建设为中心，根本任务是发展生产力。与此同时，又提出了发展教育事业的战略方针，明确地指出："从根本上说，科技的发展，经济的振兴，乃至整个社会的进步，都取决于劳动者素质的提高和大量合格人才的培养。百年大计，教育为本。必须坚持把发展教育事业放在突出的战略位置，加强智力开发。"

党中央对教育事业的精辟论述，不但给教育工作者以极大的鼓舞，而且给全国人民指明了建设社会主义现代化强国的方向。发展教育事业不只是教育部门的事，而是全党、全民、全社会的大事，必须提高认识，更新观念，首先要确立"教育为本"的新观念。当前，国家的管理，各级党政的工作，千头万绪，百业待兴，但最根本的任务是教育好人民。要想在经济建设上取得成效，就必须在智力资源开放上，在教育和科技水平上首先取得成效。

在当代社会中，生产竞争、商品竞争、民富国强的竞争，归根结底是科学技术的竞争，教育的竞争，劳动者素质水平的竞争。发达国家的经济所以能起飞，其中重要原因就是科技先进，教育发达，劳动者的素质较高。我国许多地区所以长期落后、贫困，除了社会历史原因造成之外，主要是教育落后，科技落后，缺乏勤劳致富的人才，缺乏劳动致富的办法，现在党中央高瞻远瞩，看到了社会发展的前景，找到了贫穷落后的病根，紧紧抓住“治本”的方针，要求全党、全社会必须“把发展科技和教育事业放在首要位置上，使经济建设和生产力的发展转到依靠科技进步和提高劳动者素质的轨道上来”。

然而，长期以来，在许多人的传统观念中，往往把教育看成是“消费性”的事业或简单的“工具”，看不到“教育为本”的作用。因而在处理教育与政治关系上，有些人总是简单地把教育视为阶级斗争的“工具”，严重影响教育事业的发展，影响教育质量的提高；在处理教育与经济的关系上，总是把教育放在经济建设的后面，“重经济，轻教育”“重金钱，轻知识”“重物质，轻人才”的现象普遍存在；在处理教育与生产劳动的结合上，又往往把重复简单生产劳动手段视为结合的重点，忽视科学技术的教育。所有这些，都是不适应社会发展规律的舍本逐末做法。

在经济投资方面，有些地方总是舍不得在教育方面多花钱，甚至认为教育投资是无效投资，这是一种没有远见的片面的认识。当代不少有成就的经理、厂长，都把教育投资视为重要的生产投资、效益最大的投资。他们往往在未建厂房的情况下，首先进行职工的培训，有的还直接投资于基础教育。因为他们认识到，掌握一定文化科学技术知识，并具有进取精神的人，是生产力中最活跃最积极的因素。这种人要靠学校去培养，要靠有目的、有计划的教育实践去训练。教育虽不能直接生产财富，但它可以创造出比金钱财富更加宝贵的劳动力。未来的经济建设和劳动事业越来越依赖教育事业的发展。我们必须更新教育观念，充分认识现代教育的经济观、生产观、科技观、政治观和多维观，重新估计教育在现代社会中的地位和作用，从多层次、多角度、多因素、多方面去发展教育事业，发挥教育的作用，把教育放在战略位置上，舍得花本钱，舍得花大力气去抓好“一本万利”的教育事业，充分开发智力资源。

教育所以能成为百年大计中之“本”，关键在于人的培养，劳动者素质水平的提高。如果人才出不来，劳动者素质水平又不能提高，那么，“教育为本”的作用也将随之消失。因此，各级部门和学校教育机关，在重视教育事业发展的同时，必须紧紧抓住培养有理想、有道德、有文化、有纪律的一代新人，培养真正能走勤劳致富、科学致富之道的劳动者，培养社会主义时代的合格公民和各种各样的人才。

当前，我们必须在青少年一代中，加强社会主义初级阶段基本路线的教育，使他们认识到新一代人所肩负的历史重任，确立起建设具有中国特色的社会主义现代化强国的伟大理想，确立起社会主义民主与法制的观念，增强改革意识，提高科学文化素质，这是青少年成长的必由之路，也是社会主义现代化事业必定胜利的根本保证。正如十三大报告中所指出的：“我们的事业是走向未来的事业。党和人民总是把自己的最大希望，寄托在代表未来的蓬勃向上的青年身上。中华民族的振兴，美好未来的创造，社会主义现代化事业的胜利，要靠全体人民的努力，归根到底，要靠广大青年继往开来，脚踏实地，艰苦奋斗。”

（原载于《广东民进》1987 年第 4 期）

第二辑

教育方针研究

“因材施教”在教育方针中的地位问题

关于“因材施教”应否和“全面发展”并提为教育方针的问题，争辩近5月，迄今未决。双方的论点，大致表现为下列几种：

甲方——并提论者的各式提法	乙方——单一论者的各式提法
(a)“全面发展”本已包含有“因材施教”的意义，为了纠偏，故应并提。 (b)“全面发展”是目标，“因材施教”是方法，前者没有包含后者，结合来提，方针才够完整。 (c)“因材施教”是方法，同时亦是目标，结合起来提，正是发展了全面发展的学说。 (d) 在新的方针中，“全面发展”和“因材施教”都是达到目标的方法途径。	(a)“全面发展”本已包含有“因材施教”，后者列入方针是多余的，甚或会产生副作用。 (b)“全面发展”是目标，“因材施教”是方法，前者没有包含后者，后者应该强调，但不能列为方针。 (c)“因材施教”不能作为方法，更不能作为目标，是完全和全面发展的思想相对立的。

双方均没有人怀疑“人的全面发展”这个基本方针，除个别单一论者外，亦均肯定“因材施教”可以作为方法、原则，而所以导致正

反两种不同主张的原因，从上表的分析，应认为是由于：

（1）对什么是“教育方针”，认识上不一致；

（2）对于“全面发展”是否已包含有“因材施教”的因素，双方之间和各自内部，认识都不一致；

（3）对教育方针新提法能否起纠偏的作用，双方估计不同。

由此可见，教育方针问题的解决，其关键实在于解决这三个矛盾。

（一）什么是教育方针的问题

在教育领域中，通常有两种作用不同的方针：一种是以指陈教育总的目的方向为主的根本性教育方针，一切教育内容、方法以至于教育制度等的制订，都必须为这一总的方针而服务；另一种是在总方针确立后订出的教育实施方针，主要是指出贯彻总方针所必须依循的基本途径。前者是和人的培养目标密切关系着的，而后者则是由目标向具体手段的过渡。

国家的根本性教育方针，在昔又谓之“教育宗旨”，欧美各国亦均在宪法上或以其他形式规定国家教育的总目的或宗旨。所以根本性的教育方针和总的教育目的，可以说是同义语。所谓全面发展的教育方针，其具体内容，如所周知，就是指陈新中国的教育在履行教育新人的专门职能中，必须把新生一代培养成为符合于全面发展的人这一总的方向，其作用正相当于“教育宗旨”或指陈教育总目的根本性教育方针的。我们的争论既是由于企图修改这一教育方针而起，毫无疑问，我们就应当以根本性教育方针的要求去衡量“全面发展，因材施教”这一提法是否恰当，而不应当以教育实施方针或教育工作方针的标准去衡量，或以此为教育方针的新提法进行辩护。

自1956年10月29日《光明日报》“教学生活”副刊载出茅、芦、望等三同志一文后，在拥护“八字方针”的同志中间流行着一种论点。

他们认为教育方针只是达成教育目的根本途径，而不是目的本身，在新的方针中靠“全面发展”和“因材施教”都是达成全面发展教育目的手段，二者缺一，方针就不够完整，企图以此为教育方针的新提法辩护。应该指出，这是歪曲了修改方针的原有意图，是犯了张冠李戴的毛病的。因此，前表甲 d 的提法是不能成立的。

如果明确了我们当前所要考虑的是根本性的教育方针而不是像什么“整顿巩固”之类的工作方针、实施方针，则另外一些同志提出“因材施教”是手段，必须和“全面发展”目的相结合来论证教育方针的新提法，也不能被认为有充足的理由。

自然，一个完整的根本性教育方针，并不排斥结合方针手段来提。固有的全面发展的教育方针，在相对的程度上，就体现着目标与手段的统一，因为它包含有要以五育的有机统一的原则去实现人的全面发展的意义的。笔者认为“因材施教”不应列入方针中，问题并不在于它是一种手段，而在于它在方针中并没有把手段的身份表露出来，使人误认为目标；问题还在于易使人误解它是唯一的方法原则或者首要的方法原则。因此，我认为表甲 b 的提法也是不能成立的。

（二）“全面发展”是否包含了“因材施教”的问题

“并列论者”既醉心于发展个别差异，或个性特征，又不愿给人以是在背离“全面发展”这一教育理论体系的印象，因此往往把人的全面发展这一教育目标，说成是包含了“因材施教”的因素。他们或是提出这个仿佛是不证自明的论点，或是把经典作家有关教育方法论范畴的言论偷天换日地来论证这个论点，或是荒谬地从“人是个性与共性的统一体”来论证这个论点。其真正意图不外是要把“因材施教”和“全面发展”二者的矛盾加以掩盖。不用说，揭穿“因材施教”和“全面发展”在教育思想体系中的对立性，揭穿二者在培养新人方向上的矛盾性，乃是解决教育方针问题的基本关键。

必须指出，“因材施教”是个缺乏明确内涵的古老成语和教育术语，对它的理解，是随人而异的。它往往能引起五种不同的解释：第一是指才有高低，须择材而教；第二是指教育设施须因人而异，以期充分发展学生的个性特征；第三是指教育目标须因人而定，不能要求统一；第四是指教育与教养须从学生原有的发展水平出发，逐步提高；第五是指教师在教学与教育过程中须考虑学生的年龄特征与个别差异，贯彻个别教育的方法原则。

五种含义中，除属于教育方法范畴的最后两种含义是唯物主义的教育原则之外，其他属于教育目的范畴的前三种含义都是中国封建社会和现代资本主义国家占统治地位的唯心主义教育思想，是和全面发展的培养目标适相对立的片面发展的培养目标。我们非但不能够说马克思主义全面发展的教育目标包含有这些目标因素，而且还必须认识到它们之间是绝对不能相容的。如果将“因材施教”与“全面发展”并列为方针，在客观上使同具有目标的性质，那就不啻是以“择材而教”的宿命论思想和垄断教育思想，去否定塑造新人无限可能性的高度乐观主义信念和共产主义的全民教育思想；不啻是以杜威之流的“差别至上论”“差异永恒论”“教育无目的论”等旨在维护旧劳动分工制度的生物学发展观，去否定新社会成员这一种共性的培养——即使每一成员既通晓一般的非专业知识，而又能随着新劳动分工不断变化着的要求，善于不断塑造及使之形成新的专业兴趣特长的创造性劳动者。

新中国的教育方针，决不能是两个对立培养目标的和平共处，如果把教育方针表述为“全面发展、因材施教”，在客观上，不管怎样，就是以后者否定前者，以顺应个性代替培养专业兴趣特长，以片面发展去否定全面发展。因此，不能同意前表甲 c 的意见。

（三）教育方针新提法能否起纠偏的作用问题

毋庸讳言，目前教育工作中出现了某些偏差，乃来自人们对原有方针的认识不足。如果在字句上加以补充，使原有方针的意义更加明确，不应该反对。但如果补充的结果，竟使人的认识愈趋于迷惑，那非但不足以言纠偏，甚至还会带来巨大的灾难。教育方针的新提法，绝不能认为是意义明确，五六个月来的争论不决，对方针的理解各各不同，就是一个最有力的说明。

由于“全面发展”与“因材施教”的并列，在争论中出现了“发展分工”“分期发展”“全发展的适度发展”等混乱思想，在各级学校中亦逐渐出现了不少“兴趣主义”“逃避集体”等极端言行，如最近所报道的某些新情况。由于成因复杂，虽未可见全诿罪于八字的方针，但亦不能说这些情况的出现和教育方针的新提法毫无关系。因此，前表甲 a 的意见是不正确的。

总的说来，纵然是仅在文字上修改教育方针，亦须十分审慎。如果修改的结果，会在客观上使人认为发展个性差异是一个教育目标，这就要不得。

应该知道，把“发展个性”和“适应共同需要”在教育目标中平列，在资本主义国家中和在旧中国，并不是一件奇事。英国和美国就曾经是这样。1921 年，我国反动政府公布新学制改革令，以教育标准代替教育宗旨，亦系以“谋个性的发展”和“适应社会进化的需要”等项并列的。

但在社会主义体系的国家，就所知的苏联来说，凡牵涉到个性差异或个别教育的问题，总是以非常审慎的态度去对待，从不肯让它们带有教育目标的性质的。尽管苏联教育家非常重视个性特征与个别教育的问题，亦只把它们列之为原则，并冠以冗长的修饰词句，如凯洛夫称之为

“在教育过程中考虑到学生年龄特征与个性差异的原则”等就是一例，崔可夫专家在教育学中，亦再三强调指出“以个别对待的态度对待学生不是目的本身，而是一种必要的教育措施，这一措施是服从于共产主义教育目的”。苏俄教育科学院亦有类似的表述。这种审慎态度绝不是偶然的。

根据本文所作分析，得出的结论是：“全面发展、因材施教”不能作为新中国的教育方针；但在一定的条件下“因材施教”可以作为教育原则与教学原则单独提出。

（原载于《广东盟讯》1957 年第 2、3 期）

论"全面发展"与"因材施教"在教育目的论上的对立

一、全面发展教育方针的新的胜利

在教育领域中，通常有两种作用不同的教育方针：一种是以表明教育总的目的方向为主的根本性教育方针，一切教育内容、方法以至教育制度的制订，都必须为这一总的方针而服务；另一种是在总的方针确立后订出的教育实施方针，主要是指出贯彻总方针所必须依循的基本途径。前者是和人的培养目标密切联系着的，而后者则是由目标向具体手段的过渡。根本性的教育方针，常简称为教育方针，在昔谓之"教育宗旨"，欧美各国亦均在宪法上或以其他形式规定国家方针的总的目的或宗旨，所以教育方针和总的教育目的，可以说是同义语。解放以来，在一段很长时间，虽没有明文规定新中国教育方针的具体内容，但政务院在"关于改进和发展中学教育的指示"中，曾明确指出我国过渡时期的教育目的就是"以社会主义思想教育学生，培养他们成为社会主义社会全面发展的成员"，而各级教育领导部门亦经常强调贯彻全面发展的教育方针。因此，解放以来我们所坚守不渝的根本性教育方针，其具体内容，事实上就是要把新生一代培养成为符合于全面发展的人这一总的方向。八年以来，在党的领导下，这一教育方针的贯彻给全国教育工作带来了辉煌的成就，在培养中的年青一代无论是在智力发展方面或体力发展方面都出现了崭新的面貌。

自然，在贯彻全面发展教育方针的过程中，由于对全面发展的本质意义认识不足，或由于方法论上的一知半解，某些缺点或偏差的出现是难于避免的。特别引人注意的是某些学校出现了所谓“平均发展”“全能发展”和“强求一律”等做法。有些学校不顾学生的具体情况，要求过高过急，提出在“八星期内消灭一分及二分”的口号，或是采用先进集体的制度来保证提高成绩，规定在半年内体重要增加 4—5 斤，一切课外活动必须项项参加，爱好较专，便被诋为“好高骛远”，复习各科时间长短，亦做出硬性安排，违者就被认为不是集体主义。类乎此种严重地戕害着学生身心健康发展的荒谬做法在去年曾引起全国教育工作者的注意与警惕，无疑是一件可喜的事。可惜一般教育工作者并不去深入分析造成这种种偏差的真正原因，贸贸然便认为这是由于全面发展的教育方针有问题，或认为教育方针的提法不够明确，因而建议做出“全面发展、因材施教”的修改。

这一建议引起了全国范围热烈的争辩，见仁见智，意见不一。但由于长期未下结论，教育工作者深苦无所适从，而隐藏在“因材施教”这一提法的背后的非社会主义教育思想也就乘机肆其毒害，有识之士，戚焉忧之。直到毛主席在 1957 年发表《关于正确处理人民内部矛盾问题》的报告中指出：“我们的教育方针，应该使受教育者在德育、智育、体育几方面都得到发展，成为有社会主义觉悟的有文化的劳动者。”这才澄清了许多人的混乱思想。毛主席所提出的教育方针，其实就是马克思主义关于人的全面发展教育目的的另一种表达形式。这一教育方针的提出，应该认为，其本身就是标志着全面发展教育方针在战斗中的伟大胜利。

为什么我们必须坚持全面发展的教育方针，必须保护这一教育方针的纯洁性从而坚决反对把“因材施教”和“全面发展”相提并论呢？应该指出，这首先是因为造成所谓“平均发展”“压抑个性”那些偏差的原因，不在于“全面发展”这一要求本身有问题，而在于某些教育工作者对全面发展这一要求的本质意义缺乏理解，没有认识到“因材施教”这一概念的补充其结果只能是损害到实现学生的全面发展，同时也就是损害学生个性的真正发展。其次，必须指出某些学校出现了“项项参加”“人人一律”的荒谬做法，实质上是某些教育工作者缺乏方法论的修养问题，而不一定是由于全面发展的要求不够明确。在这种情况下，存在的矛盾是教育方法与教育要求之间的矛盾，这种矛盾的解决其关键不在于“全面发展”这一要求在表达方式上有所修改或补充。最后，还必须指出，“因材施教”和“全面发展”在教育目的论上是完全处于尖锐对立的地位的，它们代表着两个社会上层建筑的对抗性矛盾，是绝对不能容许并存作为我们的教育方针的。

上述三点，让我们依次加以阐明。

（1）关于全面发展的本质意义问题——笔者认为掌握全面发展的本质意义是消除“平均发展”“压抑个性”种种不正确理解的前提条件。某些教育工作者往往以小资产阶级平均主义的思想去理解全面发展，错误地认为要求人人都全面发展就必须排斥在集体的发展中人与人之间的任何差异。他们还形而上学地去理解个人在体智才能方面的多面发展，认为面面俱到就是面面同样用力，就必须排斥在个体的发展中面与面之间的任何参差不齐。要把每个成员的发展水平导向于集体发展水平的平均数，要把同一成员每一方面或每一种认识活动的发展水平导向于所有方面或所有种种认识活动发展水平的虚构的平均数，这只能说是一种毫无根据的幻想：它和全面发展的本质要求是毫无共通之处的。

什么是全面发展的本质要求呢？首先，应当指出，制约于大工业生产客观需要的全面发展人的要求，包含有人的体智才能向多方面发展的意思，是片面发展的否定。作为自然—社会实体的个人，原具有向一切方面发展的可能性，但这种可能性在旧社会里是不可能转化为现实性的，因为旧社会的劳动分工制度无情地把人们束缚在一个个范围狭隘的活动范围之内，一个人从事某种专业活动，就必须牺牲人本身其他方面一切能力的发展。从多面发展的可能性能否转化为现实性这一个角度来看，我们可以说旧社会是压抑个性的自由发展的，而新社会却在实现着个性的彻底解放。作为个性的解放去理解的人的全面发展，在一定的意义上就是指人有可能向一切方面发展。因此，在多方面发展的指标下，要鉴别一个受教育者是否实现着全面发展，就必须根据他在共产主义教育各个组成部分——智育、德育、体育、美育及综合技术教育——规定任务中所体现出的发展的广度与深度。但是，教育者必须理解，这些有关发展广度与深度的具体要求，是客观地被发展中的社会生产和受教育者的年龄特征所决定的，有其一定的范围（例如：随着社会主义工业化的发展，综合技术知识日益被强调，但由于儿童年龄特征所制约，对小学低年级学生又不能提出这方面的要求）。如果忽视了这一点，盲目地和毫无范围地追求实践活动的多面性，从而形成项项活动平均用力，就会收到妨碍发展专长压抑个性发展的后果。

必须指出，全面发展对片面发展来说，并不仅仅标志着在发展面上一种量的差别，更重要的是它们还体现着一种质的差别。一个四体不勤五谷不分的旧知识分子，可能在文化教养、审美能力、体育活动等等方面比之一个普通技术工人表现出较多方面的发展，然而我们绝不能据此便肯定前者较后者较接近于全面发展。要鉴别一个受教育者是否在实现着全面发展，重要的关键乃在于考察他在多方面的发展中是否体现了智力和体力在劳动中的统一，是否能在劳动实践中消除智力发展与体力发展的分裂。智力与体力在实践中统一发展，才是人的全面发展的本质意义①。如果德育、智育、美育脱离开体育与生产劳动教育，或者把体育和智育、德育、美育及生产劳动教育割裂开来，带来的发展都只能是片面的发展。从这里，我们就可以看到毛主席最近所表达的教育方针强调"劳动者"的培养，正集中地体现了全面发展教育的最本质的意义。

在社会实践中智力与体力统一发展的人，其实就是最善于理论结合实际的人，是最善于克服教条主义与经验主义思想方法，因而也就是具有高度自觉性与独创性的人。由此可知，人的全面发展，非但不会使人人的精神面貌一模一式，趋于平均，而且出于理论与实践的统一首先就排除了任何使人趋于平均趋于定型的影响，而各人高度发展中的自觉性、创造性就更不可避免地将以各自不同的形式吐出鲜艳的光辉，表现出个人的特点。

由此可见，把平均发展的错误理解归咎于全面发展的概念不够明确，是毫无根据的。

（2）关于教育方法与教育要求之间的矛盾问题——近年来教育实践中所表现出的某些缺点与偏差，如在教学活动中对学生强求一律，在生活制度上规定得过死，片面强调集体，对个人的干涉限制过多等，往往严重地损害了学生的创造性与主动精神。这些偏差的执行者往往不是不懂得全面发展的意义，也不是不懂得五育的具体任务，他们主观上是在贯彻全面发展的要求，而所采取的方法与措施却不自觉地带来了和主观要求完全相反的效果。

这些教育工作者往往把五育任务有机统一的实现看成是方针执行者的主观要求，而不问所提出的要求对每个学生所能产生的效果怎样；或

① 参考许崇清：《人的全面发展的教育任务》，《中山大学学报（社会科学版）》1957年第1期。

把五育的齐头并进，荒谬地理解为项项活动的同等用力，更不预先考虑这种做法实际上是能实现人的全面发展，抑或造成畸形发展的人。以要求门门功课五分为例，这本来是符合全面发展的要求的，但是如果忽视某些学生在功课方面的特殊困难，或发现了而不加以解决，而只是通过“先进集体”的制度，横施集体的压力，则其结果只能是损害了这些学生身心的健康，甚或在道德品质上带来消极的因素。在这种情况之下，对某些学生来说，这种简单化的做法，实质上就不是在贯彻着五育的统一，而是为了个别科目而破坏了德育、美育，或体育等任务的实现。这些教育工作者主观上是提出了全面发展教育的要求，实际上却是走着片面发展教育的道路。其中矛盾，在于这些教育工作者不是在要求与效果的统一中来看全面发展教育的目的，不是在主观与客观的统一中来理解五育任务的贯彻。一句话，就是他们简单地在要求与结果之间画了个等号，看不见在体现着要求与效果之间的活生生的人！他们在全面发展的教育方针中看不见什么“具体的人”，在心目中只有“一般的人”“抽象的人”。

他们还割裂了教与学的统一，看不见教学内容、教学方法和儿童掌握知识实际过程之间的相互关系。他们简单化地在一般的教学方法和学生的领会之间画了个等号，而没有看到教师同一的教学活动在不同儿童中所能引起的不同影响，在思想、感情和意志方面所能引起的不同变化。也就是说，他们看不到不同的生活历史与经验和不同的身心发展水平会如何在儿童身上对新观点、新习惯、新品质的形成起着不同的影响。作为生理、心理与社会统一体的个人，诚如巴甫洛夫一再强调，是有无限大的可塑性的，但是，应当指出，这种可塑性的实现是以掌握了有关具体个人身心发展的全部规律性知识而始有可能的，而教师要有效地贯彻全面发展教育的要求，就必须以这些规律性的知识武装自己，必须从每个学生的具体实际出发，对不同学生运用不同的教学与教育方法，才能保证每个学生在规定的各个发展方面达到或超越规定的水平。如果“因材施教”只是作为“结合学生实际”的一种教育原则去理解，无疑对于纠正“强求一律”那些简单化的教育方法有所帮助，但这完全是属于教育方法论的问题，不能以此作为主张修改全面发展教育方针的论据。

(3) 关于“因材施教”和“全面发展”在教育目的论上的对立问题——把“因材施教”作为发展个性的培养目标去和全面发展的目标相提并论，是资产阶级残余意识和社会主义思想和平共处的一种表现，这种教育思想如果不彻底加以清除，就会导向于为资本主义教育制度的复辟敞开道路。这一种思想在去年的争辩尚没有受到彻底的批判，为了捍卫马克思主义全面发展这一理想的纯洁性并加深对于毛主席关于教育方针的指示的认识，下文将专门阐述这一个问题。

二、“因材施教”与“全面发展”在教育目的上不能相提并论

“因材施教”是个缺乏明确内涵的成语和教育术语，对它的理解，因人而异。它能引起五种不同的解释：第一是指才有高低，须择材而教；第二是，指教育设施须因人而异，以期充分发展学生的个性特征；第三是指教育目标须因人而定，不能要求统一；第四是指教育与教养须从学生原有的发展水平出发，逐步提高；第五是指教师在教学与教育过程中须考虑学生的年龄特征与个别差异，贯彻个别教育的方法原则。

五种含义中，除最后两种包含在马克思列宁主义教育学中教学原则和教育原则之内，是唯物主义的教育方法论的指导思想之外，其他三种都是中国封建社会和现代资本主义国家占统治地位的唯心主义教育思想，具有强烈的反人民性质，如果用来指导新中国的教育实践，便有使历史车轮倒退的危险。

(一)“择材而教”的宿命论内核——“因材施教”这一成语最能

够集中地反映出中国儒家基于“个性预成论”的“择材而教”的思想。儒家论性虽各主一说，唯心与唯物成分之多少，亦复不同，但归根结底总认为人的才能品性，各有等差，禀赋于天，难谋变改。即说过“性相近习相远”的孔子，亦认为“上智与下愚不移”“君子能仁，小人不能仁”“中人以上，可以语上也，中人以下，不可以语上也”，而唯物主义思想比较浓厚的王安石亦不禁发出“苟不可以为天下国家之用，则不教也，苟可以为天下国家之用者，则无不在于学”这种择材而教的论调①。不用说，汉唐以来，历代学校制度和科举制度在选拔人才、考选生员上，都贯彻着“择材而教”的方针，借以巩固封建社会的等级特权制度。

“择材而教”的思想和现代资本主义国家的剥夺劳动人民教育权利的阶级淘汰政策，更有密切的关联。欧美国家的资产阶级，到了帝国主义阶段，由于阶级斗争愈趋尖锐，统治地位岌岌可危，他们既不敢公开推翻机会平等的口号和义务教育的法令，但为了防止工人阶级的普遍自觉，又不得不力图限制他们受教育的机会，因此以“遗传决定论”为理论依据的智力测验运动，就被用为分化无产阶级和愚化人民一举两得的武器。在虚伪的客观性和科学性的幌子的欺骗之下，成千累万的无产阶级子弟被剥夺了受教育的权利，还自甘承认这是天命使然，而非来自杀人不见血的剥削制度。

“择材而教”不仅在普通学校教育方面发挥了阶级淘汰的功能，同时在整个社会生产上，亦起了巩固资本主义劳动分工的作用，成为分化劳动人民的有力武器。在学校里，这一阶级武器是以所谓“教育指导”和职业指导的形式大规模出现的。这种指导，依其细致程度而言，有“负指导”和“正指导”之分。“负指导”的实质在于依据学生的一般

① 见王安石：《上仁宗皇帝言事书》。

智力、兴趣、态度、学业成绩和身体特征等，对照社会数以百计的职业门类在这方面的具体要求，特别是一般智力方面的要求，从而在职业分类表中“消去”一切难望有成的职业或科系，尽可能做到缩小择业的范围。佛莱尔（Fryer）氏的修正职业量表，以各种职业的智力“常模”来标志这些职业的社会经济地位，就是这种“负指导”所资以进行的工具的一个简单说明。随着测验运动和所谓因素分析学说的发展，“择材而教”的方针将在“正指导”中愈来愈获得彻底的贯彻。由于一般智力被分解为语言、数字、空间知觉、记忆、心速、知觉及归纳演绎等原始心能，基于这些原始心能作为自变量而组成的经验方程式，便成为预占一个学生在各项职业可能成就的主要根据，指导学生选读科别，亦往往以此为指针。

在广大的实业界中，通过工业心理学的研究和普遍建立起来的心理技术机构，“量才使用、因材施教”早被资本家认为是最省钱而又能确保较高劳动生产率的一种手段①。受雇于工厂的心理技师，其主要工作任务便在于为各部门选择最适宜于工作的候雇工人，而选择工人所依据的标准便是各人在年龄、能力、兴趣、情绪、健康、体力等方面的个别特征。工人的实业行为，如产量的高低，请假迟到的频率，守业改业的倾向，甚至遇险的次数等，都被看成是某些固定不变的个人材质的函数，士梯文生（Stephenson）氏的报告，曾说：“目下美国全部工业灾害中肇因于机器者约占三分之一，肇因于缺少安全设备者又不过此中的三分之一，可知目下遇险的发生，肇因于个人的缺陷者，几占90%。”“马布定律”的提出者德国实业心理学家马布（Marbe）氏②，亦指出工

① 陈一百：《实业心理与实业工程》，《学术世界》1935年第1卷1-2期，上海：世界书局。

② 参看陈一百：《工业心理学对于遇险预防问题之贡献》，《学术世界》1935年第1卷9期，上海：世界书局。

作危险性之足以造成意外，其影响尚不若个人遇险感受性的显著，而欧美各工业机关的心理技师亦均相率应用“恐惧的反应时间测验”“点子测验”及心理电反射测验等工具，按照各人不同的遇险感受性作为选择训练汽车驾驶员或担任其他危险工作者的重要依据①。举此一端，已可概见“择材而教”便是在广大的实业界中，也正在怎样顽强地为巩固资本主义的劳动分工制度而起作用。

由此可见，以宿命论为内核的“因材施教”之所以能成为资产阶级教育学中以至全部教育实践中一个最主要的指导思想，绝不是偶然的。它是从个性宿命论导出劳动分工宿命论的一条思想纽带。这种意识形态是产生于以固定性劳动分工为特征的剥削经济制度，而又反过来为巩固这种以固定性劳动分工为特征的剥削经济制度而服务的。

（二）“差别至上”的个性发展观——“因材施教”意味着一切教育设施必须因人而异，以期充分发展学生的个性特征。“因材施教”的宿命论内核，并不完全排斥教育在个性发展中应起的作用。认为“上智与下愚不移”的孔子；同时亦承认人有“生而知之者”和“学而知之者”之分，并自承是“非生而知之者，好古敏以求之者也”“学如不及，犹恐失之”，并被弟子赞为“其为人也发愤忘食，乐以忘忧，不知老之将至”。正如“预成论”色彩最浓的孟子并不排斥教育，但把教育之作用于“四端”比之于“若火之始燃，泉之始达”，要能扩而充之；抱遗传决定论的杜威亦尝侈言教育，但把教育的作用只看成是顺应儿童的本能，看成是在不同发展阶段中善于促成这些本能得以表现的外界刺激。“因材施教”明言“施教”② 而实则把“施教”从属于儿童的“材质”，把教育看成是儿童材质的函数。因此，这一古老成语在语言结构

① Morris S. Viteles. *Industrial Psychology*. New York: W.W. Norton, 1932. pp. xviii+652.

② 某些“因材施教”论者尝以此为这一成语的宿命论因素辩护。

上所体现出的函数关系，正是最完满地表达了孔孟和杜威这种企图降低教育在个性形成中的作用的思想实质。

当然，所谓材质，在他们看来，也不一定仅指先天的禀赋，同时也指环境条件作用于禀赋而表现出的才能品质，是指儿童到开始受教育时为止所具有的全部个性特征。把"因教成材"本末倒置地表达为"因材施教"，其实质就是把自生自长或自发地形成的个性看成是至高无上的东西，从而认为一切教育设施，包括教育目的、内容、方法以至学校制度等，都必须为这种仿佛是神圣不可侵犯的个性发展倾向而服务。唯心主义学者桑戴克在所著教育学中曾谓"教育须从人类各个人不同之需要而定其教授之目的，须从各个人之兴味与能力之差别而定教授之工具与方法"，又谓"有多数性质不同之学校，非但应有若干种类之课程，供人选择，更须能适应各种有差别之天性。在一校或一级之中，既须令学生做几许不同类、不同数量、不同品质之工作，则教师亦应与学生以不同类、不同数量、不同品质之扶助。所以优良之教员甚希冀人类之有差别……"① 这一番话最能代表主张教育顺应个性差异的"因材施教"论者的个性发展观。

主张教育顺应个性差异的"因材施教"论者往往趋向于把形成个人间的无限差别性作为最崇高的教育思想。"从个别差异来，到个别差异去"这种想法，在上面所引桑戴克的话中已见其端倪。但最能代表这种"差别至上论"的人物，仍应首推美国实用主义教育家杜威。

杜威在"论平庸性与个性"一文中②，把个性界说为品质的单一性，区别性或突出性，并理解为个人一种内在的自由。他认为"民主"的教育所应当追求的便是发展这种人与人间绝不相同的个别性以确保人

① E. L. Thorndike 著，陈兆蘅译：《桑戴克教育学》第四章，上海：商务印书馆 1930 年版。

② Dewey. *Characters and Events*. Vol. Ⅱ, 1929: 480-485.

与人间在个性方面的无穷差异。在杜威看来，追求个性差异与个性突出是至高无上的！

杜威在《个性、平等性与优越性》一文中①宣扬这一论点，采用了他一贯的狡猾的手法。他从攻击与智力测验有密切联系的追求“平均发展”的教育开始，指出把人依智力分为上智下愚等固定的、数目有限的门类等级，并把各门类所标志的抽象的平均数代替活生生的具体的人，这种基于封建制残余的简单化的区别教育方法，实质上是使个人的发展导向于各自所属门类的平均，抹杀了个人的“创造性”和“个性”。这种攻击切中时弊，颇足使人信服。但杜威醉翁之意不在酒，目的却在于把创造性和个性混淆起来，仿佛要发展创造性就是发展人的个别性，从而使人不自觉地变成他那“差别至上”个性发展观的俘虏。这种唯差别主义是完全脱离社会现实基础而又荒诞不经的教育理想。在这一点上，杜威表现了他是一个最彻底的“因材施教”论者。

（三）“自我制约”的教育目的观——“因材施教”意味着教育目标，应因人而定，不能要求统一。这是从成语本身的函数式语法结构所最容易引起的一种理解。基于广泛的联想，亦会得出同样的解释。因为如上所述，“因材施教”既具有浓厚的宿命论内核，把千差万别的“材”放在第一位，教育仿佛必须以此为起点，亦必须以此为方向，以此为归宿，这就不啻等于说教育的目的就是自我扩展过程或教育过程的本身，而不是为了满足社会发展中的客观要求，更不应有全社会统一的教育目的。这正和杜威基于生物学化的心理发展观，由“教育即生长”“教育即生活”终于导出“教育无目的”“教育无定向”的结论，具有同样的逻辑必然性。

当然，“因材施教”的教育目的观，和杜威的“教育无目的论”一

---

① Dewey. *Characters and Events*. Vol. Ⅱ, 1929：486-492.

样，并不排斥教育可以有个人的目的。杜威曾说过："教育的自身并没有什么目的，只有人、父母、教师才有目的……他们的目的是无穷的差异，随着差异的儿童而差异，随儿童的生长与教育经验的发展而差异。"① 杜威的真正意图乃在于利用个人的目标来排斥社会的目标，使人相信教育不应当有统一的集体的目标，其矛头是指向于共产主义的教育体系的。应该指出，任何企图把教育的目的的社会制约性说成是个人制约性或自我制约性，都是和历史唯物主义相抵触的。我们知道，在任何阶级历史社会，作为上层建筑的教育，都代表着一定统治阶级的利益或意图；不可能是无目的或自我制约的。无论中国宋儒之标榜"明心复性"为教育目的也好，杜威之流标榜"教育无目的"或以"自我显现"为教育目的也好，实际上都是以不同的方式，隐蔽其不可告人的阶级目的罢了。新中国教育的目的即人的全面发展的教育目的，体现着社会主义社会发展的客观要求，更具有鲜明的社会目的性，和"因材施教"的教育目的观是正处于严重对立的地位的。

根据上文的分析，"因材施教"具有坚决的宿命论的内核，以个别差异为个性发展的最高准绳，并把教育目的做出非历史唯物主义的理解，这些都是中国封建社会和欧美资本主义社会占统治地位的教育观点，对于维持与巩固剥削关系的社会经济制度起着巨大的作用。中国解放以前，特别是在本世纪 20 年代前后，这种反动的教育观点通过杜威的来华讲学，通过以儿童中心主义为特征的种种方法制度的试行与推广，和通过风靡一时的智力测验运动，曾在全国范围大肆毒害，成为当时教育思想的主流，至今余毒犹存。今天在实现根本消灭阶级消灭剥削制度的社会主义革命进程中，也正是我们应当大力和这些旨在巩固阶级剥削制度的反动教育思想残余进行斗争的时候，我们有必要进一步从理

① ［美］杜威著，邹恩润译：《民本主义与教育》，上海：商务印书馆 1947 年版，第 124—126 页。

论上分析这些思想的唯心实质从而阐明它和共产主义教育目的的不可调和性。

甲、垄断教育与全民教育的对立

全面发展教育的目的，不是要求个人或少数人的个性全面发展，而是要求社会所有成员都能全面发展。如果只要求部分成员全面发展，就效果来说这固然是排斥了任何个人获得个性解放的可能性，从教育的出发点来说也不能认为是在贯彻全面发展的教育方针。马克思、恩格斯全部关于个性全面发展的学说，讲的都是全体成员每个人体智才能的发展，认为共产主义社会通过全面发展的“教育将把他们从现代劳动分工强加于每个人身上的片面性下解放出来”，“在共产主义的原则上组织起来的社会，使自己所有成员有可能全面地运用他们各方面高度发展的才能”。毫无疑问，教育的全民性应该认为是全面发展教育目的一个不可分离的内在因素。

和全民教育的精神相反，“因材施教”对于全民性的全面发展教育的目的却只能是表征着一种起限制作用的力量。在剥削社会，富有选择与淘汰功能的“因材施教”之所以被抬高到方针政策的地位，固然如上所述有其阶级的根源，但同时亦自有其为剥削统治阶级所固有的唯心主义的认识论基础。

无产阶级全民教育的思想是和塑造新人的无限可能性的高度乐观主义信念不可分地联系着的。而剥削阶级的独占教育政策却总是在种种旨在宣扬智力不平等的遗传决定论中获得其理论依据的。

“因材施教”的宿命论内核正是突出地宣扬人类智力的不平等，宣扬个别差异的绝对永恒性，拒绝承认人人都能实现全面发展的现实性，这种“差异永恒论”的错误在于：

第一，它把作为社会发展产物的人的个性看成和一般动物的行为形式是同质的东西，从而用动物主导地制约于遗传的本能行为的差别性去理解人类个性的差别性。我们知道，动物的本能活动和人的意识活动代表着心理进化同一阶梯的最低级阶段与最高级阶段。辩证唯物主义心理学虽不否认后一阶段对前一阶级的继承性，因而也并不否认可能有某些一般的规律对于若干发展的阶段都是正确的，但绝不允许把发展的高级阶段归结为低级阶段，把正确地反映某一阶段的规律性简单地搬用于另一个不同质的发展阶段。因此，根据科学事实，我们虽不否认个人彼此之间，和动物彼此之间一样，在生理解剖特点和无条件反射机构方面所表现的差别性服从于遗传主导作用的规律，但我们决不能由此便认为人的心理意识或个性内容也同样地服从于遗传主导作用的规律，从而得出人的才能、兴趣和意识倾向其个别差异亦系由遗传所注定的错误推论。不同规律的暗中偷换，掩盖了人类个性差异的真正的后天获得的社会根源。

第二，“差异永恒论”的错误在于没有认识人的个性和动物行为的本质区别在于人的一切活动都渗透了为人类所独有的意识的作用，从而就提供了无可比拟的巨大可能性使每个人的才能性格从固有生理基础的局限性中摆脱出来，从人与人之间的先天差别性解脱出来。我们知道，在系统的发展过程中，由于出现了第二信号系统和发展了语言，这就使人的一切活动，纵然是作为最简单的条件反射的感觉、知觉、表象以至最原始的无条件反射，都同意识和“自我意识”不可分地结合在一起。在这里，我们并不拒绝承认在人的心理生活中占有微小地位的“无意识状态”的存在①，但必须强调指出是由于人具备了意识、“被意识到的意识”和“自我意识”这一重要特征，借助于有高度目的性、主动性和预期性的抽象思维，借助于第二信号系统对第一信号系统的控制，有意识地时而加强时而抑制某些从前形成的条件联系，就有可能把行为的

① 参考 A.B.彼德罗夫斯基：《普通心理学讲义》。

可塑性提高到动物所绝不能达到的水平。每一个人通过自己的实践活动，就有可能以这一种或那一种方式来建设自己，以保证和环境之间的最大平衡，或有意识地发展心理机能的某一方面以补偿有缺陷的其他方面，使自己的才能智慧达到跟别人一样的水平。早年失去视觉与听觉的斯考洛霍德娃，依赖于触觉、嗅觉、动觉及其他感受性的发展，卒能成为卓越的文学家和科学工作者就是这一人性形成规律的最好说明，就是意识能动性在消灭缺点消除智能差异方面能起巨大作用的典型范例。关于没有被意识到的感觉即所谓“边缘感觉”转化为意识事实的实验①，指出一种感觉可以为另一种感觉所代替（例如炼钢工人根据火焰的颜色就能判断炼钢炉的湿度）亦是基于意识能动性的作用，是人“在实践劳动活动的基础上，有意识地利用感觉器官”。因此，我们必须明白，人的才能性格或以意识倾向为核心的整个个性不是别的，而正是思维与感觉，认识与实践不可分地统一着的反映外界过程的人脑的产物。这一种反映过程是一般动物所没有的。在这一过程中，实践起着基源的作用，而基源于实践的意识却构成了个性的本质内容并成为支配和调节全部个性内容的创造的力量②。机械唯物主义地去理解人的反映过程，忽视了人的意识能动性，同唯心主义的“遗传决定论”一样，都能导出“差异永恒论”为“因材施教”的目的观张目。

第三，“差异永恒论”的错误还在于没有正确地理解反映器官和客观现实二者在个性形成过程中的相互关系，并错误地把反映器官和客观外界看成是平行地作用于心理意识的实体，进而更荒谬地以反映器官的差别性去推论心理意识的个别差异，不自觉地陷进了“骨相学”或心

---

①［苏］П.Н.皮普内罗夫著，张世臣，张孟献译：《巴甫洛夫关于两种信号系统的学说与马克思列宁主义认识论》，北京：科学出版社1956年版。

② 参考彼得鲁舍夫斯基著，中央人民政府高等教育部教材编审处编：《心理学》上册，1954年。

理形态学的泥坑。我们知道，个性一般是指一个人生理、心理、行为特点的总和，其本质的意义应理解为一个主体的个人所具有的稳固的意识倾向。固然，如辩证唯物主义所教导"意识是人脑对客观现实的反映"，人脑与客观现实都是意识倾向形成的物质基础，二者是缺一不可的。离开了脑的机构去理解意识倾向固然不是唯物主义者，离开客观现实去理解意识倾向，认为从人脑的生理解剖特点或高级神经活动类型的特点就可以理解人的意识倾向或个性内容，也不是唯物主义者。应该指出，脑的物质器官只是反映过程的或个性形成的必要条件，而决定个性倾向与内容者却只能是客观外界，特别是人的社会物质生活条件及其教育。

把心理过程和神经生理过程割裂开来，认为心理过程一方面决定于客观外界，一方面决定于神经生理过程，这种"双重决定论"① 实质上是一种心物二元论。必须了解，心理意识只是脑或神经活动的属性，心理过程与神经生理过程是一物的两面，都是同样地决定于人的外部条件的。任何企图用生理过程的差别性来规范心理过程的差别性都是错误的，把生理过程的特点说成是纯粹先天的东西更是不符合科学事实的。任何企图把遗传的东西和社会的东西对立起来平列起来，把生理的和心理的社会的东西对立起来平列起来，或者把儿童身心发展的规律性和社会发展的客观规律性对立起来平列起来都是背离唯物一元论的原则的。某些"因材施教"论者往往不自觉地把"儿童身心发展的规律"和"社会发展的规律"等量齐观地平列起来，从而导出全面发展与个性发展的双重目标，都是由于不明白儿童身心发展规律归根结底还是从属于社会发展规律，归根结底都制约于客观外界。

因此，我们可以认为，正是客观外界的丰富性决定了个性内容的丰

① 参考 A.B.彼德罗夫斯基：《普通心理学讲义》。

富性，客观外界的多样性决定了意识内容的多样性，物质生活条件的同一性形成了个性的共同性，物质生活条件的差别性，形成了个性的独特性，人的个性差异既是由环境教育条件而来当然就有可能通过环境教育条件的改变而加以改变。

巴甫洛夫说："用我们的方法研究高级神经活动所得到的，最主要、最强烈和不可磨灭的印象，就是这种活动的极端的可塑性和巨大的可能性：没有任何东西是始终固定不变的，只要有适当的条件，常常是一切都可以办到，一切都可以改善的。"① 全面发展教育全民性的要求正是建立在个性的社会制约性的唯物一元论的认识基础之上的，是和人的极端可塑性的乐观主义信念密切联系着的。而"因材施教"的目的观与此相反，却是建立在遗传制约性唯心一元论或"双重决定论"的二元论的认识基础之上，以宿命论的毒素为垄断教育开辟道路的，是和全民性的全面发展的教育目标完全背道而驰的。

乙、"个性"本位与共性本位的对立

全面发展的教育是以发展人的共性作为中心任务的，而一切"差别至上论"则是以发展人的"个性"作为中心要求的。（有引号的个性，作个别性解，以别于指整个人格的个性，后均仿此）某知名教授在说明"个性全面发展"个性这个词的含义相同于平常之所谓"个人"或"人格"时，指出它"既包括人们彼此相同的共同性，也包括人们彼此不同的差别性，而这两者的关系是辩证统一的。因为共同性是由差别性中概括出来的，是由差别性中体现出来的，没有个别性，也就没有共同性；但同时，共同性却又不能把所有的个别性包括无遗，因此，人们的共同性也并不否定抹杀人们彼此之间不同的差别性"②。自此之后，赞

①《巴甫洛夫全集》(俄文版)，第2版第3卷第2册，第188页。

②《"全面发展、因材施教"的方针是符合个性发展的客观规律性的》，《人民教育》1956年9月号。

成“全面发展、因材施教”新提法的人，多如获至宝地把“人是共性与个性的辩证的统一”看成是不可战胜的理论依据，相率引用，认为提出全面发展以培养共性，提出因材施教以培养“个性”，正是天经地义，可惜这个论点是完全站不住脚的。

必须指出，以“人是共性与个性的辩证统一”这句话来论证教育方针，是因果倒置的。因为人之所以表现为共性与“个性”两方面，主要是一定的教育条件生活条件起作用的结果，而不是其原因。以个性的构成来导出或论证教育方针，仍是形形色色否认社会制约性的非决定论思想在作祟，“差异永恒论”与“差别至上论”的思想在作祟。

毋庸讳言，“因材施教”论者争相引用的所谓“人是共性与个性的辩证的统一”这个论点，正是在承认了人的个别差异的不可避免性和永恒性的前提下得出来的。该知名教授直率地承认了这一点。如上文所引，他说：“……共同性是由差别性中概括出来的，……没有个别性，也就没有共同性，但同时，共同性却又不能把所有的个别性包括无遗……”显而易见，他所理解的任何人共通于集体的共性，并不是什么具体的才能品性，而只是对各各不同人们“个性”的概括，正如一切真理、概念或科学抽象是各各特殊矛盾概括一样。正是由于这样，就必然得出结论，人们的共性与“个性”乃统一于“个性”的基础之上的，没有“个性”就没有共性，更谈不上有什么“全面发展”的共性。因材施教论者既不敢反对“全面发展”的共性，而又热衷于发展差别性，此言正合口味，这就难怪争相奉此作为经典了。但是另一方面，他们又往往不得不被迫承认应在共性的基础上发展“个性”，在全面发展基础上发展特长，这却又意味着共性与“个性”是统一于共性的基础之上的，使自己陷于前后矛盾的境地。

这种矛盾之所以产生，根本原因就在于“人是共性与个性的辩证统一”这句话在逻辑上有毛病，在于把矛盾普遍性与矛盾特殊性的辩证规律形式主义地加以运用，在于混淆与套换了“共性”这个词所包含的两种不同的意义而不自知。

应当指出，“人是共性与个性的辩证的统一”这个提法的本身，只能是在一定的意义上才是正确的。例如，作为认识对象的个人，从反映过程的角度来看，并把他作为客观存在的主观映象去理解，可以说成是个性与共性的辩证统一体，因为反映的本身就是从个别感知进入一般抽象的过程。但在这里所说的个性与共性，其实只是实践特殊性与认识普遍性的代用语。同样的道理，作为概念而存在的一般的人，也可以说是个性与共性的辩证统一，因为它不过是无数个别的具体的人的抽象或概括。在这样一种意义范畴中，普遍性总是和特殊性不可分地联系着的，普遍性只能通过特殊性而存在，普遍性通过特殊性而体现出来。在这里，该教授的提法是正确的。

但是我们当前所谈到的共性，却具有另外一种完全不同的意义，所谓共性乃指共通于集体的、为大家所共有的才能品质，这种共通性或共性与“个性”之间，却没有这种必然的辩证关系。他们的关系是随一切外部影响教育条件的性质而有所不同的。当共同的社会条件、教育条件作用于每个成员而形成彼此相同的意识倾向与实践倾向的时候，这就构成了每一个体的共性。当其他不同的环境条件、教育条件也同时在作用于这些成员而使各人的意识倾向与实践倾向表现有彼此不同的特征的时候，这就构成了每一个体的“个性”。由此可见，所谓共性并不是由个别性概括而来的。如果说，一定要充分发展全体成员的差别性，任何一个人才能表现（或概括）出共性来，这显然是不可理解的。

以上所说，都旨在揭破以“人是共性与个性的辩证统一”来论证教育方针的非科学性。但是，必须指出，我们也并不否认，在社会主义共产主义的经济基础上实现全面发展的教育，必然将导致每个人共性与“个性”辩证统一地发展起来。但是这种发展又体现着一种完全区别于该教授所说的辩证关系。在这里，共性和“个性”不是统一于个别性的基础之上，而是统一于共性——全面发展的共性的基础之上的。在教育过程中，培养全面发展的共性是第一义的，而无限丰富多彩的个别性的发展却是不可避免地作为这一共性的属性而出现的。

这是问题的一个关键，然而却常常不易为人们所理解。部分“因材施教”论者甚至还杞人忧天地认为全面发展的教育只能发展人的共性，必须乞灵于“因材施教”发展个别性以济其穷。为什么会产生这种“双重目标、平行发展”的混乱思想呢？为什么他们会把全面发展错误地认为只是发展共性而忽视发展“个性”呢？

这只能是因为他们没有深刻认识到全面发展教育所要求的共性，本质上有异于任何其他的共性。全面发展的共性，简单地说，就是“体力脑力相结合，理论与实践相一致”的高贵品质。这种品质为人人所共有，从一个角度来说，这是共性，其发展使人愈趋于同。但是，从另外一个角度看，所谓“体力与脑力相结合、理论与实践相统一”实质上亦正是为个人创造性活动的发展提供着无限的可能性，使活动者表现出个人的特点。由此可见，在全面的发展的人中，共性和“个性”永远是不可分地联在一起，“个性”是作为全面发展这一共性的发展的属性而必然出现的，在这里，共性愈是发展，“个性”亦获得更好的发展。“因材施教”论者的忧虑是多余的。

必须指出，由于全面发展共性的本质所使然，共性与个别性之间虽表现着辩证统一的关系，但决不能认为应当把发展个别性作为培养新人的目标，唯一的目标只能是全面发展的共性。因为全面发展的共性和个别性只能是统一在共性的基础之上的，只有作为这一共性的属性的个别性才值得发展。从这一角度来说，全面发展的教育是以共性为本位的。

与此相反，“因材施教”旨在顺应个别差异，或“差别至上论”地追求“单一性、区别性与突出性”，可以说是“个性”本位的教育。这种教育的结果，只有利于人的片面发展，妨碍全面发展这一共性的培养。它和全面发展教育的目标是适相对立的。

丙、片面发展与全面发展的对立

全面发展教育目的的核心意义，就是要求把新生一代培养成为能彻底地消除旧劳动分工的物质基础而服务的，体力劳动与脑力劳动相结合，专业知识与非专业知识相结合，理论与实践一致，因而也就必须在德、智、体、美、生产劳动等方面都充分地协调地发展的社会主义新人。这一种培养目标是完全制约于社会主义社会发展规律性的客观要求的。解除旧劳动分工所强加于每个人身上的片面性是建设社会主义与共产主义的必要前提，因而在打碎旧的社会结构的时代，在创造新的社会经济结构的时代，对一切趋于巩固这些片面性发展的自发倾向进行斗争，在教育中就更具有巨大的现实意义。然而“因材施教”的强调个人兴趣，强调发展个性特征，却使学生形成“因材而学”的心理，正代表着对这些自发倾向的崇拜，为人的片面发展开辟了广阔道路。

不应该混淆教育和发展的区别，把偶然性提高到必然性的地位。教育与发展虽是统一的，但远非等同的。人的发展是在受到一切的感化作用——自发的和组织的——的影响之下实现的。而新社会的教育则是集中地反映出社会主义社会发展方向的一种有高度组织性与目的性的积极感化力量。它正是以掌握必然来跟一切偶然性做斗争作为自己的任务的。

新中国的新经济基础虽已为消灭体力与脑力的分裂和旧劳动分工创造了必要的前提，社会影响与学校教育亦有其一致性，但只有借助于教育才能够使年青一代在发展中摆脱一切不利于全面发展的偶然影响，使每个青年都能把手脑相结合、专业知识与非专业知识相结合的长远社会需要转化为自己的兴趣需求，并自觉地为实现自己的多方面发展而努力。

在所谓人的全面发展的教育中，决不应把"发展"理解为自发性的发展。"设计人！""建设人！""改造人！""形成人！"——这是大教育家马卡连柯全部教育学说的主旨①，也应当作为我们培养年青一代共性工作实践的主要精神。

某些"因材施教"论者把各级各类学校专业、科系的设置，说成是发展"个性"或发展个人特长，是体现着"因材施教"的目的，并以此来论证"双重目标"的主张，其荒谬是显而易见的。社会主义社会生产技术的不断更新不容许有绝对固定不变的专业与专业内容，因而也不需要每个成员有固定不变的、脱离社会发展要求的个人兴趣与专长。"发展个性特点"的教育目的是建基于个人主义的、片面发展的教育目的；是与建基于集体主义的、全面发展的教育目的适相对立的。

全面发展教育体系中专业教育的设置，是完全决定于社会生产的需要的，因而也还是以体现"理论结合实际，专业知识结合非专业知识"的共性这一培养目标而出现的。即使到了共产主义社会，也"并不消灭一切专业化，而仅消灭旧的专业化……"，"如果认为共产主义社会里将没有任何劳动分工，所有的人都是'万知博士'，那就错了"。新社会的成员应当具有这种共性——既通晓一般的非专业知识而又能随着新劳动分工不断变化着的要求，善于塑造和形成新的专业兴趣特长的创造性劳动者。个别性是作为共性的属性而出现的。

"因材施教"的目的，不可避免地要使新生一代变成自发性的片面发展倾向的俘虏，是和全面发展的教育目的不能调和的。

（原载于《中山大学学报》1958年第1期）

① 参考［苏］马卡连柯：《论共产主义教育》，北京：人民教育出版社1954年版。

党委与校长平行负责制刍议

问题在哪里

当前高等学校的领导，其体制不是党委负责制便是校长负责制。前者以党委会置于校长负责制之上，处理问题党委会有最后决定权，后者则以校长为学校的最高领导，党委会只从旁起保证与监督的作用。目前部分学校如清华与华南师院，行的是党委负责制，部分学校如中大，行的是校长负责制。由于整风运动中暴露出某些高等学校，不问其领导体制如何，都或多或少存在着党政不分和随之而来的“三害”现象，因之某些论者便大放厥词，把党委负责制加以否定。他们的说法在逻辑上是完全站不住脚的。

不容讳言，党政不分或以党代政确会带来一些毛病，但这决不能成为反对党委负责制的理由，因为党委负责制的实质并不是要求党政不分或以党代政，我们不能以现象的“偶然”视为“必然”，要把党委负责制说成是“三害”的温床或进而以此为教授治校、各党派轮流治校或联合治校的谬论张目，更是旧知识分子落后意识的自然表露。立论者如果不是对共产党大公无私的阶级本质认识不清，便是“分庭抗礼”的资产阶级民主思想在暗中作祟。很难设想，“三害”只能是共产党领导的产物，而却和此外一切的领导无缘。

稍有马列主义常识者都不难判断，当前高等学校在领导工作中出现的“三害”现象，其根源决不在于党委领导的制度本身，而在于党的领导作用还没有更好地获得贯彻。此中关键是：（1）党政机构混淆不清，党政的配合不够好，党组织对于用人行政或教学范围以内的事干涉过多过死，不能充分发挥行政方面的积极性以致措施有时脱离实际；（2）党委会没有充分贯彻党内的民主集中原则，以致有时出现个人专断。

缺点是可以补救的，缺点的存在绝不应牵涉到党委负责制的存废问题，而只能牵涉到如何消除缺点以加强党的领导问题。

校委会负责制是脱离当前客观实际的

在争鸣中，校委会负责制的主张甚嚣尘上，因为这种主张，既有其于公开排斥党领导的教授治校制，而又俨然以民主集中制的体现者自居。然而，不管它的外表怎样迷人，我认为它的实质只能是导向于削弱党组织在学校中的领导作用，与教授治校论同是一丘之貉，这种体制是既乖于理，而又脱离新中国实际的。

第一，他们之所谓“校委会”，从组织成员的产生方式来说，是不能成为凌驾校长之上的领导机构的。此一“校委会”的成员包括正副校长，处、系、教研组领导人，教授代表及党、团、民主党派、工会等的代表，绝大部分系属于校长任用的教学行政骨干，其组成和现时的校务委员会（或学术委员会）并无区别，具有校务会议的性质。如此构成的“校委会”和现有的校务委员会一样，只能置于校长之下，作为学校的咨议机构，其决议须经校长批准才能生效。如果以委员成分取决于校长的“校委会”替代校长向中央主管部门负责，转而要求校长向这样一个“校委会”负责，是和领导体制的一般原则相背谬的。

第二，这样一个“校委会”作为最高的领导机构，党委会的代表只能以数十个委员之一的资格参加进去，名虽保持党委会的领导，实则严重地削弱了党在学校中的领导作用，是非常不利于办好学校的，其出发点，是和“教授治校”的思想一脉相通的。

自然，我们也不能把主张取消党委负责制而代之以其他体制的建议和反对党的领导混为一谈，从而妨碍对体制问题作进一步的研究，因为在苏联过去和现在，高校的领导体制也不是党委负责制。我们也不应把任何形式的校委会负责制一棍打死，通通指斥为资产阶级民主思想的表现，因为苏联自1956年起就是实行的校委会（学术委员会）负责制。对问题必须进行具体分析。

在苏联，高等学校的领导体制是随着时间条件不同而改变的。过去一段很长时间，实行的是校长负责制，规定校长要对高教部或主管部负责，1956年8月公布了新的标准章程，规定校长还要在组织整个教学工作，培养专门人才，组织科学研究方面对校委会负责。以前校委会的决议只有经校长批准才生效，现在则规定校委会为校内最高领导机构，其决定为最后的决定，校长只是整个学校执行权和行政管理权的执行人，人选由校委会通过选举从教授中产生，任期五年。

苏联高校领导体制的变化发展过程，一方面给我们揭示了必须以历史唯物主义的观点去评价一种体制，不应把任何一种学校体制绝对化起来，另一方面它也恰好是对风靡一时的“校委会治校论”一个强有力答复，指出中国现阶段尚未具备条件实行任何形式的校委会负责制。

首先应当指出，在苏联作为最高领导机构的校委会，是建立在民主选举的物质基础之上的。校委会的法定成员如校长、副校长、系主任、教授和副教授代表，学生代表均是通过不同的选举方式产生的，而现阶段的中国高等学校则尚欠缺这种选举制度的前提条件。

更重要的应当指出，苏联今天实行校委会负责制并不牵涉到能否体现党组织的领导作用问题，因为在苏联的高等学校中党员教师已占很大的比重，党团的广大组织面无论在师生集体中或在校委会领导机构中都在广泛地起着保证共产主义方向的作用，中国今天的情况却与此大不相同。

当前可考虑实行“校长与党委平衡负责制”

校长负责制是世界各国沿用已久的体制，它在苏联长期被采用，亦证明是善于贯彻中央统一要求，加强领导责任感，便于组织校内专家力量的一种领导体制。中国解放八年以来的经验亦证明，如果校长善于依靠自己领导下的校务委员会，并贯彻民主集中的精神，在开展教学与科学研究工作方面，这种体制是具有很大的优越性的。在当前各高校党组力量发展还极不平衡，学校中又无条件选举学校校长的具体情况下，应当肯定校长负责制是可行的体制之一。

但必须充分估计到这样一种情况，校长负责制如果离开校内党组织的实际支援，某些根本性的工作任务例如怎样有效地改变教师的政治成分，如何组织学生的课外政治锻炼，如何和省或地方党属组织密切配合统一行动，如何为全部学校工作的社会主义方向提供具体保证等，学校行政系统单凭自己的力量是无法完成的。事实上，八年以来，便是在校长负责制的高等学校中，党委组织也总是配合着行政辛勤忘我地投身于这些根本性的巨大工作。这些工作是和提高教学质量培养合格人才的任务密切联系着的，是整个学校工作的有机组成部分。因此严格说来，党委会在学校中所应起的作用不能只满足于提供保证与监督，而应当名实俱全地和校长一道，分工合作，对整个学校工作实现共同的领导。

在实现校长与党委共同领导的体制下，某些职权可以明确划清者，校长或党委可各自做出决定，单独签署发布，必须协商决定共同负责者，应由校长与党委书记合署发布。在前一种情况下，校长应对国务院主管部门负责，党委对中共省委负责，在后一种情况下校长与党委须共同向国务院主管部及中共省委负责。因此这种体制又可称之为“校长与党委平行负责制”，这种体制有利于避免学校中党政不分或以党代政的现象，并加强领导工作中社会主义责任感。

（原载于《中山大学周报》1957 年第 203 期第 3 版）

第三辑

教育改革研究

深入开展教育改革
大面积提高教学质量

——为庆祝第二个教师节而作

正当我们迎来第二个教师节之际，全国上下面临着改革与发展的崭新年代。改革需要依靠教育，教育必须改革。人民教师应该成为教育改革的先锋，改革的模范。教育改革的目的就是要立足于把所有的学生都培养成为有理想、有文化，身心健康的一代新人，为提高整个中华民族的素质做出贡献。然而，当前我国大中小学的教育和教学工作依然存在着极大的盲目性，主要表现在：①对课程与教学所要达到的目标是什么，尽管教学计划和大纲中有一般性的说明，但许多教育行政干部和教师、社会人士等，主要从分数和升学两方面去衡量学生。除此之外，更无全面、系统的进一步具体化的明细规定，教师和学生在整个教学过程或不同阶段应实现什么具体目标，事实上是心中无数的。②对实现一定教学目标取得成绩应提供什么恰当的教学条件，最佳教学策略是什么，教师在这方面更苦于缺乏较先进的现代教学论知识作为指导，只能沿用与时代要求很不适应的教学方法，因而在革新实践中带有极大的盲目性，无助于实现大面积提高教学质量的时代要求。

上述两大盲目性（即对目标和方法的盲目性）是对传统教育落后状态的概括。目前我国学校教育所出现的许多问题，都可以从这种盲目性中找到原因。以大家议论得最多的片面追求高分和升学率而论，除了体制方面的原因外，思想认识方面的原因就在于没有把德、智、体、美、劳全面发展的总要求设法体现于具体的教学目标中，并作出明细的目标规定，从而导致教学中出现“重智轻德”“重教轻学”“重课内轻课外”“重分数轻能力”和“教书不教人”等现象，而学生也难以成为德才兼备的合格新人。至于“高分低能”“低分低能”，或“学优品劣”“品学兼劣”学生的不时出现，除了来自教学目标方面的原因之外，则主要是与“教不得法”的落后教育、教学论，或对方法论原理，原则的误用有关。

必须指出，随着发展心理、教育心理、社会心理、教育评价等学科的发展和这些学科与教育、教学实践的进一步结合，自本世纪五六十年代苏美等国开展划时代的教育革新研究活动以来，通过实验或实践检验，已日益使人看清楚教学条件，教师和学生之间的交互作用和事物之间的因果联系（而非仅仅统计上的“相关”!），从而突破了原有的教学论传统的束缚，分别提出了日益接近的教学论主张。这些教学论主张，有着合理的内核，可视为已具雏形的现代教学论。

现代教学论比传统教学论具有明显的优越性，事实上这已日益为近年我国优秀教师的经验总结所印证。这些现代教学论的核心思想，可以概括为十二个字：“教得其道，人尽能学，学尽能成。”这种现代化教学观，在美国当代教育革新派领袖布卢姆则提出“精通学习”① 的理论。他认为：①“精通学习”就是对所有正常的健康儿童来说，其学

① 现在一般译为“掌握学习”。——编者注

习的潜力都很大。任何一个学习者（至少是全班占95%以上的学生），只要提供以恰当的学习条件，就一定能够学会通常课程所规定的任何东西，并达到“精通”的程度。②“精通学习”的关键在于班级授课中贯彻个别指导的原则，适应个人的特点，如基础知识、技能、技巧，思维特点，学习态度与习惯等差异，给予标准相同而“台阶”各异的教材和不同形式的指导语，通过自学和自我测验（成绩不予公布），以及成绩反馈和改正性帮助的机制，使学习者个人能自动调节步调，循序渐进达到全部“精通”的目的。③在学习中愉快或不愉快的情绪体验是制约学习能否成功的强大因素，成功的喜悦对学习有强化作用，是促进学习的强大动力，而失败的苦恼则只能带来对学习的消极态度。

布卢姆教授提出的“精通学习”的现代教学观，反映了世界各国进行教育改革的最新经验和发展趋向，对于促进我国的教育改革，大面积提高教学质量有着重要启发意义。只要我们善于总结继承外国先进的教学理论和经验，又善于加强吸取和借鉴，做到洋为中用，结合实际，大胆探索，那么，我们就能够创造出具有中国社会主义特色的教育、教学理论体系，就能够为加速我国的教育和教学改革，大面积提高教学质量做出更大贡献！

（原载于《高教探索》1986年第3期，原题为《加速教育改革　提高教育质量》，后收入广东高等教育出版社1989年版《陈一百教育文选》，标题改为《深入开展教育改革，大面积提高教学质量——为庆祝第二个教师节而作》，内容有改动）

布卢姆的精通学习理论

B.S.布卢姆（Bloom）是美国芝加哥大学教育学教授，是举世知名的教育家和作家之一。他曾任美国教育研究协会（AERA）会长，为国际教育成就评价协会（IEA）的创始人之一，并长期为世界各国担任教育评价和课程问题的专业顾问。早在本世纪50年代及60年代，他即以《教育目标分类学》及《人类特性与学校学习》两巨著的先后出版而轰动同行。三四年前我国知名教育学者廖凤灵大姐重游美洲归来，以布卢姆最近出版的新著《我们的儿童全在学习》见示。该书由著者精心挑选曾发表过的论文若干篇所组成，各篇分别阐明他对各个有关问题的观点，而主旨则在于论证每个儿童通过一定教学策略的实施都能精通地掌握所学知识、技能的原理，亦即“精通学习”的原理。精通学习理论的确立，体现了布卢姆教授勇于改革，勇于创新的精神，是他在大半个世纪以来教育改革史上的最大贡献。鉴于我国正在推行九年制义务教育，急需寻求大面积提高儿童学习质量的方法，而布卢姆的精通学习理论正是可资借鉴的有力武器，特将该书精华所在的第七、第八有关“新的学习者观”和“精通学习”两文，择要加以译出介绍，以供国内有关的教育工作者们去芜存精，批判吸收，为我所用。

一、新的学生观、学习观

通过大量研究，布卢姆得出结论：在学校学习中的许多个别差异完全是人为的、偶然性的，而不是人们与生俱来的、固定不变的。因为通过有计划的环境影响，通过教育，完全可以避免这种个别差异的产生。布卢姆曾说过：“世界上有谁所能做到的，只要给予合适的各种先行的和现时的学习条件，则几乎所有的人就都能够做到。”自然那些体质和情绪上有困难的少数人（约占百分之二三），可能会属例外，而另一极端占百分之一二的个人其学习能力如此超常，显然也非这一原理所能规范。因此，事实上，上述原理只是指学生的中间95%而言。

要充分了解布卢姆新教学论的实质，最好把历史上先后产生的有关学生及其学习能量的三种不同的构想在相互联系中加以领会。

第一个构想认为：“学生之间有优生与差生之分。”把经由一个智力测验、倾向智能测验或一个成就测验所测定的学生们的能力差别说成是必然遵循正态分布，在教育研究和教育测量领域中，大半个世纪以来早已成为普遍接受的观点，这种观点，对后来提出的理论来说，也可称之为传统的观点，学习能力被视为一种具有高度预占可能性的特质，人们曾广泛地利用智能或倾向智能测验来预占学生们的在校成就。人们还相信优生们能学会比较抽象、复杂的科目内容，而差生则只能学习一些最具体、简单的东西而已。

学习能力过去常被当成是一种高度稳定的，甚至是永恒不变的个人特性。许多研究都试图论证：学生们在学校教育最初阶段所表现的学习差异不仅贯串于整个学校教育时期，而且也贯串于离开学校以后的剩余岁月。有许多对在校同一学生进行反复测量的纵向研究，对这种稳定性提出了支持的论据。例如，曾求得学生在3年级与11年级期间的学业成就相关为+0.85左右，表明在此长达八年的时间中，各生在全班或全校的相对序列或名次，几乎是完全保持不变的。

如果我们完全接受这一构想，就不啻意味着承认：面对学生的学习能力问题，我们学校是不能，或很少能够有所作为的，学生有无学习能力，原因不在学校，包括课程、教学、校风校纪等，而是来自学校以外诸如遗传、家庭环境或是命运等等的原因。因此，接受这一构想就等于相信学校的主要任务只能是经常地对学生们进行筛选工作，汰除差生而鼓励少数较优学生继续上学罢了。

上述构想早已成为课业考评，学生分流以及学校教育各种筛选体制的依据。世界上绝大多数学校的体制均据此制订。学校领导、社会考试机关、教师及家长对之均深信不疑，甚至学生们自己亦加以接受。在许多国家，这一传统的构想至今仍在影响着整个教育制度以及社会、经济决策，决定着学生各人的学业前途和职业出路。

第二个构想为J.卡罗尔于1963年所提出，他认为学生之间有快生和慢生之分。在卡氏看来，学生在学习上的差异主要是他们的学习速度彼此有所不同，而这个速度是能用一个倾向智能或智力测验加以预占的。这一构想果真符合客观事实，则不啻意味着绝大多数学生学习一门学科都能达到同一难度的学习层次，只要每个学生被提供了需要的时间，并在需要帮助的关键时刻确被给予他或她所需要的那种帮助。

依据这一构思，进行推论，如若全班学生接受同一学科的同一讲授，而且学习课业的时间数量亦相同，则随后所得该科成就测验的分数将会遵循正态分布。可是，如果讲授和时间均使之适应每个学生的需要，那么这个成绩分布就会变得高度负偏态（大多分数将会在成就量表较大的一边高高堆起）。在这种条件下，期终的学业成就分数就不可能根据学期初施行的智力或倾向智能测验加以预测了。由于学生们在过程中都取得了各自所需要的帮助，尽管智力、智能测验已经不再能够预占他们最后取得的学业成就分数，却能够预占每个学生学习该科达到高水准所需要的时间。事实上，卡氏提出的这一构想，业已成为许多以反宿命论为特征的现代新教学论思想所产生的理论依据。

布卢姆及其学生们，借鉴于卡氏的构想，采用“精通学习”（下文将辟另外一节加以介绍）的概念，展开研究，探求为慢生们提供额外学习时间和各自所需帮助的各种可行办法（在课堂教学常规之外者）。这一系列教育科研和实验研究表明，很大比例的较慢学生是能够达到较快学生的同样水平的。在慢生成功地完成了和快生的同一成就标准时，他们显然也能学会同样抽象而复杂的概念，同样能把这些概念或理论应用于新问题，并把这些思想保持得一样好，虽则他们的学习花费了较多的时间，也比别人的学习需要较多的帮助。此外，他们对喜获达标的那门科目，兴趣和态度都变得十分积极，与快生们没有什么不同。

精通学习的研究，已在世界上许多国家，在包括初等、中等学校，二年制、四年制大学以及高级职业学校在内的所有教育层次展开。各层次实施精通学习的学科，绝大多数都取得较好的结果。典型的结果是，采用精通教学的实验班约有80%的学生达到预定的最高成就标准（通常相当于A或B^+的水平），而采用传统教学的比较班则只有20%的最优生达到这同一标准。

正如卡罗尔模式之所预料，比较班中上端20%的学生能从倾向智能测验、智力测验或以前施测过的成就测验加以预占，而采用精通教学的实验班其上端80%的学生却不可能从上述这些测验的分数预占得出。

关于时间问题，总的说来，精通学习各班的学生比之比较班的学生，要多花10%至15%的学习时间。如前所言，额外时间和帮助的利用只是限于那些对此有需要的学生。必须指出，实验班与控制班都是在用同一的时间表进行教学，而在实验班为了达到精通而特别安排的“改正习作”则通常是在课外的时间进行的。

这种研究得出的一个特殊结果是精通班的学生在课业中常变得互相

帮助，富有协作精神，而控制班的学生的竞争状态则日益加剧。其原因完全出自两班采用的评分制度有所不同，在精通教学的条件下，全数学生只要其学习成就都能达到了预定的质量标准，便能取得同样的高分，而在控制的条件下则仅有较小比例的学生有可能取得像 A 或 B^+这样的高分。众所周知，在通常使用正态曲线评分法的条件下，一个学生如果在学习过程中帮助别人，只能给自己带来损失。就是说，一个学生要赢得高分，只有在牺牲别人并让其取得较低分数的情况下，才有可能。

能使大部分学生达到高水准成就并形成强烈上进动机的教学策略已有多种，精通学习乃其中之一。通过这种教学策略，无论快生与慢生都将会取得相同的学习成就和情感修养，只要他们被提供了各自所需的某些帮助和额外时间。

布卢姆及其弟子们在 60 年代所做的一系列研究，给我们带来了第三个构想。他指出：在被提供以种种有利的学习条件时，绝大多数学生的学习能力，学习速度以及继续深造的动机，会变得十分接近。这一构想对先前的两个构想，提出了挑战，特点是对优—差学习能力或快—慢学习特点是否必然保持不变，有所怀疑。然而，这些研究却明确地表明了，学生在被提供不利的学习条件时，他们的学习能力、学习速度以及继续深造的动机，甚至会变得差别更大。

二、达到精通的学习

背　景

有些社会的经济结构并不需要为数很多的高级知识分子，而且其经济能力亦只能负担一小部分学生完成中等或高等教育。处在这种情况下的学校和建立起来的考试制度，其主要努力目标势必以大量汰除学生而仅仅保留极少数英才继续就学为特点。布卢姆指出，这种社会对才能的预测和挑选，其投资是远远超过对这些才能的开发的。

美国及其他发达国家的工人队伍，有必要掌握日益复杂的生产技能，这一新的形势表明，只让少数人完成中等和高等教育的时代已成过去。教育投资较诸直接投资效益更大，亦已为大量实践经验所证验。因此，经济发达国家必须探索途径，使各年龄组读完大、中学的人数比例得以提高。布氏指出，当前的问题已经不再是发现少数的英才了。基本问题在于确定如何使占最大比例的适龄儿童通过有效的学习掌握那些作为一个现代复杂社会成员为了自身的发展所必需的技能和教材内容。

不容否认，今天的学校对某些学生说来，是提供了成功的学习机会的，可惜的是这项人数的比例太少，至多只占三分之一左右而已。设若学校能对90%以上的学生提供成功的、满意的学习经验，那就毫无疑问将会给学生的志趣和教学人员的态度带来巨大的促进，而在各种教学策略和教育评估体制等方面也会产生巨大的变化。

正态曲线应用观点的革新

布卢姆认为，按照正态分布打分完全是习惯势力所造成而非出自事物的必然。正是由于我们长期以来都是应用正态曲线来评定学生的工作，使我们不自觉地形成了对这一做法的深信不疑；在设计编制成就测验的时候，只着眼于测知我们的这群学生之间的相互差别，即使就教材内容的掌握程度来说，这种差别小到难以觉察，我们也还是要按照正态的模式给分。我们常是期望着极小比例，例如10%的学生得A分，如果实得结果与此有较大出入，我们将会感到不胜诧异。我们亦总是准备让同一比例的学生“不及格”，而这所谓“不及格”完全决定于学生们在集体中所取得的名次，而不是由于他们未能成功地掌握该学科的重要概念。像这样，我们已习惯于把学生按成绩分成五大类，并按各人相互比较的秩次给分。即使某年度被评为“不及格”的学生其作业水平相当于另一年度得C分的学生，或是某校得A分的学生其答题能力尚不如别校“不及格”的学生，亦在所不顾。

由于早为正态分布所“制约”，我们总是采用正态分布的有关理论来制订我们的评分标准和制度。因此，每当发现有些教师对学生考试的结果出现非正态的成绩分布时，就不免深感怪异。学校领导对教师评分的“过松”或“过紧”现象经常设法提防，严加控制。如果一个教师的评分分布符合正态，自可避免许多麻烦。施行这种评分和考试制度的流弊很多，其尤为主要者有二：一是得 C 或 D 的学生常占集体中的多数，这些学生与同学迭次较量均取得这样成绩。这种反复的体验最易使他们相信自己只是一个庸才，不是夺取优异成绩的材料，从而甘居中游，严重地损害了他们进一步学好功课的自我信心。其次，我们作为一个教师，在教的工作中也易于形成一种偏见，仿佛我们也只应预期一小部分学生有可能学会我们所要传授的东西。

布卢姆强调指出，正态曲线并无任何神奇之处，它仅是最适合于表述机遇和随机活动的分布而已。教育是一种有目的的活动，我们力图通过这种活动使学生们学会我们所必须教的东西。如果我们的授课是有效的，则学生成就的分布必将与正态曲线大不相同。事实上，我们甚至可以把学生成绩分布对正态分布的接近程度视为我们的教育努力是否失败或失败有多大的标志。

学习者的个别差异是必须加以重视的，但是反映于学习要求与成就水准上的差异，与其说是出于事物的必然，毋宁说这完全是我们现行政策与教育实践的反映。教育工作者的基本任务在于探求出种种可行的最佳教育策略，这些策略必须是照顾到学习者们的个别差异的。但又仅仅是为了促进个人的最充分发展而始做出这些照顾的。

精通学习策略的设计

布卢姆认为，一个旨在精通的学习策略如何构成，可从卡罗尔

（1963）的论著，结合布鲁纳（1966）、斯金纳（1954）、格拉实（1968年）等人的有关文章推导而得。本文目前急于澄清的是精通学习作为一个学校学习的模型，究应考虑哪些主要变量，以及如何利用这些变量来制定一个精通学习的策略的问题。

卡罗尔1963年所建议的学校学习模型，如以最简短的形式加以表达，显然具有如下精义：设若学生在某些科目（例如数学，文学，历史等）的倾向智能遵循正态分布，而全体学生均被提供以同一的授课条件（即就传授的分量、质量以及提供学习的时间均相同而言），其极终结果必将导致学生的学业成就呈现正态分布。再则，倾向智能与成就的相关会相对的高（可期望相关会达到或超过+0. 70，如果智能与成就的测量均是有效的和可信的）。与上述情况相反，设若学生们的倾向智能遵循正态分布，但授课的种类和质量以及提供学习的时间数量都使之与每个学生的特点和需要相适应，那么绝大多数的学生便可期望达成对该学科的精通学习。而且，这特定智能与成就的相关将会趋丁零。我们拟在下文把这些观点加以阐明。

1. 对特定学习门类的智能

我们终于认识到，人们对特定学习门类的智能是存在个别差异的，而且我们长期以来已编有一批倾向智能测验来测量这些差异。通过反复研究，我们发现倾向智能测验是对成就水平（成就测验或教师评定）的较佳预占者。例如，在代数课中，在年初施行的一组数学倾向智能测验与年终施行的数学成就测验的相关可高达+0. 70。在某些其他数学科目，情况亦复如此。

为预占的目的而使用倾向智能测验以及在这些测验与成就标准之间存在高度相关的事实，促使我们许多人都认为，只有能力较强的学生才有可能取得高水平的成就。由此，进一步便认定智能与成就二者之间有着因果的关联，从而武断地得出如下的结论：只有具有高水平倾向智能的学生才能学会科目中的复杂思想，而倾向智能水平较低的人，则只能学会科目中那些最简单的内容而已。

与这种思想相反的是卡罗尔的观点，他认为“倾向智能可理解为一个学习者为要达到学业的精通所需要的时间”。这个说法隐含着一个假设，即只要给予足够的时间，可以想象所有学生将能达成该项学习业务的精通。如果卡氏是对的，那么学习的精通在理论上将适用于全体学生，只要我们能找到帮助每个学生的方法。布卢姆对卡罗尔的这项主张，备极赞誉，认为对教育专业具有无比深远的意义。

是否所有学生对一门学科都能学得同样好？换言之，全体学生能否精通地掌握一项具有高层次复杂性的学习业务？在布卢姆等人研究倾向智能分布与学生作业的关系时，他们即已确信在两终端学生与总体其他学生之间是有差异的。在倾向智能分布的上端（约1%到5%）会有某些学生对这一科目具有特殊才能。这些学生学习与运用该科内容将比其他同学较为顺利。对音乐或外语有特殊智能的学生将借助于某些非其他一般学生所能采用的方法学好这些学科。这是天赋使然抑是前期训练的结果，未易遽断，因为具体原因，往往因科目而异。

在倾向智能分布的另一端，他们相信会有某些个人对特定的学习存在着特殊的能力缺陷。音调聋的学生将难于学习音乐，色盲者学习美术将碰到某些特殊困难，惯于形象思维的人要学习高度抽象哲学之类的概念体系亦有特殊问题需要解决。再一次，我们确信这类人将占该分配5%左右，但是这也是随科目与智能性质的不同而起变化的。

介于二者之间约有90%的个人，我们相信他们的倾向智能对学习的速度而不是对可能达到的学习层次（复杂性），是具有预占性的。由此，我们表达了如下观点，即给予足够的时间（加上恰当类型的帮助），95%的学生（上端5%+随后的90%）学习一门学科，是能够达到精通的高水平的。我们确信，作为一门学科精通指标的A分，在恰当的条件下，是完全可被班中高达 95 个百分点的学生所赢得的。

自然，为要达到这个水平，某些学生必须比其他学生多花一些时间，多做一点努力和多得一点帮助。对某些学生说来，其所需要的帮助和努力甚或不是现实所能容许的。例如，学习中学代数要达到精通的水平，某些学生也许需要几年的时间，而其他学生仅须花几个月罢了。对需时几年的学生说来，是否值得花这么大的气力使之达到精通确是一个问题。由此可见，制定一项精通学习的策略，其基本问题在于探求切实可行的途径，用以缩减较慢学生所需要的学习时间，使之不再成为难以承受的“过长”时间，并使所要学习的课业，对这些较慢的学生说来，不再成为难以容许的“过难”内容。

我们并不相信特定学习门类的智能是完全稳定的。有证据（布卢姆，1964）表明这些智能是可通过学校和家庭中恰当的环境条件和学习经验的影响而改变的。一般旨在学会怎样去学的教育方案和普教系统，其主要任务本来就是要促使学生们的基本的倾向智能发生某些积极的变化。也许一个人的这些倾向智能较易于接受影响的时间是在家庭的早年和读初级小学的阶段，但是毫无疑问，在随后的年月也还是可以出现某些变化的。

当然，即使个人的倾向智能，随着年龄的增长，难以发生明显的改变，我们也完全有可能通过给予更有成效的学习条件，来缩短所有学生，特别是那些倾向智能较差的学生，精通地学习一门科目所需要的时间。精通学习策略的制定，需要直接加以解决的，就是这个问题。

2. 授课的质量

我们通常办学，都假设着所有学生都在同一标准课堂情况下进行学习。在以班级授课为主要形式的集体教学制度中，这个思想已被典型地表达于师生比率为 1∶30 的具体规定中。每个教师总被期望采用与其他教师们同样的方法进行授课。教科书的采用和对每班教材的明细规定更进一步强调了这种标准化的要求。与此紧密联系着的便是大半个世纪以来开展着的大量研究工作，都试图寻求对所有学生都是最佳的一个教法，一种教材，或是一种课程设置。

长期以来，我们不啻已经落入这么一个“教育的圈套”，这就是衡量授课的质量都要借助于对教师的教法、教材、课程设置等项目是优是劣来鉴别，而这里所谓优、劣又全是对全组、全班之类的整个群体的结果而言。我们总是提出这样的问题：何者是全组或全班的最佳教法？什么是该组或该班的最佳教材？怎样的教师最能导致该班成绩（或全班平均成绩）的提高？如此等等。

其实我们完全可以从一个十分不同的假设出发来办学，这就是不同的个别学生往往需要极其不同的教学类型来达到精通。换言之，不同学生对同一教材内容和教学目标的掌握，完全可以作为不同类型教学的结果而出现的。卡罗尔（1963）曾大力主张，教学质量要用每个学生的学习效果是否达到其可能有的最佳效果来衡量，换言之，即把授课质量定义为规定课业诸元素的呈现，解释和安排接近于每一指定学生最佳学习方案的程度。

根据卡罗尔的标准设计教学，我们将有必要进一步开展有关学习者们的个别差异如何制约着教学质量的各项科研。人们业已熟知，有些学生善于独立自学而成绩斐然，余者则非借助于组织严密的教学情境，难图寸进。可以预期，某些学生将比别人需要较多的具体说明，举例，或演示，某些学生比别人更需要赞同和强化；有些学生甚至需要教师反复解释，而别人初听一遍即已领会无遗。

我们相信，如果每个学生都有一个很好的导师，则学生中的绝大多数将能学好各项科目而达到一个高水平，因为一个优良导师常有可能找出最适合于某一特定学习者特点的教育、教学策略的。布卢姆指出，在美国很有一部分中间阶层家庭的父母，在确信其子女就读的中小学没能使其子女学好某门课程时，经常为其子女给以导师式的帮助。他发现某一中间层的学校在代数课中有⅓的学生们在家庭接受导师式的帮助，跟在学校接受正规班级授课的时间一样多，结果这些学生在代数上取得了比较好的成绩。就这些学生来说，在学年初数学性向智能测验分数与学年终代数成就测验分数的相关几等于零。与此相反，就其他在正规课教学外没有接受任何额外补习帮助的学生们来说，他们在数学性向智能分数与代数成就分数之间的相关却很高（r=+0.90）。这项研究揭示了家庭的导师式帮助有助于适应学习者个人的需要，因而为这些学习代数课程的学生提供了一种高质量的教学形式，对进一步探索精通学习的各项策略有启迪意义。它的重要意义还在于强调说明，授课质量或教学质量的考虑，必须立足于对每一学习者个人的效果，而不能以随机一群学习者效果为依据。

3. 领会授课的能力

布卢姆指出，领会授课的能力可定义为学习者对所学课业的性质和对学习过程中他所应遵循的程序加以领会的能力。学生学习各科有无困难，主要看他对教师发出的信息和所学教材有无领会的能力。

在当前大量使用文字媒介的中学、大学中，显而易见，学生们对授课的领会能力是基本决定于文字能力和阅读理解能力的，因而语言能力的这两项测量同绝大部分科目的成就测量之间常存在着显著的相关，而同高中或大学层次各科目的平均绩点的相关常高达+0.50至+0.60左右。这一事实表明，语文能力（它与学习每门科目的倾向智能无关）是在相当普遍的范围内决定着一个学生是否善于从教师和教材的作用中进行学习的能力的。

培养语文能力的最佳时期是学前和初级小学阶段，以后如要引起变化，随年龄的增长而日益困难。虽然词汇和阅读能力，通过特别训练，未始不可继续提高，有助于达到改善学生领会授课能力的目的，但是，正如布卢姆之所指出，解决问题的出路，与其执着于提高语文能力，尚不如对授课做出某些适合个体学习者需要的修改或变更，更富实效。可考虑采用途径如下：

（甲）互助小组 每组由学生2—3人组成，定期商讨学习中出现的难题。通过考试与评分体制的改革，使小组成为高度协作的集体，然后应用此法，效果最佳。

（乙）导师式帮助 这种帮助，意味着保持师徒间一对一的关系，花钱很多，只在个别学习者的困难非此不能解决者才宜采用。导师必须善于指导学生克服困难而又不致养成对导师的继续倚赖。

（丙）选用合适的教材、教法，包括：

①课本或教科书

不同的课本，虽纲目相同，而写法常具特点，甚或对同一问题是否讲得清楚，亦复彼此悬殊。一种指定课本的使用，并不排除在必要时借助于另一课本的特定章、节。授课教师必须善于适应不同学生的个人特点，及时提供以合适的代用教材，使学习该段、节的效果较好。

②习作本和程序教材单元

有些学生难于从教科书式的说明中掌握某些概念和过程，他们需要习作本中通常所能提供的特殊练习，或者需要程序教材单元所能提供的小步子和“及时强化”。

③视—听教学及学术性游戏

有些学生不难于通过语言的运用进行抽象的思维，有些学生则非经过生动的直观和反复的感性实践，难以形成概念或对过程的正确掌握。对于后面的学生们说来，在必要时给以播放录像、录音，组织操作演示，实验室实验，或者使之参加某些精心设计的教学游戏，都是很富成效的。

关于教材问题，必须指出，我们并非主张适用于某些特殊学生的特殊教材，必须自始至终使用于该科教学的全过程，我们认为，某类型的教材都可成为在某一难点上用以对某些特殊学生进行帮助的工具，而且任何一个特定学生也可以使用任何类别的教材，只要该类别教材对克服他的学习困难是有所帮助的。

通过这些可代替的教学方法和教学资料的使用，不仅可使绝大多数学生的学习达到精通的水平，而且同样重要的是，仅从这一批批不同手段或途径的出现，也可使每个学习者亲切体会到学习之道，一径不通，还有他径可走，从而有助于克服对学习的消极态度和失败主义情绪。

4. 坚持性

卡罗尔曾把坚持性（或坚持力）定义为一个学习者甘愿用以从事积极学习的时间。对某项课业，如果他甘愿花费的学习时间少于他达到精通水平所需要的学习时间，他将不可能完成对该课业的精通学习。

坚持力高低是以学习中的兴趣和对学习的态度为转移的。布卢姆引用胡生（Hu’sen，1967）的研究结果——学生自报每周用于家庭作业的时数（作为坚持性的粗糙指标）与自愿继续接受教育的年限二者的相关为+0. 25，对此加以印证。

一个人的坚持力是具有特殊性的，往往随所学课业的不同而起变化，某生从事修理单车可以一干半天，若使进行打字练习，往往坚持不到半个小时。看来在他发觉努力能带来愉快的酬答时，他将乐于增加学习这项课业的时间，而如果努力遭受挫折，则必将把自愿投入学习的时间加以减少。尽管学生们承受挫折的能力可起变化，但如果对某项课业的学习感到过于痛苦，我们相信他们迟早总会放弃这项学习的。

无论是试图设法提高学生们自身的坚持力，或是通过不同类别课授和学习资料的运用，都能够帮助学生们的学习达到高水平，但是二者之中，以后者更富实效，因为即使学生们当前的坚持力水平保持不变，通过对讲授，教材、教法的恰当操纵，也是完全有可能大大缩短他们达到精通水平所需要的学习时间的。必须强调指出，学习成功的证据和认可的经常性是有助于加强学习者在某一学习情境的坚持性的。

5. 为学习而提供的时间

学生为了完成特定课业，必须掌握有足够的时间让这项学习得以实现。因此，解决精通学习的策略问题，必须首先重视对上述时间问题的研究解决。学生们学好一定门类的学科需要多少时间，向来缺乏直接的研究，布卢姆等只能从有关的调查资料，间接推知一二。根据所引胡生（1967）在国际教育成就评价协会（IEA）有关 13 岁学生用于数学科家庭作业时间数量的调查研究，如果对两极 5%的学生排除不算，时间比率约为 6 对 1。换言之，对致力于数学科家庭作业而言，某些学生要比其他同学多花五倍的时间。可以认为，这就是慢生与快生两限差别的粗糙估计。自然，如果通过采取措施使授课和时间的利用变得更有成效，定能使大多数学生只需花费较少时间便可达到精通水平，而慢、快生所需时间的比率当亦有可能由 6 对 1 缩短为 3 对 1 了。

布卢姆提醒我们，制订精通学习的策略必须重视探索如何可以确保每个学生具有学好功课所必需的时间，而所需时间的多少，又常是受诸如倾向智能，文字能力，接受课堂授课质量的影响以及所受课外特别帮助的影响等因素所制约的。因此，一个精通学习策略的制订，不仅要想方法改变各个学生所需要的时间，而且同时也要设法为每个学生提供他所需要的足够时间。我们不仅需要解决授课方面的问题，同时还需要解决学校组织（包括时间）方面的问题。

精通学习策略的具体实例

达到精通可供替用的学习策略不止一种，每种都是根据上文所举五个变量的若干方面结合具体要求加以改变的结果。如果不是因为过于浪费人力，为每个学生设置一位优秀导师，自然不失为一种理想的策略。其他如让学生自定步调，指导学生选习科目，为不同类别学习者设置分轨或分流，以至设置不分班级的学校等等的不同策略，都能起到推动或鼓励学生们走向精通的一定作用。

最为举世瞩目的这类策略莫若芝加哥大学在布卢姆教授长期指导下所取得的研究成果。他们试图探索出一种教和学的策略借之可使学习任何一个学科的全部（或几乎全部）学生能够达到精通的标准。以布卢姆的话来说，这种策略的要义就是“集体授课辅以经常的反馈和个别化的帮助”。

“集体授课”大致按教师通常面向全班的授课模式进行，自然必须着意提防对部分学生特别是优生、差生的偏心，以免无意中造成事实上的“学习机会不平等”。“反馈”常体现于一系列起诊断作用的形成性测验的实施中，它向学习者表明他学会了什么或是还需要学习什么才能达到精通课业的标准。形成测验是按照教学单元的目的、要求编制而成的诊断性测验，施行于教学单元濒临结束时，测验结果不打分数，对通过测验的学生起着强化学习的作用，对没有通过测验的学生则可经由某种“个别化帮助”而使他们掌握有关教学内容。“个别化帮助”旨在使每个学生学好他所忽视的内容要点，主要在课外举行，其形式可以是一个导师的指引。同学 2—3 人的互助，或是学习、参考某种合适的代用教材等等，这一步骤如果处理得法，是可以让最大多数学生对每种课业的学习达到精通的标准的。

芝加哥大学的这项研究结果表明，这种由“集体教学辅以反馈和个别化改正”构成的教学策略，不仅大面积提高学生成绩的效果极为显著，而且方法简单易行，就最多数学生来说，在每段为期 2 周的单元学习期间其所需要的额外时间和帮助（课内和课外）平均只不过 1 小时左右，因而易于推广，从而具有为其他策略所不及的优点。

采用这一精通学习策略的效果如何？对传统教学的优势怎样？芝大对一门测验理论课程的实验结果最能说明问题。根据该学程 1965 年、

1966 年和 1967 年三年期终施行平行成就测验的结果表明：1965 年，尚未采用这个策略，仅有 20%的学生在最后的总结性测验中获得 A 分；而在 1966 年，这个策略被采用以后，却有 80%的学生在平行的测验中达到了同样的精通水平而获得 A 分。两组（班）平均作业之差相当于 1965 年成就测验作业分布的 2 个标准差，而且差别高度显著。1967 年，继续采用这个策略并根据经验稍予改善讲解，期终施行平行式成就测验的结果，则有高达 90%的学生达到精通而被给 A 分。

采用精通学习的策略不仅在认知方面取得显著的效果，而且在情感方面也能促成许多正面的变化。学生中的许多消极情绪常由学习努力遭受挫折和自觉成绩常居中下游从而丧失信心所致。现在，课业精通获得了保证，信心得到了加强，同学间对高分你死我活的竞争已为共同进步的协作所取代，地狱般的学习环境亦已仿佛转变为天堂……所有这一切都为学生的自我观念带来了极为深刻的变化。最明显的变化表现于对所精通学科的兴趣和态度上。他开始“喜爱”该学科并希望获得更多知识。学科兴趣既是精通学习的结果，也是精通学习的原因。

布卢姆认为，担心考试失败和学校学习中的种种受挫而痛苦的经验，是造成许多大、中学生出现神经失常症状的原因，因而精通学习的实施也就是心理健康的最佳保证。最后，现代社会要求人们终身学习。如果各级学校不能促进充分的学习并提供进步的保证，学生就会厌弃学习，不仅在学校如此，亦将扩展至后半生。精通学习有助于形成终身学习的兴趣，教育制度的重要目标亦正是为这种持续性的学习创设前提。

1989 年 5 月

（选自《陈一百教育文选》，广东高等教育出版社 1989 年版，第 86—102 页）

新西兰的教育

新西兰的现行教育制度主要是以 1877 年的教育法作为依据，这项法令为 5 岁至 13 岁的欧洲族及毛利族儿童提供一种建立在全国性和非宗教性的基础之上的强迫的、免费的教育；1944 年起，学生的毕业离校年龄被提高到 15 岁。课程的制订以及全国范围的教育计划的制订，均由中央教育部负责，虽则其中仍保留有若干地方性和区域性的控制。在战后的岁月中，学校的班级随着上学人数的增加而扩大了，教育部门当前的主要问题之一，就是把班级缩小。在过去的五年中，小学和中等学校的注册学生每年增加二万人至三万人。到 1957 年教师对学生的比数达到 1∶16。除了出生率的增长外，促使中等学校加速扩展的另一因素是有一部分学生到达 15 岁以后仍留在学校。在 1970 年引进了一项教师与学生的比数为 1∶20 的新的六年级编制。

学前教育

5 岁以下的儿童可以进入免费的幼儿园或游戏中心，后者是由一些地方上的社团进行管理的，而这些社团则是专为这个目的而建立起来的义务团体。幼儿园的数目由 1967 年的 270 所增至 1969 年的 293 所，游戏中心的数目由 1967 年的 395 处增至 1969 年的 520 处。目前，二者总共接纳儿童 37 975 人，占 3 岁到 4 岁的人口中的 31%。

初等教育

小学的义务教育自 6 岁开始（儿童也可以提前于 5 岁入学），所有国办小学均实行男女合校，学制六年。1969 年，国办小学和私立小学共有学生 514 774 人，全国有小学 2 874 所，其中私立小学占 344 所。小学课程包括品德训练、英语、算术、地理、历史、工艺、美术、自然、体育、保健教育和音乐。学生在读完六年的小学课程后，可以在同一学校完成最后两年的初等学校教育，如果有地点近便的“中间学校”的话，他也可以到这间“中间学校”去完成这一阶段的教育。中间学校是一间建在适中地点的学校，其学生都是来自周围附近的小学，这类学校通常每间拥有 11 岁至 13 岁的学生 300—600 人，可以把学生分成能力大致相同的班组，并开设门类较多的选修科目。在 1969 年，全国有“中间学校”及中间性质的部门 98 所，学生 54 741 人。

中等教育

儿童于 14 岁进入中等学校，必须读到 15 岁才能离开学校。所有儿童直到年满 19 岁都有享受免费的中等教育的权利。在中等教育阶段，多数的地区中学，及四分之三的国办的中等学校都实行男女同校，余下四分之一的国办的中等学校以及差不多是全部的私立中等学校则是实行男女分校的。对全国中等学校的注册学生总数加以比较，表明了实行男女分校的学校学生数和实行男女同校的学校学生数的比例已由 1935 年的 51∶49 变为 1965 年的 40∶60。中等学校的课程由一些普通的中心科目，如英语、社会研究、普通科学、基本数学、音乐、美术、工艺及体育等所组成，此外再加上用以进行一定程度的专业化教育而开设的范围很广的各种不同科目，学生可以修习这种科目直到“学校证书”的颁发阶段。地区中学是一些戴有中学部帽子的国办小学，其基础课程同通常中等学校的一样，是非技术性的普通科目，但在条件许可的情况下，往往开设有农业、家政及商业等方面的选修课程。在1969年，总共有184 301名学生接受中等教育，但学生中的大多数在入学后的第三年结束即离开学校。“学校证书”的考试在中等学校的第三年终或第四年终举行，对于不愿升入大学的那一大部分学生说来，它现在已成为众所公认的一项完成了中等教育的测验。凡已取得“学校证书”并成功地修毕两年制高级学程的学生，在完成了中等学校的五年学习以后，均将被授予“高级学校证书”。

为了获得具有中等以上“学校证书”学历的学生，必须参加所规定的全部科目的考试，如因要远离家乡学习而有困难者，可以申请发给普通奖学金，这类奖学金每年40个名额，可以延续的时间长达三年；另外也有若干名额为六年级学生而设的特别奖学金，可以延续的时间为二年。

农村教育

为了使农村区域里的儿童享受到一般具有规模较大的学校的那种比较专业化的教育，以及具有专门设备的好处，对于规模较小的农村学校，按条件分类，只要是切实可行，都进行了调整、巩固的工作。这样做的一个结果是需要作出某种运输安排的学生人数增加了，各种运输设备亦已逐步有所发展，以致当前入学儿童总数的17.5%都取得了这样或那样运输之间的帮助，这些学生的绝大部分都由各个教育部门所租用专用公共汽车负责运送，但在那些学生人数不多而没有必要租用专车的地区，教育部门则为学生提供了免费乘车证或车费补助。有某些情况下，对于那些住在缺乏公共交通设施的地区以致上学有困难的学生，则发给膳宿补助。

函授教育

1922 年以来，已经办有各种函授班级，以便对边远地区的儿童以及那些住在海外的传教士子女和新西兰政府公务员子女进行教育，此外，学生之中有需要获得那种通常只有在一间国办小学的选修班才有可能学到的知识的，通过函授也能获得这种知识。函授学校有一部分教师对学生不时进行家访，由此加强了师生之间的个人联系，也促进了学校的工作。函授学校在实施半日制教育方面，特别是为那些要取得教学文凭的教师，开设了一些其他的科目。在 1966 年，新西兰的函授学校共有教师 142 人，学生 5 946 人，其中在小学部的有 1 053 人，在中学部读全日制的 468 人，读半日制的 3 732 人。

毛利族的教育

毛利族儿童中约有 78.4%就读于一般的国办小学，虽然国内也开办有若干旨在满足他们的需要，但也可以收容其他各族儿童的特种学校。他们之中有 16.2%就读于毛利族的国办学校，有 5.4%就读于私立的学校，其中包括毛利族的私立学校。当前，这些毛利族学校均由中央政府教育部管理，而政府的方针则是逐步地把这些学校下放给当地的各个教育局管理。

在那些较小的中心地区，往往只有一两间中等学校，不可能采取这种特殊化的形式，但这些学校通常都提供具有推行技术教育的某些设施。

进一步的技术教育

推行技术教育采取了各种途径：一是通过各间中等学校在中学课程

的常规课时之外加以安排；其次是通过设立在四个主要中心地的，其主旨在于实施职业训练的那些技术专科学校，加以推行；再其次是由新西兰技术函授学校对各间中等学校及技术专科学校所提供的设施加以补充。学生学习那些需要实习的科目，可以参加各个中心地点开设的分期集中课。这项技术教育包含了所有课程构成的一个重要成分，就是对学徒实施技术上和理论上的训练。无论是在日班或是在分期集中的课，均给学生以实际的训练；学徒们大致上每星期可脱产半天参加日班的学习，而在他们参加必须集中进行的全日学习的分期集中课时，则一年中可脱产多至三个星期。这种实践性的教学为夜班所进行的理论性教学所补充，而这些夜班则是在学生人数容许的情况下，就地设在各间中等学校及技术专科学校之内的，而在其他的情况下则是利用来自函授学院的函授学费就地设在这些学校之内的。

为培养工程技术人员而推行的高一级的技术教育正在不断地向前发展。在工程、制图、科学、建筑和度量衡检查等方面，都已开设有可以获取国家证书的各种学程。这些班级采取半日制或插入形式为基础进行教学，或是通过函授的学程进行教学，也有少数班级可以进行全日制的教学。希望在技术专科学校修习曾被认可的全日制学程的符合条件的学生，可以享受奖学金的待遇。

“技术函授学院”于1946年在惠灵顿创办，初有教师二人，开设有12门函授科目。今天，该院共有专职教师200人，开设有465门函授科目。学院的主要任务是在技术教育方面自学徒水平以迄高级技术水平，在这个范围内提供教学以满足那些无法从通常学校受到这种教育的人们的需要。它特别是致力于满足建筑、工艺和工程等行业中对技术教育的要求，同时也在农业与园艺、乳品制作、管理与商业、采矿与测量、纺织与产品鉴定等方面开设有各种学程。由于该院学生均属工业中或自由职业中的受雇人员，他们参加函授学习是具有实践经验基础的。在

1969年，注册学生达14 165名以上。

成人教育

各大学均设有成人教育部，其工作人员包含普通导师和公科导师，由他们负责组织讲课，开学习会，组织讨论进行其他工作。除了各大学所进行的成人教育活动之外，各间中等的夜班亦正在成人教育方面进行着愈来愈多的工作。由于来到新西兰的新移民为数很多，所以开办了许多教授英语的夜班。这些夜班设在各间中学或技术专科学校之内，已有数以千计的新移民身受其益。当前，虽然禁了一些地方，但是仍然开设着为数不多的夜班，由于那里学习人数众多，事情值得这样做，但一般新到的移民都是受到鼓励去申请参加函授的学习。

用以进行教学的语言虽是英语，但这些学校所看到的前景都不会全然是英国人的东西，因为学校也传授毛利人的美术、工艺、诗歌、传说和历史，教学的方法切合实际而教学的目标则同毛利族人民的特殊需要紧密相连。许多学校提供有木制品作业室、烹饪室、浴室（提供冷水与热水淋浴），以及洗衣间等这一类的设备。1965年，全国共有128所毛利族学校，内有毛利族儿童859人和欧洲儿童859人，并有教师428人。1961年，设置了毛利族教会基金，以便推动和鼓励改善毛利族人的教育，并且在政府补助金的帮助下，为促进这个目标而提供财政的援助。基金董事会受权使用其收益于若干主要的用途。其中包括对毛利族人的教育与职业训练，对毛利族人接受教育所在的学校和机关提供设备或经费补助，设置各项助学金来帮助就读于中等学校或高等学校的毛利族人，以及设置各项研究生奖学金。

高等教育

大学：新西兰有大学六所，分设在奥克兰、哈密尔顿、北帕默斯顿、惠灵顿、克顿斯特彻奇、达尼丁等市，此外还有构成坎特伯里大学的一所农学院设在克顿斯彻奇市。国家为各大学提供援助，并通过“大学补助金委员会”实现这种援助。该委员会把新西兰对大学教育和科研方面的需要向政府汇报，并对补助款项的分配做出决定，以期满足这些需要。该委员会还负责颁发各项奖学金，这些奖学金的享受期限自3年至6年不等，期限长短视修毕全部学程所需的最低限度全日制学习时间而定，选拔学生升入大学以大学入学考试为依据，考试合格者可获取助学金。学生中学毕业后约有10%—12%升入大学，但入学3年至5年内取得学士学位的不到这项人数的一半；这个现象可以部分地从这一事实获得解释，即学生之中读全日制者为数不足五分之三。1969年，全国大学的学生总数为31 542人，其中1 710人为毕业生，大学的教学班子共有专职教师1 816人。

师资训练：1969年，共有9 044学生接受小学和中学的师资训练。到1971年，现行的两年制基本训练学程和一年制见习学程将被于1969年开始采用的作为取得“受训教师证书”的准备的一种新的三年制学程所取代。此外有一种学程是专为大学的毕业生设的，其学习期限为一年。为了满足由于学校人数迅速增长，必须补充教学人员的日后需要，选取了一些经过挑选的成年受训人员，采用了某些特殊的一年制训练计划。受训人员在学习期满后，充当见习助理教师一年，始可取得教师证书。1965年，新西兰共有国立、私立小学教师18769人。

技术教育

中等水平的技术教育：中等教育阶段的所有学程，均包含有作为核心的若干必修科目，所有学生均修习这些科目，但在修习完成全部学程的余下的科目中则包含有若干程度的专业训练，其中有些属于实践性质，与技术教育相近似。在一些较大的中心地出现了一种倾向，即是有一两所学校采用了这个办法提供较多的技术教育因素，而余下的其他学校则偏重理论，很少甚至完全没有提供技术教育。

译自英国《教育年鉴》，1973 年 7 月

（选自《陈一百教育文选》，广东高等教育出版社 1989 年版，第 113—119 页）

讲演式教授法之估价

关于各种教授法之利弊得失，研究者已大不乏人，唯对于由听讲而引起之学习，与由阅读而引起之学习之孰为有利，则迄无充实之实验。作者有鉴于此，斯有本实验之作，目的即在探究对于同一教材，讲授与阅读之功效是否相同。他人之研究讲授法者，颇多以讲授法与实验法相较，如 V.F.Payne 是。或以讲授法与讨论法相较，如 Bane 等是；Bane 氏实验之结论为："就所引起之'即时回忆'（Immediate recall）之能量而论，两法并无差别；唯就'久后回忆'（Delayed recall）之能量言，则讨论法略优。"又或有以讲授法与问难法相较者，如 Morris，Douglass 及 Tuttle 是；彼等在经济学及心理学班上实验结果，均以问难法之效果较讲授法为佳。

唯彼辈实验之约制，均欠精密，故含义亦极含糊。只格林（Greene）氏之实验较为完善。格林氏曾将某班学生 276 人，分为能力相当之两班；一班以讲授法教授，一班则发以题材相同而措辞略异之讲义，令各生自行阅读，并准两班照常笔记。事后乃各施以一种试验，并比较两班在"即时回忆"及"久后回忆"之分数。

本实验之程序

本实验之方法，与格林氏之实验相若，其不同之处，为：

（一）讲授组与阅读组之材料，完全相同。

（二）不准笔记，因准笔记则不啻多添一因子，足使实验结果之解释发生困难。

（三）本实验所用考试之可靠性，较格林氏者为高；可靠系数计达0.77以上，而格林氏者则仅为0.50。

本实验之约试者，为纳毕拉斯加大学师范院之一年级生，共175人，经著者施以渥海大学心理测验（其中包括字汇、默读及智力测验）后，即根据其分数均分为能力相当之两组，情形见第一表。

第一表　阅读组与讲授组之比较

测验	阅读组		讲授组		差异标准误
	平均	SD	平均	SD	
字汇	24.52	8.51	24.16	10.95	0.36±1.56
阅读	27.94	8.34	28.59	9.72	0.65±1.44
智力	90.22	32.10	90.84	32.30	0.62±5.01
人数	82		82		

分组后，一组即由著者以讲授法教授，另一组则发以同样材料之讲义，内共2500字，其字句与讲辞毫无分别。即阅读之时间，亦使与讲授所需之时间相等。完后乃随即施以一种考试，测查其“即时回忆”之能量；两星期后，复施以一次考试，测查其“久后回忆”之能量。（事前并不预告）此项考试，为一种半客观式的测验，所有问题均以正负记号、填字，及短句书答之，其可靠系数以单双题相关法计出为0.717。

结果与结论

就“即时回忆”之成绩而论，阅读组较讲授组为优。（见第二表）即就两星期后所施之考试结果而论，前者亦属优于后者，唯缺乏统计上之重要性耳。

第二表　阅读组与讲授组两次考试成绩之比较

测验	阅读组		讲授组				
	平均	SD	平均	SD	差	SD(diff)	
即时回忆	22.87	3.33	21.50	3.48	1.37	0.43	
久后回忆	17.22	4.08	17.12	3.77	0.10	0.63	

著者复以讲授组及阅读组各生两次考试之成绩与彼等在心理测验中所得之分数相关，得第三表。

第三表　两组之考试分数与他种能力之相关

	阅读组之考试分数	讲授组之考试分数
字汇	0.474±0.06PE	0.294±0.07PE
阅读	0.436±0.07PE	0.276±0.07PE
智力	0.491±0.06PE	0.327±0.07PE

统观各表吾人即得结论如左：

（一）如教材及作业时间完全相同，则由阅读所引起之学习，实胜于由听讲所引起之学习，唯此乃就表现于“即时回忆”者而言。

（二）就“久后回忆”之程度言之，两法似无重要之差别。

（三）阅读组之考试分数，与彼等在心理测验中所得之分数，两者间之相关度，比较显著。换言之，某生由阅读而获得之考试分数，其优劣每视乎该生之识字数量、智力，及默读能力之高下，其中关系，颇为密切。某生由听讲而得之考试成绩，虽亦与该生本来之阅读能力，识字数量，及智力有正的相关，但其间关系，终无前者之明显。

（原载于《学术世界》1935 年 5 月第 1 卷 5 期，译自 S.Corey 著文）

第四辑

师范教育研究

同心同德，办好师院

——在干部会议上的讲话

首先谈一谈我听了董副书记宣读了有关我任职的通知后的一点感受。

这次上级对我的任命，使我感到责任大大加重了。面对新的任务，真有老牛负重之感，但是我深深相信，只要依靠党委的领导，依靠各位院长的集体领导，依靠全院师生员工的共同努力，就一定能一步一步地把学院办好。

其次谈谈我的两点看法。一是一定要看到成绩，增强信心，提高勇气。二是充分估计困难，团结战斗，办好师院。

我们学院是在三中全会开过不久，也就是 1978 年 12 月三中全会闭幕后几天即 12 月 28 日，由国务院正式批准复办的。可以说，我院获得再生，是三中全会精神胜利的果实。

我们学院几年来在克服种种困难当中不断前进和发展，在我们所取得的成绩中，有下列几点是有目共睹的。

一是我们的基本队伍已经组织和发展起来。一支高水平高质量的教师队伍，通过有计划地培养、提高，正在迅速扩大。

二是办学的物质条件不断得到充实和改善。

三是办学的经费逐年有了较大的增加。

四是校址问题得到初步解决。1980 年底定了校址；征地扩建问题相信在近期内一定会解决。

五是在教学和科研工作方面、学校管理方面、思想政治工作方面，逐步摸索和积累了一些经验，试行和制定了一系列规章制度。

当然，我们必须看到摆在我们面前还有很多困难，还有不少不如人意的地方。我们在某些工作上抓得不紧，效率不高，进展较慢。我们要正视这些困难和问题。我们热诚希望，同志们那种“肝胆相照，荣辱与共”的感情不断得到发挥，能为办好学院经常献计献策，克服困难，团结战斗，办好广州师院。

谈谈今后如何进一步办好学院的三点意见。

第一，必须确立以教学为主，突出师范性，全面贯彻党的教育方针的指导思想。

“教学为主”，是提高教育质量的客观规律。

我们学院的一切部门，自学校管理、教学辅助，直至后勤工作部门，都必须普遍树立为教学第一线服务的指导思想。

第二，加强师范生的基本功训练，为培养新型的、合格的人民教师而努力。

初步总结一些师范院校的经验，可以把一个师范生的基本功概括为如下几个方面，即一专（具有坚定不移的专业、乐业思想），二能（具有一专多能的多面手，具有教书育人的能力），三字（练好毛笔字、钢笔字和黑板字），四会（会讲普通话，会唱歌，会讲故事，会组织课外科技活动）。其中，专业、乐业思想的培养具有首要的意义。

第三，以身作则，为人师表，树立新的校风，把师院办成建设社会主义精神文明的坚强堡垒。

要根据师范院校的特点，开展“明天的教师从今天做起”的教育活动，对学生进行共产主义道德教育，文明礼貌的教育。规定凡言行、衣着、仪表不合教师要求的，不准参加教育实习，不得毕业。使学生逐步养成遵纪守法，讲文明，讲礼貌的习惯，形成新的校风。

我再次表示，一定要和同志们一道，在党的十二大精神指导下，在上级和学院党委的领导下，团结一致，同心同德，群策群力，把学院办好。

（原载于《广州师院学报》，1982 年 9 月）

试论高等师范院校学生的培养方向

在党的十二次代表大会上，党中央明确提出要把教育和科学作为整个国民经济发展的战略重点之一。这是我国历史上第一次把教育摆在国民经济发展的重要战略方针的高度。

当前，如何开创教育事业的新局面，迅速提高教育质量，使之适应我国两个文明的建设需要呢？我们要做的工作很多，作为师范院校，首要的任务就是要提高师范生的教育质量，把师范生培养成为全面发展、一专多能的人民教师。下面试从五个方面进行探讨。

一、从目前高师学生的情况看存在问题

我们分别调查、访问了一些中学和教育部门的领导，同时，对师范学院部分学生的现状和要求做了一些初步的调查与座谈，发现目前高师学生的主要问题是：

（一）在政治思想方面，主流是好的，大多数学生能坚信党，坚信马列主义、社会主义，相信它能给中国人民带来幸福和希望。在接受调查的 65 位大学生中，有 43 人是属于这种情况的。但是，也不容忽视，其中有相当于三分之一的学生采取半信半疑的态度，认为马克思主义在

有的地方行得通，而有的地方行不通，或者认为缺乏亲身经历，体会不到其正确性。这些虽属认识问题，但是对大学生在思想上的混乱糊涂观念，绝不能熟视无睹。至于一个人活着为了什么，人生的主要意义是什么？这些问题，虽然在报纸杂志上进行多次讨论，但是，几乎大部分学生都认为一个人活着，或者工作的意义，在于“既为自己，也为别人”。更有部分学生认为“人生的支柱”就是“名和利”。这些似是而非的观点最容易迷惑人，最容易使青年一代上当受骗。如果作为未来的人民教师在政治上、思想上，仍然处于如此迷茫的境地，将来会把青少年一代引向何处呢？这是很值得所有教育工作者深思的大问题。

（二）在专业思想方面，尽管在新生录取中，从第一志愿挑选来的学生逐年有所增加，但是，被录取的学生中，对进师范的认识抱有三种不同的态度：只有少数学生是受父母或教师的良好影响，对教师工作具有朴素的热爱感；多数学生是由于一时的想法报考师范的；还有相当部分学生是在无可奈何的情况下，只好服从录取的，这些学生一般都是把师范的志愿放在最后，甚至不填师范志愿，只是出于服从录取，服从分配的思想而来的。可见，高师学生的来源本身，就给高等师范的教育工作带来极大的困难，我们必须充分估计这种情况，采取有效措施，加强教育。如果这些学生的政治思想方向没有很好解决，而专业思想问题又不巩固，就必然影响到毕业分配，以及未来教师的质量，影响到下一代的成长。根据广州郊区教育局领导反映，今年我省两间师院有六十多名毕业生分到郊区各中学，其中只有少数毕业生能愉快地服从分配，大部分毕业生迟迟不去报到。更严重的是某些毕业生把“分配权”颠倒了，好像不是组织分配他，而是他来分配组织，刚来就提出要求各种照顾的苛刻条件，硬要组织接受，毫不考虑工作的需要和组织领导工作的困难。类似这样的大学毕业生，怎能“为人师表”？

（三）学生中的文化科学基础知识不广不牢，基本技能（包括实验技能）训练不足，自学能力不强，兴趣爱好不广泛。根据调查，近几年来招收的学生，入学分数虽然较高，但是，学生的基础知识、自学能力和思维能力，均比七七级学生低。稍为抽象的概念不能理解，演算步骤不清，论证逻辑顺序不明，用语词不达意；学习方法上又不会记笔记，不会预习，甚至不会看参考书；有的学习态度不认真，缺乏勤奋刻苦学习的良好品质；有些学生兴趣、爱好狭窄，只偏重于某一门学科，对于其他学科和文体活动均不感兴趣。据报载，各地师范院校学生在实习中几乎暴露了同样的问题。有些实习生在讲课时连最基本的概念都讲不清楚，最基本的实验当堂失败，严重影响教学效果。究其原因，有的是中学基础打得不好，有的是学生本人不虚心，不刻苦，学习方法存在问题，而有的则是老师的教法存在问题，等等。所有这些问题，有待于我们在教育、教学的过程中，进行有计划的有针对性的培养和提高，才能把高师学生培养成为真正合格的人民教师。贻误了高师学生的培养和严格要求，就无异于贻误未来青少年一代的教育和成长，我们绝不能等闲视之。

（四）作为未来人民教师的基本功训练，远远不能适应形势的需要。根据我们调查的六十五位大学生，钢笔字写得稍好一些的大约只占四分之一，大多数学生写字潦草，笔画不正，字形结构难看；有的字不成形，像小学生初学写字时的样子，还有的词句不通，错别字连续出现，逗号一用到底，或者干脆不点标点符号。

四年级学生通过最近的实习大检阅，一方面涌现了一批善于教书育人的合格的实习生，另方面也暴露了不少实习生在基本功训练方面存在许多弱点。有的教案写得不像样子；有的上台讲课站立不安，词不达意；有的不会接近、了解青少年学生；有的不会上班课，更不懂组织课外小组活动和文体活动……这些问题正好暴露了实习生平时缺乏训练，语言表达能力太低，书写组织能力不高，接触了解青少年学生太少，等等。针对这些问题，不少实习生已经深有体会，并且提出了许多良好的建议，表示要加强师范教育的基本功训练，并且主张文理各系都要开设语文课，加强口头表达能力和书面表达能力的训练；有的还主张多开一些学术讨论会或辩论会，大力开展科技小组和文体活动；有的则赞成平时多开展一些生动活泼的演讲比赛、故事比赛、书法比赛，或者科学晚会，等等。所有这些建议，都是极其有益的，说明广大师生的积极性正在逐步调动起来，如能正确引导，有计划地加强基本功训练，高师学生的教育质量必然迅速提高。

二、突出师范性，加强师范生的师德教育

思想品德教育，各行各业都要抓，否则，不但做不好工作，而且会迷失方向。作为培养未来人民教师摇篮的师范学院，思想品德教育更显得有特殊意义。这不仅是保证学校工作顺利进行，而且是关系到祖国人民千秋万代的事业。如果我们培养出来的人民教师，没有崇高的理想、高尚的品德、严格的纪律，和爱国爱民、忠于职守，教书育人、以身作则的师德，那么，教育事业就无从发展，一代新人的培养就会成为一句空话。

党中央反复强调，我们在建设高度物质文明的同时，必须建设高度的社会主义精神文明。而师范院校应该成为建设高度的社会主义精神文明的坚强阵地。我们培养出来的学生——未来的人民教师——必须首先是坚信马列主义，坚定不移地走社会主义道路，热爱社会主义祖国，热爱教育事业的人。这种人必须经得起西方思想和花花世界的考验。只有这样的人才称得上合格的人民教师。现在我们的国家每培养一个大学生，就要花费上万元的投资，而对师范院校的投资比之普通大学的投资更大。作为师范院校的教职员工，每个人心中都要有这个数，好好想想，国家花那么大投资办师院，为的是什么？难道是为了培养只吃社会

主义饭，而不干社会主义事的人吗？难道是为了培养不安心于教育工作，不服从分配的人吗？如果我们不努力工作和学习，怎能对得起祖国人民的期望呢？

现在我们的师范生到底有多少人具有较强的爱国心、事业心和良好的道德品质？有多少人愿意终身从事教育事业？如果师范院校出来的学生都不愿意当教师，这就完全失去了办师范的意义。尽管社会上还存在着忽视教育，轻视教师的思想言行，但是，形势在发展，从中央到地方正在逐步改变现状，更新教育观念，提高教师的地位待遇，不断改变教育的外部环境。与此同时，作为培训师资的教育部门，必须从内部改革入手，千方百计为培养全面发展的一专多能的合格的师资队伍做出最大的努力。师范生一旦进来，就要逐步确立起当一辈子教师，最少要有为祖国教育事业服务四十年的雄心壮志。这就是我们常常讲的要具有忠诚党的教育事业的思想，也就是今天要大力加强的专业、乐业的思想教育。这一点，我们过去做得不够，今后从新生入学第一天起，就要讲清楚，使大家有个思想准备，认清进师院的目的就是要把自己培养成为德智体全面发展的“一专多能”的人民教师。使每个师范生都认识到自己的责任，自己的任务，知道自己应该沿着什么方向努力。

专业乐业思想的教育，每年都要抓，不要等到毕业时才“临渴掘井”，匆促应付。每年新生入学之时，就要有计划地请一些优秀教师或校友作报告，平时也要组织高师学生到中学去，接触、了解青少年学生，或者搞一些联欢活动，加深了解，培养师范生对中学教育事业的情感和兴趣。

实习、见习的工作，是师范生最重要的一门课程，必须加强。这不但是培养训练教书育人能力的重要场所，而且是进行专业、乐业思想教育的重要阵地。领导和教师、学生都要全力以赴，认真对待，周密安排，注重效果，做好总结，吸取经验、教训。同时，要准备编写自己的系史、校史、师范教育史，使大家树立起为母校争光，为人民造福，为祖国教育事业奋斗的雄心壮志。每一个毕业生，只要有成绩的，就要在校史上记下他的事迹。如果出了“废品”，也不要掩饰，应择其典型，总结教训，作为反面材料，教育后人。总之，我们要利用一切机会，调动一切积极因素，充分利用正反面的材料，加强马克思主义世界观、人生观和共产主义道德观的教育，加强专业、乐业思想的教育，以保证师范生的思想政治发展的方向。

三、改革师范课程结构和教材教法，培养“一专多能”的理想教师

作为未来人民教师的师范生，他们将面对着德智体各方面正在茁壮成长的青少年一代，这些生动活泼的青少年将会向教师提出各种各样的问题，要求教师带领他们去打开文化科学知识的大门，攀登科学文化的高峰，要求教师尽量满足他们在德育、智育、体育、美育和劳动技术教育等各方面发展的兴趣和爱好。这就要求我们培养出来的教师必须具备广博的知识和多方面的兴趣爱好。即使在课堂教学中，如果教师不具备广博的知识，也不可能把课上得更生动、更深入、更完美。正如许多教师所说，要给学生一杯水，自己就要具备一桶水。生动地说明教师必须具备渊博知识的重要性。此外，我国中学的情况比较复杂，中学的结构正在改革过程中，新的课程门类将会不断增加，学校大小不一，教师来源不足，有些科目教师过剩，有些则没有人担任。这些在实际工作中，人力安排配备不平衡的状态，将会永远不同程度地存在。怎样解决实际问题呢？怎样使我们培养出来的教师能更好地适应实际工作的需要？更好地满足青少年一代德智体多方面发展的需要？这些除了在招生工作中、毕业分配中尽量做到专业对口人才使用对口之处，更重要的是改革高等师范的课程结构，增开一些必修或选修的科目，使每个专业的师范生，除了学好本门专业课之外，再选修一门其他专业课程。使我们培养

出来的未来的中学教师，人人都具备有担任两门以上中学课程的知识和能力。这样不但能适应我国中学教学工作的实际需要，而且使未来教师的知识基础更加广博、坚实，更有利于促进和提高专业知识的水平，有利于各人的兴趣、爱好的培养和发展，促使未来的教师向着“一专多能”的方向发展，向着多才多艺的方向发展。严格说来，理想的中学教师应该是“一专多能”的人，是个有特色的“通才”，或者是多才多艺的专门家。多才多艺的教师最受学生和家长的欢迎，领导也希望多培养这样的教师。可是，目前，我国师范学院的系、科设置，与综合性大学雷同，师范特性不强，专业过于单调，专业分工过尖、过细、过窄，知识面不够广博。为了改变这种现状，首先应该在文理各系之间进行协调改革，互通有无地彼此在邻近系中增设必修或选修科目，删掉某些过尖过细的科目；也可以考虑文科选修理科专业，或者理科选修文科专业。这样，每个学生都可以考虑学习两门专业，有能力的还可以多学一点。总之，要鼓励师范生向着“一专多能”的方向发展。这无论从未来教师的实际工作需要，还是从培养全面发展的“一专多能”的人民教师的需要考虑，都是有利无弊的。

增设科目，必然会带来时间安排和课程安排的矛盾，这就要求必须改革现有的教材教法。目前高等师院的教材、教法和科目设置都存在不少问题。有的科目和教材不适应形势需要，有的则过于烦琐；教学方法上有的还停留在中学的水平上，有的还采用填鸭式的方法，有的则照本宣科，等等。所有这些情况，远远不能适应形势的需要，不能适应提高教学质量，发展智力，培养能力的需要。

教师的工作是最富于创造性的工作。我们要培养未来教师的良好工作品质，特别是他们的首创精神。任何工作，尤其是教学工作，没有一点勇于创造的精神，敢于探索的勇气，要想进一步提高教学质量，那是不可能的。我们要培养的未来的新一代，不是一般的劳动者，而是要具有首创精神的革新者。要培养新一代的首创精神，教师首先要在教学上有首创精神，要鼓励学生去发现问题，提出问题，解决问题。为此，我们首先要求高等师院的教师，在教学上要敢于革新，敢于探索，在开发学生的智力，培养学生的能力方面，在改革教材教法方面做出成绩来。大学的教学方法不能停留在五六十年代的水平上，也不能把中小学的教学方法搬到大学中来。大学生与中学生相比，他们的自学能力更强，自觉性更高，自学的时间更充裕。但是，他们毕竟是学生，无论思想、业务知识、还是生活经历都比较薄弱，容易受外来的影响，这就需要教师的引导，加强计划性和目的性，提高学生分析问题、辨别问题和解决问题的能力。在教学中无须所有问题都由教师讲得过于深透，应该要求学生自己去学习、钻研、议论、练习、实验，让他们自己动脑，动手、动口去解决问题，培养学生的自学能力。不仅要使学生学懂、学会，而且要使他们会学、会用。一个师范生只要具有较强的自学能力，就能为他向着“一专多能”的方向不断发展找到钥匙，就能为他未来当好人民教师打下良好的基础。

四、突出师范性，加强师范生的基本功训练

文有文功，武有武功，各行各业都有自己的基本功。作为人民教师也应该有自己的基本功。只有基本功过硬的演员才有可能成为舞台上的“明星”，只有基本功过硬的教师才有可能成为名师。俗话说：“名师出高徒。”要培养聪明的徒弟，必须有高明的师傅。高等师范学院应该培养更多的名师，这就要求我们的师范生首先要扎扎实实地练好基本功。现在有的学生连基础知识、基本技能还没有学好，就急于去攀登“哥德巴赫猜想”高峰，试图一举成名，超过陈景润。这种人有点像沙滩上起高楼的建筑师，终有一天要失败。我们师范学院的根本任务就是培养合格的人民教师。为此，我们的立足点应该在学好基础知识和专业知识的

同时，必须加强教师的基本功训练。教师的基本功是什么呢？概括起来就是：一专（专业乐业的思想）、二能（教学和教育工作的基本技能）、三字（毛笔字、钢笔字、粉笔字）、四会（会讲普通话、会讲故事、会唱歌、会组织课外科技活动和文体活动）。

专业、乐业思想的教育，这是人民教师所有基本功中的思想基础，是指导一切基本功训练的出发点。作为未来的人民教师首先思想上要过得硬，要确立起终生为祖国、人民教育事业而奋斗的雄心壮志。没有这种思想的学生，应要求加强学习，努力实践，提高认识；专业思想不巩固的学生，要求逐步确立为教育事业而奋斗到底的坚强信念。这方面的要求，在国际上有些国家的做法很值得参考。国外有些国家的师范在招生的条件中，规定凡报考师范的学生必须具有与青少年学生共同参加活动的实践时间比例和证明。其具体时数不等，有的几十小时，有的规定一二个月时间。我们不一定照搬别人的做法，但可以结合我们的实际，有目的、有计划地加强师范生与中学生的接触和了解，直接参与中学生的班、团活动，而且要规定一定的时数和具体要求。这些实践活动，不但有助于专业思想的培养和提高，而且有助于教育技能的训练。

教育技能，即教育学生的基本功，主要是指了解、教育学生的技能、技巧，包括观察、谈话、家访，组织班团队活动的能力，等等。这些技能除了在实习中进行综合性的训练之外，在每个年级中都应当有一定的要求。从一年级开始就可以有计划地安排师范生每逢一定的节日，到中学去参加广大师生的联欢活动，广泛接触、了解学生，组织中学生开展文体活动等。这对未来的人民教师是一个很好的锻炼机会。当然，了解、教育学生的基本功培养主要是在见习、实习中进行的。但是，一般的见习、实习总是由各系的专业课老师带队的，而专业课教师又不明确师范生了解、教育学生的基本功训练的任务和要求，因而这方面的任务常常忽视了。长此下去，不但不利于见习、实习工作的全面开展，而且将会造成“教书不教人”的危险后果。为此，在今后的见习、实习工作中，应该明确规定师范生在了解、教育学生的基本功训练方面的任务和要求，并且作为见习、实习的主要任务加以总结和检查。教育学、心理学应联系实际，加以改革，在训练和指导学生加强教育、教学的基本功训练方面做出贡献。各系专业教师也应重视师范生的教育、教学的基本功训练。

教学工作的基本功，主要是指备课、上课、辅导、批改作业、制作教具图片和实验等能力。在教学工作的所有基本功中，口头表达能力应该占着很重要的位置。否则，即使教师学识渊博，知识超群，也会变成茶壶里装饺子，肚里有货嘴里倒不出。而口头表达能力的训练却不是一朝一夕所能奏效的。这就要求师范生必须加强平时的训练，学校可以配合开展一些演讲比赛、故事会、朗诵会等。为了保证口头表达能力和书面表达能力有计划地提高，在师范学院各系的课程改革中，可以考虑增加一门“说写课”，包括说话训练、写作训练、“三字”训练等，可以分年级设置，也可以穿插开设，以期加强基本功训练。

至于备课、上课、辅导、批改作业和制图实验等基本功训练，除了在见习、实习中进行综合训练之外，应该结合平时教学进行。例如，制图、实验等技能应要求在各专业课的教学中加以掌握。平时，还可以结合教学，开展模拟实习的训练活动。至于在实习中的训练，各系专业教师普遍抓得较紧、较好，但缺乏系统总结和理论提高。今后应把实习成绩用展览会形式公布出来，不仅可以使大家受到教育，而且可以加强总结，作为校史资料积累起来，如能长期坚持不懈，对于高等师范教育质量的提高，将会收到显著的效果。

至于师范生的其他基本功训练，包括“三字”“四会”在内，还要依靠各系开展“第二课堂”——课外活动——进行训练和提高。例如，唱歌、绘画、讲故事、文体活动，等等。各系各班都可以有计划地加以开展，低年级以文体活动为主，高年级可以组织一些专业学科的兴趣小组活动，等等。当然，这里还有一个场地问题和设备问题，我们要在可能条件下，尽量设法从物质上提供条件，时间上加以保证，使师范生的各项基本功训练能够顺利进行。

五、加强高等师范师资队伍建设，为提高师范教育质量打好基础

“要振兴中华，先要振兴自己。”我们要教育学生树立崇高的理想，首先必须自己要有崇高的理想。要把高师学生培养成为塑造青少年灵魂的工程师，首先要使高等师院教师的灵魂纯洁高尚。

在高等师院的师资队伍中，绝大多数教师都具有热爱党、热爱祖国、热爱社会主义的高尚思想品质，都有一颗忠诚于党的教育事业的雄心。大多数教师在工作中，都能勤勤恳恳，兢兢业业，不断为提高教育质量而努力工作。其中有许多教师学识渊博，勤于学习，勇于创新，教学水平较高，学生满意，领导赞扬。但是，也不能不看到，在高等师范院校的教师队伍中存在的严重问题。有的教师思想品质和道德、纪律，均不理想；有的教师则专业知识不够广博扎实，业务水平不高，又缺乏勤奋刻苦学习的品质，不善于在实践中探索、创新，以致影响教学质量，学生和领导都不满意。

高等师范的教师要为未来的中学教师做出榜样，从理想、道德、纪律到教育、教学的技能、技巧，从备课、上课到做作业、批改和辅导，从板书的整洁、系统到语言表达能力等，都要尽可能地为师范生做出示范。即使现在水平还不够理想，但是只要具有勤奋刻苦，努力探索，勇于改进的良好品质和认真负责的工作精神，就有可能不断提高教育、教学的质量，就足以感动学生，使学生潜移默化，就算起到了“为人师表”的作用。

教师的培养与提高，必须立足于在职进修为主，脱产进修为辅，多

种办法同时并举。最理想办法还是边工作、边教学、边进修、边搞科研、边提高，一举多得。

首先要使教师提高思想觉悟，树立起为祖国、为人民、为党的教育事业而终生奋斗的雄心壮志。

其次，必须把教师的教学工作和科研工作结合起来，以教学任务带科研，使科研既能为教学服务，又能为提高教师水平服务，高等师范学院的科研工作，一要突出师范性，二要为教学服务，着重研究提高师院和中学教育质量中的各种理论问题和实际问题，着重研究培养人和教育人的规律，如果每位教师，甚至职工，都能结合本职工作进行研究提高，每年每人或几个人合作，都能写出一篇论文，那么，我们整个师院的教职工队伍的水平就会迅速提高，就足以保证师院教育质量的稳步上升。

党的十二大已经为我们全面开创了社会主义现代化建设的新局面。我们必须从现在开始，一天也不耽搁地、专心致志地、聚精会神地进行“两个文明”的建设。我们要动员全体教职员工全面贯彻党的教育方针，实行以教学为主，加强师范性，为保证培养德智体全面发展的“一专多能”的人民教师服务。学校的一切工作，凡是有利于实行以教学为主，加强师范性，全面贯彻党的教育方针的事，就要全力以赴，认真做好，绝不允许马虎应付；凡是不利于教学为主，不利于党的教育方针的全面贯彻，不利于学生德智体全面发展的事情，就要坚决顶住，敢于制止。只要我们明确方向，团结一致，同心同德，群策群力，高等师范学校一定会越办越好，师院学生的质量一定会迅速提高，并将促进中学教育质量的提高，为振兴中华，提高全民族的科学文化水平做出贡献！

（原载于《民进》1983年第3期，与孔棣华合撰）

关于修订综合大学专业教学计划草案的几点意见

这次提出的专业教学计划草案，在许多方面做到了学习苏联、密切联系中国实际，并适当地吸收了其他国家的优良经验，为创造性地建立新中国的高等教育体系向前跨了一大步。

各专业总学时比原计划草案减少约15%。在周学时方面，理科高限不超过28小时，文科高限不超过25小时，理科各学期的典型数为25小时，文科各学期均典型数为20小时起，保证学生有充分自学的时间，这是一项重大的改革。美国高等学校的周学时，低年级超过16学时，而苏联以师范学校为例，自1955年起周学时也由过去的30小时以上减为不超过24小时，可见当前教学计划草案所拟订的周学时负荷，是广泛地符合着发展中的教育工作经验的。

就培养学生独立思考与独立工作能力的功能而论，缩减周学时只能说是一个前提条件，不应高估它的积极作用。培养独立工作能力的主要关键，诚如某些教育专家所指出，归根结底还在于提高教学质量，在于教师有意识地启发学生独立思考的自我要求和系统地培养学生具有独立工作的技能技巧。从综合大学培养人的整个过程来说，关键还在于教学计划能保证学生有可能获得较广博的基础知识，作为今后不断地获取积累新知的资本。在这一方面，新的教学计划草案说明中提出了合并专业或扩大专业范围的建议，是间接地有助于这个要求的体现的，因为显而易见，专业分得愈小，则学习必要的基础课将愈受到限制，而学生也就愈难有望能成为名副其实的这一门的专家。在苏联的高等学校，过去专业分得比较狭小，全国统计设置专业 500 种，自 1955 年起实施新的教学计划把原有专业范围加以扩大，今仅共设 286 种专业。据瓦新专家说，这一变革的目的亦在于加强学生的独立工作能力，并培养出有广泛知识范围的专家。苏联的师范学院自去年起，亦开始按照综合性专业培养有广泛专业知识的教师。俄罗斯教育部司长奥尔洛夫曾就这一问题特别指出，如果教师只有一门狭隘的专业知识，就将使他的知识愈来愈贫乏，眼界越来越狭小。在美国的高等学校，专业也分得很宽，西德的大学竟完全不分专业，全部时间主要用来学习一些基本理论及实验方面的知识，据说在这种制度下培养出来的毕业生，也还表现出不平凡的独立工作的能力，从上述这些经验看来，计划草案说明中提出合并某些专业的建议，是值得我们重视的。

关于综合大学的培养目标问题，计划草案说明中认为仍应把培养中学师资列为培养目标之一，这是完全正确的。其原因，依我来看，并不像草案说明所指的那样，由于综合大学必然有一部分学生去做中学教师，而主要的是因为国立必须造就一批既可以从事专业研究又可胜任教师工作这样一身而能二任的专家，使国家可以机动地掌握干部，以适应几方面在迅速发展中难予准确估计的需要。中学师资虽主要由高等师范学校供应，但也需要有较高科学水平的综合大学专业生参加进去，发生作用。再则，在很长的时间内，作为发展重点之一的中等专业学校，其某些理论科目或基本科目的师资又必须依靠综合大学来培养支援。由此可见，综合大学除个别专业以外，应规定以造就既能从事科学研究又能胜任高等学校师资的专家作为培养目标，不只是参考苏联经验的结果，亦是决定于新中国经济文化建设需要的客观实际的。

关于教育学课程应否在综合大学开设的问题，论者意见不一。某些教师认为没有开设的必要，经常是出于他们对这门课程的性质不够了解。第一，他们往往把教育学单纯看成是和培养中学师资有关的一门知识，由于看到某些专业目前被分配到中学工作的毕业生为数不多，因而认为这门功课的开设是多余的。其次，他们又往往把教育学片面地理解为专谈教学方法的课程，同时又认为一个同学只要掌握了专业知识，不必学教学法也能当上好教师，因此认为开设教育学亦无必要。

其实，教育学所研究的并不仅止于和中学教育有关的问题，而是牵涉到整个年青一代进行共产主义教育的理论与实际的问题。它所要阐明的问题如关于共产主义教育的目的与任务，新中国的国民教育制度，教育的内容、方法、原则以及学生的年龄特征与个性特征等等，非但关系到普通学校教育，亦且适用于高等教育。由于“教”与“学”是统一的过程，因此教育学不只要阐明如何“教”的问题，亦必须同时阐明如何“学”的问题，必须从生理的、心理的与社会的角度去揭露人的思维、情感与意志品质的形成与发展的规律性问题，像这些方面的知识应该认为不但对于一个教师为有用，即对于一个文学家或任何一个社会活动家也是会有所帮助的。

把教育学作为教学法知识的简单化看法，其错误从上文已不难看出。必须指出教育学是关于年青一代共产主义教育、教养与教学的规律性的科学，教学法只是它的一个组成部分。认为教学法的理论知识对于培养未来教师毫无作用的看法是不够客观的。固然也曾有不少科学水平高的教师，没有学过教学法而教得成功，正如曾有不少作家没有学过语法规则亦能写出好文章一样，然而应当指出，如果这些教师和作家在自觉地掌握了有关教学或语法的规律性知识的条件上，他们的成绩就会更好。固然也会有一些人虽学过教学法理论知识而教学技巧还是很差，但是应该指出，这些人如果没有学过教学法，其教学能力可能会更坏。以培养中学师资为任务的高等师范学校或普通大学中的任一个院系，不管在过去或现在，在社会主义国家抑或资本主义国家，都使教育科目在全部课程中占有很大的比重。如果认为作为人类教育经验与教学经验总结的教育科学知识对于教师工作毫无指导的意义，则这些强调教育科学的设施就很难于理解了。

苏联的综合性大学亦系以造就科学研究人才，和高等学校及十年制学校的师资作为培养目标的，毕业生中亦只有一部分分派到十年制学校当教师，其余则在工厂的车间、实验室、科学研究机构或高等学校工作，然而在专业教学计划中，教育科目却列为全体所必修，而且占有很重要的地位，学时的比重达 6.5%，此外还有为期 6 周的教育实习。这一事实充分说明了教育课程的开设并不只是和培养中学师资有关，且亦和培养高等学校的师资任务有关，不仅对教学工作有关，且亦和一切文化教育工作有关。

自然，我们并不需要搬用苏联的办法。结合我国的实际，在专业教学计划中酌减教育课程的门数，或只开设教育学一门，在目前亦是适当的。由于这一门课只占总时数的六十分之一左右，列入必修不会引起多大困难。要是把它列为选修，那就实际上等于取消了这门课程，而所谓综合大学的双重培养目标就无从在教学计划中反映出来，也就无从在教育实践中予以体现，是不符合教学计划的编订原则的。

（原载于《中山大学周报》1957 年第 189 期）

思想教育辩证法

学校中的思想教育工作，虽然纷繁复杂，千头万绪，但只要我们善于运用辩证唯物主义的方法进行分析，就能掌握其中的客观规律，有条不紊地把工作做好。下面概括为五个方面谈谈。

一、“优”与“劣”

学生有优有劣。在某些教师眼里，好像“优秀生”永远好，样样好，对他们表现出无限的钟爱、信赖和依靠；“劣等生”或“调皮仔”则永远差，样样差，对他们表现出冷淡、厌烦和不信任。长此下去，就会造成优生不优，劣生更劣的状况，思想教育工作没有做好的希望。

要做好学生的思想教育工作，教师必须用辩证发展的观点去看待学生，了解学生。世界上任何事物都不是一成不变的，学生的思想尤其如此。优秀生在一定的条件下，可以转化为中等生或劣等生；劣等生在一定的条件下，也可以转化为好学生或优秀生。为了使“先进更先进”“落后变先进”，教师不能停留在了解学生的一般优缺点上，还必须深入了解每个学生的内心世界，知道他在想什么、做什么，为什么要这样想、这样做。当还没有揭开学生的心灵奥秘时，与其急于着手解决问题，倒不如千方百计地去接近他、关心他，进而了解他。了解一个人是不容易的，往往需要对各个侧面进行反复耐心的观察。只有彻底摸清学生的内心世界，把学生中积极欢乐的情绪鼓动起来，才能化消极因素为积极因素。同时，教师也只有使自己跟学生的欢乐和忧虑的感情紧紧联结在一起时，才能真正消除师生间的隔阂，学生才会把心里话告诉老师。

对于优秀生，要多了解其短处，进而用德、智、体全面发展的更高要求去激励他们。对于落后生，要多发现其长处，甚至要创造条件，让他把优点表露出来，再加以肯定。即使是“小流氓”“小罪犯”，在他们心灵深处也会蕴藏着可贵的闪光点。看不到学生的长处，找不到学生心灵中的闪光点，只能说明对孩子的观察了解不够深入细致。只有既了解学生存在问题的症结所在，又掌握学生可以教育好的闪光点，才能像医生那样，对症下药，药到病除，妙手回春。

二、“严”与“爱”

在学校里，往往可以听到某些老师议论：“对学生就是要给他点厉害，惩一儆百，否则，学生是不怕你的。”这些教师把严格要求和高压手段混同起来了。学生和老师的关系，如果像老鼠见到了猫那样害怕，并不说明老师教育有方；相反，正好说明老师的教育方法存在着严重的问题。在那种立足于“压”的师生关系中，学生永远不会向老师说出心里话，老师也无法对学生进行有效的教育。

优秀教师和模范班主任的实践经验证明：对于学生，既要严格要求，又要无限热爱。“严”与“爱”是对立统一的。俗话说：“严师出高徒。”没有严格要求，就培养不出优秀人才。所谓严格要求，就是首先要求学生要严格执行党的教育方针政策和学校纪律，严格遵守学生守则和老师对教育、教学工作的要求；其次要及时检查效果，大至对德、智、体全面发展要求的落实。小至对每道练习题的完成情况和作业本的整齐清洁等，都要坚持原则，一丝不苟，赏罚分明。同时，教育者也必须严于律己，以身作则，但是，只停留在这样认识水平上还是不够的。教师如果不顾学生思想转变的规律，不顾客观实际的可能性，而“严”得出“格”、“严得过分”，刺伤了学生的自尊心和自信心，事情就会走向反面。尤其是对于后进学生，由于他们自卑心较重，自信心不强，如果要求不当，就容易使他失却前进的信心。

“无情未必真豪杰”。每一位教师都应该是具有丰富情感的慈母，既要严格要求学生，又要无限热爱学生。也就是说，要像慈母热爱孩子一样热爱学生，关怀学生的全面成长。既要反对随意打骂、体罚学生的粗暴做法，又要反对放任自流，姑息怂恿，为孩子的错误行为进行辩解的恶劣作风。我们所提倡的这种师生之爱是“严”与“爱”的高度统一，是在长期的教育实践中总结出来的崇高的师生关系的体现，也是行之有效的一种教育方法。对学生的热爱和关怀，必须体现在行动上。实践证明，教师在教育学生的过程中，给学生缝上一个纽扣，探一二次病，补习几回功课，或者同学生一起劳动、打球、玩玩具模型等，都能充分体现出老师对学生的热爱。正是这种热爱往往成为转变学生的关键。对于犯错误的学生，除了要进行适当的批评教育外，也要给以更多的关心和帮助，给他们创造改正错误的良好环境和条件，随时鼓励其微小的进步，以增加他们的勇气和信心。所谓“动之以情，晓之以理”，就是“严”与“爱”辩证教育方法的体现。

三、“堵”与“导”

有的教师在教育学生的时候，往往喜欢向学生提出“不准这样做，不许那样说”的要求。一旦违反了，出了问题，当即进行训斥。这种“头痛医头，脚痛医脚”，哪里出问题，就在哪里“堵”的办法，结果只能顾此失彼，不解决问题。这很容易使我们联想到古代治水的教训。传说大禹的父亲鲧当年治水时，只采取“堵”的办法，终于宣告失败。大禹吸取了父亲的教训，采取了既“堵”又“导”、以“导”为主的办法，终于取得了根治洪水的伟绩。

从一定意义上说，思想教育工作就是引导工作。青少年精力旺盛，好动爱玩，老师光要求他不许动是不行的，一定要组织适合青少年特点的活动，把他们的精力引导到正确的轨道上来。

其次，要坚持表扬为主，批评为次，处分为辅的思想教育方法。我们经常采用的表扬与批评的方法，都是从不同角度去做引导工作。可是思想教育工作是一门艺术，表扬和批评不能简单行事。优秀教师在表扬学生的时候，往往包含着更严格的要求和含蓄的批评之意；在批评学生的时候，又常带有肯定的语气。青少年学生（即使是“小罪犯”“小流氓”），都有一颗喜欢维护自己名誉的自尊心和奋发向上的自信心。他们这些心理特征，正是我们坚持以表扬为主，批评为次，处分为辅的教育方法的心理基础。恰到好处的表扬，不但可以促使被表扬学生继续努力，不断进步，而且往往能引导全班学生向着好的方向发展。恰当的批评也可以促使学生改正缺点，制止其他学生重犯错误。但是，批评的着眼点应放在教育引导上，要满腔热情，循循善诱。既批评了缺点，又保护了自尊心；既纠正了错误，又确立了积极向上的自信心。学生犯了错误，要批评、要讲道理，不听则要耐心等待，进一步了解原因，寻找对症下药的良方。任何粗暴的训斥、急躁的处罚，往往会把事情弄糟，使矛盾扩大化。

四、“说”和“做”

许多学校接到教育部颁发的《学生守则》后，都用大红纸抄写，贴在墙上；有的则动手油印，人手一张；有的教师则进一步联系实际，逐条讲解，进而要求学生熟读背诵。这样做当然是必要的，但还不够。因为这些措施，仍然只停留在“说”方面，还没有引导到“做”方面来。思想教育工作当然要讲清道理，要说服。但是“说”是为了“做”，“讲”是为了“行”。说和做，做为主；讲与行，行为首。光说不做，只布置，不实行，不检查，不总结，再好的理论，再高的要求，再完善的守则，也只是纸上谈兵。学生中的好思想，好作风，不是靠听几次报告，几次谈话可以培养起来的，也不是靠什么惊天动地的行为来形成的；而是通过日常细小的活动，诸如日常学习、值日卫生、尊师守纪、互助友爱、爱国爱民等活动，反复实践，长期磨炼出来的。只有大处着眼，小处着手，“导之以行，持之以恒”，点滴积累，才能逐步形成良好的思想品德。

我们不但要让学生知道该做什么，怎么做，为什么要这样做，而且要让学生知道犯了错误就要主动用实际行动改正。作业不及时交，就要及时补做；值日生不扫地，必须补扫；课间操不参加，就要在放学后补做……不论是谁，只要违反了纪律和学校的要求，就要受到纪律的制约。如果模范地执行，就应受到学校和老师的表扬。只有严格要求，付诸行动，赏罚分明，是非清楚，方能形成坚强的集体、良好的校风。

作为教师，在引导学生付诸行动时，还必须言传身教，以身作则。要求学生做到的，教师首先要做到；要求学生不做的，教师要带头不做。榜样的力量是巨大的。教师的模范带头作用，可以大大增强教育效果；教师的言行不一，又会大大削弱或抵消教育效果。只有言传身教，身体力行，才能充分发挥教师的主导作用。

五、“点”和“面”

“点”和“面”的问题，这里主要是指个别教育与集体教育的关系，学校教育和社会、家庭教育的关系。

在点面结合、个别教育和集体教育相结合的过程中，首先要重视集体教育，通过集体进行教育，通过个别教育去影响全班。因为我们要培养的是善于在集体中学习、生活、工作，现在努力为集体服务，将来能为“四化”做出贡献的一代新人。这种集体成员决不能脱离集体，也不能让他凌驾于集体之上，必须从小在集体中，通过集体加以培养。同时，教育过程也不是单独一个教师去进行的，而是教师、集体和学生之间互相影响。教师和班主任的首要任务，就是要组织良好的集体（包括班、团、队），通过集体去教育学生，影响个人。一个良好的集体、必须有共同的奋斗目标，共同的活动和统一的领导，必须具有高度的自觉性和积极性。即使在没有教师的督促的情况下，也能正常地开展学习、劳动和体育活动等，而且在集体活动里，同学们能体现出团结友爱和相互协作的精神。

形成集体的基本途径就是经常向学生提出要求和奋斗目标，不断组织集体活动，在集体活动中开展集体教育。共同的奋斗目标和集体活动的范围很广，包括争取好的学习成绩、义务劳动、体育比赛、文艺晚会、看电影以及班、团、队会等。认真组织好每一次集体活动，可以收到良好的教育效果。

我们强调集体教育，并不意味着要忽视个别教育。相反，我们主张强调集体教育的同时，要加强个别教育，做到点面结合，互相促进。对于班级中出现的个别和少数的优秀生和差等生，都要针对他们各自的特点，施行不同的教育。

对于学生的思想教育，学校应起主导作用，但是必须有社会和家庭的配合。为了下一代的教育，我们一方面要呼吁家庭和社会的主动支持，另方面又要求学校教师和教育部门主动去“建设桥梁”，争取社会和家庭的配合。

以上谈到的五种教育辩证法，是彼此互相联系，密不可分的，应当根据学生和班集体的实际情况灵活运用，不断创新发展。

（原载于《广东教育》1980 年第 7 期，与孔棣华合撰）

第五辑

教育测量研究

从历史发展趋向看学业成绩考评方法的现代化

学业成绩的检查与评定是整个教学过程的有机组成部分。通过成绩的考核，不仅可使学生及时了解自己学习的优缺点以及和各个方面学习目标的差距，自动调节努力方向，充分发挥学习的主观能动作用，而且对教师来说，也是自己了解教学效果，及时调整教学要求，改进教学方法，保证完成教学任务的必要依据。

成绩的检查与评定是教育测量中的一个门类，它同一切物理的测量一样，必须做到客观、准确。飞机着陆，飞行员如果看错仪表，俯仰角有几度的误差，便会造成严重事故。成绩考核如果组织不当，评分不够准确，对学生就会产生严重消极后果，不利于智能与德体的健康成长。教师和教育部门也会由此做出错误的教育决策，造成智力开发和培育人才的巨大浪费。

一、成绩考评必须实现科学化、现代化

当前我国的教育测量方法（包括课堂考试以及升学考试等）不够科学和准确，许多教师和学生都有切身感受，社会上也有不少事实可资

说明。据《中国青年报》报道，有的考生通不过高考，却考取了研究生，有的人考不上研究生，却考取了研究所，当助理研究员。考生考入大学后，高分低能的事例亦时有所闻。

但当前问题的严重之处，还不在于考评办法不够健全，而在于许多人因循守旧，对传统的成绩考核办法的严重不合理之处，或是缺乏认识，或是讳莫如深，以致成绩考评始终成为教育工作中最薄弱的一个环节。

由于极左余毒未清，对借鉴国外先进测验理论和经验余悸犹存，安于现状，不敢大胆进行改革，这是我国现行成绩考核制度长期得不到改进的原因之一。我国现行的成绩考核办法，一般说来，无非是主讲教师根据教材任意出三五道试题，然后根据学生书面答案的质量，评给一个分数，这实质上就是我国在 20 年代以前所采用的那一套方法——也就是所谓旧法考试。旧法考试及其评分带有极大的主观性，早已为教育学者所熟知。远在几十年以前，著名教育学家斯太奇等就曾经做过试验，他把同一本语文试卷分给 142 位本学科中学教师评分，结果同一本试卷所得分数有 85 种，从 50 分到 98 分，高低不等。实验者又把同一本几何试卷分给 116 位本科教师评阅，结果所得分数有 60 多种，最低为 28 分，最高达 92 分。旧法考试评分不够客观，误差之大，一至于此！外国教育界还有一件引为笑谈之事：某年夏季许多大学教授在评阅历史考卷，有一位教授为评阅方便起见，自己写了一份答案作为典范。不料这份范卷和其他待评考卷混在一起，给另一教授评阅，竟得一个不及格的分数。为慎重起见，其他教授对这本不及格的试卷重复评定，结果所得分数差别之大，竟是从 40 分起直至 90 分为止！

类如这些早为科学准则所否定的过时的考试办法，我们今天仍在普遍使用，并且视之为天经地义丝毫不容置疑的可靠量具，岂非怪事。在这种思想僵化，盲目迷信分数的思想支配下，误用分数的事例，乃层出不穷，流毒社会。有的部门仅凭学生考分一两分之差，便对学生发展前程做出生死攸关的最后判决，大有“一试定终身”的意味。有的教师根据本班某科成绩平均提高零点若干分，或者学生不及格率有所下降，便毅然断言教学质量有了提高，曾有不少学校以高考多出“状元”为荣，报上也大肆宣扬. 有些教育行政部门对学校进行排队，亦以高考分数或升学率的高低作为学校办得好坏的唯一标准，使学校偏离了正确的办学方向。

我们并不反对严格执行现有考试制度，不反对学以科考分作为甄别学习质量的依据之一。现行的考评方法虽尚有严重缺陷，毕竟比之取消考试，否定教师组织成绩考评而代之以行政推荐，民主评议等等的方法要优胜得多。我们所必须反对的乃是把现行制度下分数之价值绝对化，而应当实事求是地对分数采取科学分析的态度。只有这样，才能有助于提高有关成绩考评的科学认识水平，才有助于减少误用分数的弊害！

在现行成绩考评方法中，存在着严重的思想混乱。这可从有关“分数贬值”的问题谈起。

教育部办公厅编的第 48 期《教育简报》，载有上海工大物理教研室进行统一测验，改变“分数贬值”现象的报道。据称，该校近年普遍出现成绩偏高，“分数贬值”的现象，许多课程的平均成绩在 80 分以上；有的课程成绩高达 92 分（其中优秀占 62. 2%，良好占 32. 4%，最低的 72 分）。文章指出，在通常情况下，学生成绩的分布总是“两头小，中间大”的，因此断言该校所曾普遍出现的考试成绩偏高，实际上是“分数贬值”。

本人分析我院（广州师院）1980 年度下学期各门课程考试成绩的分布，像上海工大一样，绝大部分课程考试的平均成绩亦都在 80 分或 90 分以上，优生（即 90 分以上的）在全班所占比例，绝大多数课程都大大超过 7%以至 20%。以文科一个系来说，优生比例占 25%以上的有一半课程，比例最大的一门竟高达93%。理科一个系，优生比例占20%以上的有一半课程，优生比例最大的一门课占48.9%。

我曾就这两份资料征询院内外教师对这些考试是否“分数贬值”的看法，结果出现两种不同意见：

部分教师同意贬值之说，但仅凭直觉做出判断，讲不出什么客观依据。有的也提到不符合“两头小，中间大”一般的分布情况，但对“两头小，中间大”的确切意义，怎样才算违背了这个准则，各人的理解很不一致。大家更无法说明为什么不符合这个准则就是分数贬值。

另一部分教师对贬值之说，持保留态度，认为不能从表面上仅仅根据全班平均成绩较高或优生的比例较多，便断言是分数贬值。他们指出，如果试题对教学内容要求确有代表性，打分又确实客观可靠，则绝大多数学生取得优秀成绩，正是体现了教学面向全班学生取得了实际效果，没有理由认为就是分数偏高。过去学习苏联，采用五级制记分法，不是要求学生人人争取5分吗？

这两种意见不能认为没有道理，谁也说服不了谁。那么，问题究竟出在什么地方呢？

依我看来，问题出在我们立论往往把两种性质截然不同的评分体制纠缠在一起，概念混淆不清。我们知道，当前世界上评分方法有两大类，一种称为“绝对评分”，一种称为“相对评分”。

绝对评分是以考生对测验所要求的全部知识内容究竟掌握多少作为依据的，一般与百分制记分法相关联。答对了全部试题，便评给100分，对测验内容毫无所知，便给零分，对测验内容掌握了60%，便评为60分，惯常以60分作为及格线（及格线的规定是任意的，国外亦有学校以75分为及格线的）。

相对评分是以考生测验成绩相比较按其好坏在全班学生中居于什么地位作为评分依据的，一般与A、B、C、D、F或优、良、中、差、劣

（或不及格）这类文字式记分法（亦有转化为数字式记分的）相关联的。为使这种分数的意义明确，各级分数的价值等距，故常依据正态曲线下对应于横轴一定区间内五等分间距所占有的面积，规定各级分数所应评给的人数比例，例如规定成绩评 A 者应占 7%，评 B 者占 24%，评 C 者占 38%，评 D 者占 24%，评 F 者占 7%。此外尚有分级较多的类似记分法。

我国现行评分制度通用百分制，属于绝对评分法的范畴，但在衡量分数是否贬值的时候，人们又往往依据相对评分法的准则（“两头小，中间大”）来要求教师打分。这就构成了一种矛盾，使教师无所适从。

究竟是采取相对评分还是绝对评分？如果是绝对评分又应如何看待或解释分数的“当值”、防止出现分数“贬值”和“升值”？这些都是学校学业成绩考评办法所必须做出明确规定而还没有做到的。其他问题例如，以正态分布的规律来规范经过严格筛选的学生成绩是否合理？成绩分布出现了显著的正、负偏态是否就意味着教师提高或降低了分数标准？依靠调整试题难度来取得考分分布的正态化，是属于绝对评分还是属于相对评分？如其他条件相同，对于提高学习质量，两种评分体制的效果孰较显著？两种体制互有优缺点，能否兼取其长，创立一种较为完备的评分方法？如此等等，都是我们必须进一步进行探索力求取得解决的理论和实际问题。

二、从历史发展看成绩考评的发展趋向

自有学校教育，即有成绩考评，历史已甚悠久。就近八十年的演变过程看来，大致可划分为两个阶段，先是（1）由旧法考试发展到客观测验，然后是（2）由常模参考性测验发展到目标参考性测验，由相对评分到绝对评分或绝对—相对评分相结合。

客观测验的兴起　20 年代以前，世界各国包括中国在内，采用的

都是我们所已熟知的所谓“旧法考试”，直至第一次世界大战前后，在西方特别是美国，出自对科学地甄别人才，选拔人才的迫切需要，作为旧法考试否定物的种种标准化智力测验和教育测验，乃风起云涌，大量编制出来，并大大促进了教育测量这门科学的建立和发展。这些标准化的教育测验，其编制大都出自测验专家之手，是经过大量试测，其有效性和客观性业已证明达到了一定数量指标，然后公开发行供人使用的。这种测验的突出之点是：

（1）试题的取样亦即智能的覆盖面广，效度高。

（2）题式方面不要求考生做长篇大论的书面回答，要求明确，答法单纯，定分客观、准确。

（3）从命题、测验实施到评分的一切方面，努力排除一切无关因素（如被试者对测验指导语的理解，精神紧张，试场噪音等主客观因素）对得分的影响，并实施测验条件的规范化等，以确保得分的准确性、可靠性和可比性。

（4）每个测验制备有试题内容不同而价值相等的“复份”，对同一学生可以一再测试，而得分在不可避免的一定的误差范围内，大致相同。

（5）每个测验都根据对全国范围或极大规模的同年龄、同年级或同性质的学生集体进行实测，据以制成集体常模，借助于这些常模，任何考生在测验中所得的原始分数（例如答对题数或答对要点的百分数）就可以转换成为对照学生集体水平的常模性分数（例如标准分），一看便可了解某一考生的作业亦即原始分数，与同一集体的其他学生相比，在具有价值等距的成绩量表中，居于什么一个位置。例如某一考生甲的标准分为0.00，即表明其考试成绩相当于同一集体学生的平均或中位水平，乙生的标准分为-0.50，即表明该生成绩落后于集体平均水平半个标准分单位。假设成绩分布是正态的，便可推知同一集体约有70%的学生成绩超过他，水平不能算好；丙生的标准分为 1.00，即表明该生成绩超过集体平均水平一个标准分单位，可以推知同一集体约只有 16%的学生成绩超过他，水平自然属于比较良好。

由此可见，标准分的意义十分明确，毫无含糊不清的毛病。尤其具有重要意义的是，标准分的单位价值是等距的，可以进行加减运算，可以比较不同学生在同一学科测验中彼此之间的成绩差别有若干等值等距的单位（譬如说，可以求知丙甲二生的成绩差距为丙乙二生的成绩差距的三分之一），也可以比较同一学生在不同学科之间的成绩差别有若干等值等距的单位（例如可以求知物理与化学的成绩差别远较物理与汉语的成绩差别为小，前者的差别仅为后者差别的二分之一，等等）。诸如此类有关个别差异和智能差异的有用信息，都是旧法考评所无法提供的。

标准化测验的蓬勃发展，为教育工作者提供了其客观性和正确性在某些方面堪与物质量具相比拟的教育量具，大大促进了教育研究的科学水平、也大大丰富了教育测量学的理论。但是经过标准化处理的各科教育测验，其品种毕竟是有限的。为了满足各科不同阶段，不同单元教学上的需要，教师自编的课堂测验仍然一贯居于不可或缺的首要地位。经过彻底改革的课堂考试，除了无须像标准测验那样要经过试测，计出常模，制备复份以及采用一系列的标准化手段之外，都是要求教师按照标准测验编制的主导思想与原则方法进行编制的，其性质、试题取样、试题形式、实施方法以至评分所依据的原则跟标准测验都大体相同。应当说，自 20 年代以来长达四十多年的悠长历史阶段中，所有一切心理与教育测验，都是以鉴别儿童或学生的个别差异为指导思想的，成绩评定亦是以个别差异的实际分布作为依据的，因而这一历史时期的各种测验往往被称为“常模参考性”测验，其评分方法则属于“相对评分法”的范畴。

目标参考性测验与绝对评分法的提倡 常模参考性测验的发展，使成绩考评实现了高度的数量化，定分的客观性与可比性达到了前所未有的水平，这是其最大的贡献所在。但是这种测验的立足点是个别差异，是比较不同学生在学业上“总”的成就，具有一般性的调查性质，而不是着眼于首先明确规定一个测验所要测验的各项目标，不是着眼于鉴别各类教学目标是否完成或完成得一样好。根据测验目标与测验内容的这一个特点，因此常模参考性测验又常被称为“调查性测验”或“概观性测验”，它对学生学习所起的作用主要是考核或监督的功能，而不能充分起到诊断学习缺点、难点，主动调节努力方向，确保完成各项学习目标的作用。迨及60年代，在多元智能结构新理论和其他新教学论的影响以及课程改革迫切要求的推动下，一种与常模参考性测验相对立而被称为“目标参考性测验”的新型测验应运而生，骎骎然大有取代常模参考性测验之势。

目标参考性测验具有哪一些特点呢？只要同常模参考性测验相对照，便不难窥知其要。首先，二者差别在于所要提供的信息种类有所不同。前者的用处在于确知有哪一些规定的教学目标某一学生已经完成，而后者的用处则在于确知某一学生对于某科“总”的知识量掌握了多少。由实施目标参考性测验而制作的初步成绩记录往往是标明一系列业已完成或尚未完成的学习目标，而实施常模参考性测验后的初步成绩记录，则是全部测验试题中已被答对的总计题数。其次，二者用以解释所获得信息的依据有所不同。目标参考性测验的“目标”就是完成所有的教学目标。学生学习的好坏是以该生对预定的各项教学目标业已完成的数量或百分数来判断的。而常模参考性测验的“常模”是指某一规定的学生集体在该测验的成就。某一特定学生的学习成就的好坏，乃是以该生成绩在这一规定集体所居地位如何作为判断的。

由于目标参考性测验具有上述两大鲜明特点，在欧美现代教学体制的许多革新中已获得广泛的应用，尤其是需要严格贯彻循序渐进，依靠自学或自动调节进度的各种教学体制包括计算机辅助、计算机管理的教学体制中，其应用的效果更为显著。在所有这些教学体制中，测验总是与教学结合为一的，在单元教学之前、中间和结束，都必须通过测验来核对必须具备的基础知识技能，诊断可能出现的学习困难，并预定后继的教学程序。教师自编的课堂测验，如果遵循目标参考性测验的原则方法进行改革，自将大大有助于提高学生学习的目的性，充分发挥测验对教学的反馈作用，从而使成绩考评成为保证实现教学目标的强大动力和武器，这在欧美已有大量的事实足以说明。

我国的情况 解放前的旧中国，学校一贯采用旧法考试。自 20 年代开始，亦吹来了测验客观化的新风，数十种由专家或学术团体编制的各种心理和教育测验和标准化测验陆续问世，师范院校亦开设有教育测验与统计的课程。虽则国内绝大多数学校的课堂考试仍沿用旧法，原封未动，但就大势而论，实已开创了由旧法考试向客观测验过渡的新路。迨及新中国诞生，由于照搬苏联凯洛夫的那一套，客观测验被贴上了资产阶级的标签而受到全盘否定，以五级分制为中心的苏式成绩考评方法便一跃而成为举国一致奉行的准则。

苏联成绩考评法的特点 50 年代苏联成绩考评方法对旧法考试来说，是一个划时代的革新。与欧美的客观测验体制相对比，亦具有许多可取的独到之处。苏联成绩考评，出自某种偏见，对欧美教育测验的偏重常模与追求考评的数量化全盘否定，从而走向另一极端，影响到考评结果的客观性与准确性，是其主要缺点所在，但是就其涉及教学论的要求方面来说，却有许多地方是符合我国社会主义教育体制的实际要求，并且是与现代教育考评的最新发展趋势相一致的。要而言之，苏联考评体制有如下几个特点：

1. 强调成绩考评要紧扣统一规定的教学大纲的具体要求，加强学生学习的目的性。

2. 强调成绩考评与教学过程的有机统一，保持成绩考评的经常性、系统性，使自我考核成为学生的自觉要求，强调考评要对学生掌握知识、技能、技巧、发展能力，养成良好习惯、理想、态度、情操以至世界观，起到积极的促进作用，而不是消极的监督作用。

3. 反对相对评分，而采用绝对评分的五级制记分法，制订了各级分数标准的、统一的原则性规定，评分只分五级，易于鉴别，适用于课堂提问，以及其他一切经常性的、系统性的考评。

4. 强调教师要及时把分数告知学生，并说明给定这一分数的依据，使学生觉得公平合理。

在苏联及我国的实践证明，苏联考评方法对保证学习质量是富有成效的。苏联卓有成效地培养了大批堪与欧美争锋的高级科技人才，以及1957 年的卫星上天，激发了美国对苏联教育包括成绩考评制度的重视。美国 60 年代开创大规模的课程改革实验以及目标参考性测验的勃兴，可能也有借鉴苏联经验的因素在内。在此同时，苏联教育界亦已开始开放某些学术“禁区”，注意吸取欧美行之有效的某些测验方式方法，两种成绩考评体制正在出现取长弃短互为补充的新局面。

反观我国 60 年代以来，凯洛夫教育学受到了批判。欧美式教育测验既以“资”字号被否定于前，苏联考评方法又以“修”字号被否定于后，而教育领导部门又长期未能为建立新的成绩考评制度打开局面，指明方向，制订办法，遂使各级学校评考陷于无所适从的困境，甚至自发倒退，承袭了封建、半封建时代的考试旧法而不自知。这种落后状态，已到了非改不可的时候了！

怎样才能促进考评方法的现代化呢？除了教育学专业队伍必须充分发扬勇于革新的精神，积极开展有关教育测量理论的和实验的研究外，我们广大教育工作者如能在辩证唯物主义的思想指导下，借鉴苏美各国学业成绩考评方法的最近发展趋势，吸取其中某些已被验证的理论、方法，结合我国社会主义教育实际，在各种教学实践中不断摸索成绩考评的新经验，其重大意义也是显而易见的。

（原载于《教学参考》1985 年第 20 期）

F.G.勃朗原著
《教育与心理测量原理》简介

本书全称 *F. G. Brown*：*Principles Educational and Psychological Testing* (third edition, 1983)。该书为美国著名心理测量学家，爱奥华州立大学勃朗教授所著，1970 年新版以来深受读者欢迎，不胫而走，一再更新重版。此书是 1984 年补充改写的第三版。现分两部分对该书作出评价。

一、本书新版的突出特点

著者认为造成现代测验得以普遍应用和健康发展的主要障碍在于测验的误用，造成混乱，而误用的原因则在于对测验的逻辑缺乏理解。故本书的目标着重对测验逻辑的阐明。本书的特点最好引用著者在《序言》中的话加以说明：“所谓逻辑，乃指当前心理与教育测量整个体系据以建立的各项基本原理。为此，就必须使读者注意回答如下问题。例如：为什么要测量各种心理特征？有哪些类别的特征能加以测量？为什么测验必须可靠、有效和标准化？在测量成就、各种能力和人格特征时，做出了哪一些假设？这些假设对测验过程的性质和测验分数的解释与使用将会带来什么意义？对这些“为什么”问题的考虑势将带来各种“怎么样”的问题——也就是那些涉及编制测验和评价的方法问题。

“本书还着重于测验的应用方面，着重说明各种测验如何应用于各项教育决策和就业决策的制订，以及如何促进个人的发展。这方面的内容，不仅对测验使用者，而且对测验编制者和测验研究人员都同样是需要的，因为他们都必须充分理解测量过程的性质以及这一过程所依据的推理和各类假设。

“本书与内容相类似的其他专著相比较，其最大区别在于测量的逻辑作为着重点——着重阐明心理测量的各项基本原理和各种假设。因此，作者并不试图广泛罗列现有的各种量具，反之，只在为了说明某一特殊的原理、概念或方法时，才引进某些特殊的测验。其次一个特点是课题编排具有高度的逻辑顺序性，从测验的性质一致性，到有效性，到得分的解释，都循序开展，有条不紊。这样组织教材有助于强调这一事实，即除非测验的编制小心谨慎，度量可靠和有效，否则测验分数将无法得出有意义的解释。各章只有在某项基本原理被提出之后才叙述某些特殊类型的测验。采取这种编排，更有利于使读者亲切领会测量学的各个基本原理是如何被应用于各类测验（包括其他评价工具）的编制、解释、评价和使用的。第三，作者着重补充阐明了为其他同类专书重视不够的若干课题，例如从制定决策的角度研究效度，基比率、增量效度、同质性等。”

二、从我国看翻译本书的价值

本书的翻译出版，对我国来说，需要更属迫切。一是教育测量在许多高师院校已作为专业课程开出，有些省份还列为重点学科，考试改革正在全国范围内开展，但仍普遍感到缺乏一本能反映最新成就而富有权威性的理想教材。二是教育测量学界已在开展各种测验的编制研究，迫切需要学习掌握本门学科在发展中的各项最新武器和方法。针对我国实际，优先译出此书，最为适宜，其故有五：

（一）本书理论与应用并重，但对个别测验的深入阐明只是为了促进对一般原理和方法原则的掌握，故能以 529 页的较短篇幅，较全面地阐明本学科的重要内容，而且外国的通用测验，我国不能机械搬用，亦无必要过多加以介绍。本书在相应的地方均列出参考书名，便于有志深造者知所问津，增加知识深度。因此，本书的翻译出版，最能满足各个方面人员不同水平的需要。

（二）本书总结了这门学科在发展过程中所以常走弯路屡遭挫折的历史教训，认为症结在于人们对许多测验名词的含义混淆不清，对本来是正确的原理原则一知半解，从而出现生搬硬套和张冠李戴的误用现象——这种情况，我国目前亦已出现。针对这一情况，本书特别着重对每一专门名词，如测验、测量、评价、信度以及各类别信度系数、效度以及各类别效度系数等，做出毫不含糊的科学界说，反复强调各类指标的使用具有情境特殊性，反复强调测验只是制定决策的依据之一，如此等等。由此可见，译出此书，对于克服我国测验学界已有出现的例如忽视逻辑分析而盲目追求数量指标的形式主义倾向和“测验唯一论”的片面观点以及部分教师中对客观测验持全盘否定的错误观点，对端正考试改革的发展方向，都有十分重大的意义。

（三）本书著者不满足于测验面向现状，而是采取发展的观点，面向未来的观点去看待测验的发展趋向的。因此本书不仅阐明用以考核现状或一般成就水平的常模参考性测验，同时也抓着时代发展的潮流，着重介绍用以促进教学，发挥诊断、调整教学作用的目标参考性测验以及有助于促进人的多面发展和大面积学习的新教育体制所需要的各种测验。我国教育改革正在沿着这个方向发展，有关这方面的论述更值得我们借鉴。

（四）本书采取许多技术措施互相配合，使本书成为一本极富成效的自学教材，需要的统计量除在第三章已介绍者外，其他亦在各章测验课题需要应用时加以介绍，并对统计分析用实例明细说明。每个课题均先鸟瞰全局，再分章、分节论述，然后再综合为有机的整体（参考附录），每章最后均有全章摘要，重温该章讲过的要点。关于测验的各种题型，各种测验的用途和不同类型的各种分析均提供许多样例，对题项的编写和分散的解释亦均提供明细指导原则。总之，本书的教材组织自成一个完整的体系，分析与综合相结合并以特殊促进对一般的理解，覆盖面广而中心突出，使读者毫无支离破碎之感，是其最大特色，比之其他测验名家如 A.Anastasi，L.J.Cronbach，R.L.Thorndike 等人的同类专著更能使读者易于掌握要领，便于自学。译成中文，能最大幅度地满足我国现阶段各方面有关人员的需要。

（五）该书每章结束前，都写有一段“全章内容概述”，用最简练的科学语言，重温全章已讨论过的内容，对学习专题起着由博返约，刮垢磨光的作用，这是本书的一个极为可取的特点，特将该书专论“效度”一章的“内容概述”加以译出，附录于后，以见一斑。

> “效度研究旨在回答两个大的问题：这个测验所测量的是什么？什么样的成果可用测验分数加以预占？表达得更具体点，我们叙述了三大类的效度。效标关联效度所涉及的是测验得分与一个外部效标的相关。内容效度所涉及的是从某一规定领域进行项目取样。结构效度着重搞清楚该测验所测量的素质或结构是什么。采取哪一类型的效度证据最为合适，取决于该测验的特殊用途。但不管怎样，所有三大效度都有助于阐明一个测验所测量的是什么，测量的本身是否完善的程度，并由此提供某种依据，使测验的得分获得正确的解释。
>
> 第一点需要强调的是：效度证据都经常具有情境特殊性，因而任何一个测验都将有许多个性质不同的效度。这一陈述句

的前半部使我们重新记起一个事实，即任何效度指标都是针对一个测验在某一特定情境为某一特定用途而建立的。例如一个筛选测验应用于某厂时可能是有效的，而应用于另一个工厂时则未必同样有效，尽管涉及的工种性质大致相同。又如，一个对某一工种可以准确预占产量的测验，未必能预占受雇工龄。因此，在评价效度数据时，我们必须对实施该测验的特点情境，以及它的特定用途加以考虑。

这一陈述句的后半部使人想起我们不仅要从测验的不同用途考虑清楚测验的效度，还应考虑到效度证据属于哪一类型的问题。仅仅由于一个测验作为一项对掌握英语语法知识的测量具有内容效度，并不意味着它必能预占在各门英语习作课中的成就。虽然某些测验在范围较广的不同情境或在为数较多的不同用途中都可能具有效度，但是，撇开某些恰当的条件限制而侈谈一个测验的效度，是完全没有意义的。

第二点需要强调的是，虽则效度通常都是结合着一个测验的最终程式（亦即既定试卷）进行讨论，但是有关效度的根本原理都必须贯彻于整个测验编制的过程中。一批备选的题项必须是那些能测出某项重要结构的，取样自某个相关内容或行为的领域，或者对应某个相关效标的领域。然后乃从这批备选题项中根据题项的内容效度或效标关联效度选取试题，并把不符合这一测验若干规定要求——这些要求决定于所要测量的素质的性质的题项（例如，足以降低同质性的课题）——加以删除。由此可见，有关效度的各种概念和程序，实乃测验编制过程中不可缺少的要素。

最后，关于一致性和效度的相互关系问题，必须再次强调，缺乏信度的测量，不论是属于测验本身的还是属于相应的效标的，都起着限制效度的作用。因此，某些类别的一致性数据，在结构效度化的研究中，往往亦能提供有关的信息。最后，信度与效度二者所关注的都同属测验数据的可概括性，其区别仅在于我们所欲据以进行概括的维度有所不同罢了。”

1985 年 12 月

（选自《陈一百教育文选》，广东高等教育出版社 1989 年版，第 120—124 页）

与测量学界同行论学术书稿杂辑

我国教育测量学的研究中断三十载，在务实、创新、开放、改革的新潮流的冲击下，年来又顿呈现生机。社会上学校中，开展有关问题的专题研究已蔚成风气，有质量的科研成果不断涌现，一支富有生命力的专业科研队伍正在逐步形成，事实上在我国这门学科的发展史上，业已迎来了一个前所未有的、最有希望的兴旺时期。在这历史转折关头，浅学如余，亦不时与国内同行质疑问难，其间来往信息，不无涉及一些众所关心的测量理论问题，爰择要缀辑成篇，以就正于广大同行学者。

一、为暨南大学新著《现代教育测量》而写的《后记》

暨南大学教育测量研究室宋兆鸿副教授等几位同志，根据多年来讲授教育测量理论和开展各科考试改革试验的经验，写成了一本学用结合、结构完整、重点突出、层次分明、易于为初学者所接受，所掌握的《现代教育测量》。当前，随着教育改革形势的深入发展，考试改革的科研活动正在全国各地展开，广大教育工作者迫切地要求掌握现代的、科学的教育测量理论和方法。本书的问世，正好顺应了这种共同愿望。

本书的编写富有特色。首先是取材新颖，反映了这门学科的最新成就和世界发展趋势。本书不限于介绍本学科前一发展阶段即已成型的理论原则，对于最近年代发展起来的诸如项目分析、效标参照测验，电脑应用等许多新课题，亦有系统的详文介绍。由于博采国外最新名著的精华，兼及国内历年来不断涌现的有关科研成果，在各个课题上都有不少新的提法。以关于效度与信度为例，本书借鉴去年刚刚出版的F.G.布朗氏所著的《教育与心理测量原理》第三版，引进了一个崭新的数学模型，把测验分数总方差（S_X^2）实质上分解为可靠而有效的方差（S_V^2），可靠而无效的方差（S_I^2）和随机误方差（S_{RE}^2）二个分支，并把信度系数（r_{XX}）定义为可靠而有效的方差在测验总方差中所占的比例，把效度系数（r_{XY}）的平方即（r_{XY}^2）定义为可靠而有效的方差在测验总方差中所占的比例，从而把效度与信度统一纳入同一数学模型之内，使定义具有更大的概括性，并且使之与因素分析法中有关因素负荷、因素比重等基本概念沟通起来，衔接起来。这个新的提法不仅抓住了事物的本质，提高了科学性，而且也为读者今后进一步学习较高层次的测验理论提供了概念基础。

其次，目前我国广大教师对各种标准测验缺乏感性认识，要掌握头绪纷繁的现代教育测量学理论知识，尚感困难。针对这一情况，贯彻以应用为主，学用结合的原则，对有关测量标准化、现代化的全局性问题以至包括命题、试测、有关数据的整理与分析、各种数量指标的运算等环节在内的每一步骤，都提供了实例或范本，便于读者验证公式，掌握理论，同时也便于教师能迅速将所学的应用于考试改革的实践。本书在编排上，还采取了深入一点，带动全面的新体系，如以学业成就测验、标准测验为中心，深透阐明基本理论原则，而顺带说明各种不同类型测验的特点和不同要求。这种编排体系，有利于读者举一反三，在一定时限内学得既深且广。这亦是本书能以较少的篇幅，较全面地阐明本学科的基础理论知识的关键所在。

再其次，测验学界出自对科学化的狂热，常易出现盲目追求一定数量指标的倾向，或者忽视对数据做理性的分析和逻辑的分析，而完全诿之于一成不变的统计分析程序。这种不切实际的“科学迷”是与真正的科学精神毫无共通之处的，也是本学科领域一切偏见得以产生的主要根源之一，其发展只能使教育测量走向“伪科学”的边缘。本书反复强调要“具体问题具体分析”；在讲到各种数量指标如效度、信度系数的运用时，对于一个良好测验所必须达到的指标数值范围，都没有抛开足以影响指标数值大小的不同背景条件，简单地做出“一刀切”的规定；对于科学上尚有争议的问题例如对于高层次的智能测定，“客观”题式是否可以完全取代论文题式等，亦不遽下结论。凡此种种，都是本书力图贯彻辩证唯物主义观点的具体体现。我们只有坚持这种实事求是精神和辩证观点，才能建立起具有中国特色的、科学的教育测量学来。

总之，本书的优点很多，不胜枚举。当然，书中限于篇幅，个别要义，阐述未尽周详，亦势所难免。关于正态分布律的阐明，即其一例。溯自19世纪末叶测量学先驱F.高尔登氏以降，不少测量学者辄将正态分布律的作用绝对化起来，鼓吹教育、心理各种智能品质总体属性的个别差异，与其他许多自然现象一样，亦莫不同受这一法则的支配。但揆诸实际，在教育测量领域中，除了基于机遇因素作用的误差分布和样组分布趋于正态或接近正态分布具有必然性外，有关各种智能品质的总体属性亦即本身属性，其分布是否遵循正态规律，由于缺乏测量单位，则始终是个无法加以论证的问题。正态分布律在教育测验编制中所以被提到中心指导原则的地位，不是基于事物的必然性而是出自有用性或方便性的考虑，因为在现实条件下，只有在假设智能品质的总体属性遵循正态分布的前提下，通过对原分数的“正态化处理”，才有可能导出有明确意义和比较接近等值的教育测量单位来。在这中间所谓遵循正态分布纯属一种假定，而且是在一定意义上提出来的假定，这是问题的实质，对此读者必须有充分的估计。否则，无论是把正态分布看成是至高无上的支配一切智能品质总体属性的普遍规律，或者是根据在正态假定下制成的量具所取得的实测数据来论证人的智能品质差异必然遵循正态分布法则，都将不免使自己走向先验论或逻辑上循环论证以果为因的谬误。本书关于学生常模参照成绩“当考试设计得比较合理时总是服从或近似服从正态分布”的提法，注意了克服绝对化，是比较可取的，只是阐发要义仍似未够周详罢了，但这种美中不足的地方，丝毫无损于本书的科学性。本书作为一本教学与自学咸宜的极可宝贵的教材，深信它的问世，必将大大有助于在我国普及科学的教育测量理论知识，促进考试改革和教育面向现代化、面向世界、面向未来这一新局面的创开。

1984 年 5 月

二、与广州体院同行学者论学书

（一）

××老师赐鉴：

久欲踵府聆教，辄以事缠，贱体又复欠适，迄未如愿，抱怅良深。

从兆鸿老师处，敬悉对“percentile band”的意义和计法有疑义。谨就所知，略陈浅见，备供参考。

如所周知，在评价两个分数的差别时，特别需要的是考虑到测验的信度和测度的误差。由于测量存在随机误差，每个实得分数对“真”分数来说，都在一定范围内左右摆动，因此不能对实得分数间的微小差别过于置信。无论是对不同个人在同一测验的得分进行比较，或是对同一个人在不同的能力测验所得分数进行比较，都必须注意到这一点。

在测量实践中一个最常碰到的问题，是涉及某一被试在不同能力领域的相对水平如何确定的问题，是否小张的语文能力确比其计数能力为强，是否小李的机匠能力确比其语文能力为强。在成套测验的实得分数中每表现出有如上的各种差别，会不会仅仅是由于各该“分测验”（Subtests）——语文的、计数的、机匠的——的选题机遇性所造成？

由于分数轮廓图（Score profiles）的应用日广，外国测验出版时，往往在《指导书》中提供专门资料，根据各个分测验的测量误差，使测验分数得到正确的评价。例如原图的 DAT 及 SCAT 等新版，其指导书均附有这类专门资料——即除了为每个实得分数列出其百分位点外，还同时提供一个“百分位点带宽”（percentile band，我国尚未有现成译名，姑作如此译法）。所谓“百分位点带宽”，实即指在某个分数的相应百分位点（或百分等级 PR）上下两边各距若干个（例如 1.00 个或 1.96 个）标准误（σ_{meas}）的全距限，在其内可用一定的置信度（例 P = 0.68 或 P = 0.95）推断“真”分数必落在这个范围。（记得 $\sigma_{meas}=\sigma_1\sqrt{1-r_{11}}$ 式中 σ_1 代表测验分数的标准差，而 r_{11} 代表测验的信度系数）。

在 DAT 测验中，各个分测验的百分位点分数（即 PR）系以一英寸长（左右）的竖条形来表示，以实得的百分位分数居正中，如图（一）的着色竖条所示。各个百分位竖条相当于实得分数上下两边各距 $1\frac{1}{2}$ 到 2（约数）个标准误的全距离，以便能以 90% 的置信度推断各该个别的“真”分数当落在这个距限之内。对“轮廓图”进行分析，凡发现两个测验（或分测验）的百分位条形有交叠时，尤其是交叠超过全长的一半时，绝不应认为两个得分之间有什么重要差别。例如根据 DAT 图（一）的资料，得分的差别或可以反映出词语推理与计数能力在“真实”水平上有所不同，但要确认词语推理和文书能力在“真实”水平上有显著区别，却是值得怀疑的。

	词语推理	计数能力	文书能力	（其他从略）
原始分数	21	30	38	
百分位点	60	95	30	

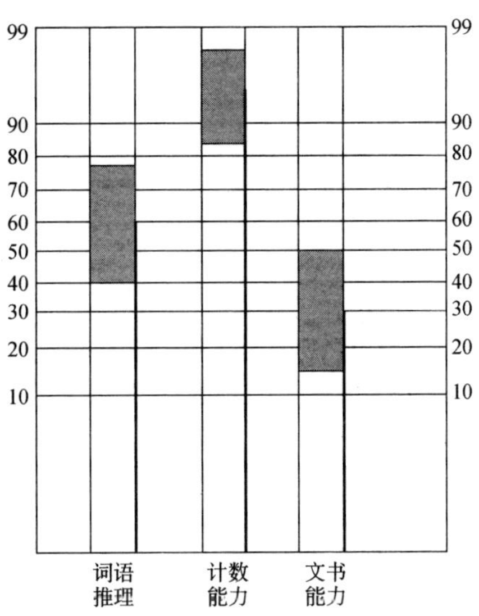

图一[*]　在 DAT 各分测验的分数轮廓图（Score profile）

有关“百分位点带宽”的采用，尚属新课题，自惭浅陋，所知不多。辱承下问，敢不略陈所见，况且问题复杂，亦非三言两语所能谈清。以 DAT 测验（第五版）来说，其所制定的各个分测验的“带宽”均相同，亦是根据一系列的假定。该测验纵坐标系按算术的概率（正态曲线）划段分点的，而某些测验却是按百分数做等距分点，情况各有不同，难以详述。临楮匆匆，词不达意，错误之处，在所难免，尚希赐教指正，是为至祷！

匆匆奉复，顺颂

教祺！

陈一百再拜

1983 年 10 月 1 日

（二）

××老师：

前函方寄出，即奉10月2日来教。前函所讲，未审对了解“百分位带宽”是否有所帮助，亦未知是否有当。

兹将来教所提四个问题奉答如下：

（1）根据所引英文节段倒数第一行及倒数第二行，离常模指标上下各1个标准误 SE_m 处的“上限”和“下限”应是决定于同一测验的分数，但据以计算者一为raw score，一则称为actual test score。可见在原文中raw score和actual test score的意义并无不同。

（2）Converted score应是由raw score亦即actual score转换而来的。

（3）Percentile band的宽度不同，不是因所取的raw score和actual test seore存在差异引起的，而是由Converted score（例如z分数及其导来分数如T分数，CEEB分数，△分数等等，以至正态化的“标准九”分等）与百分位（或百分等级）的单位存在 非线性关系所引起的。（不知您所引用的Converted score与Percentile band对照表中的Converted score是属于哪一类？）

一般的Converted score（即转换分）的单位都是等距的，而百分位（或百分等级）分却不是等距的。以正态曲线下的标准分z（或其他转换分）与百分位来比有如下图：

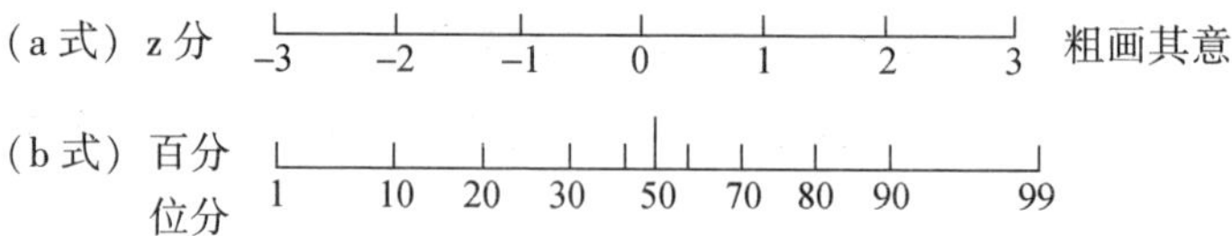

因此，虽然转换分（在某种情况下，原始分也是一样）是等距的（如您引的材料），而对应的percentile band以百分位单位来表示，便当然不会是等距的了。

以我前所引用的DAT图来说，由于纵轴是按（b式）刻度的，而

Percentile band（着色部分）却是按原始分数（假定是符合正态的）定其宽度的，故在视觉上可视为等长，即约一英寸的长度。但如把各“带宽”转换为百分等分，则可算出的“带宽”也同您的材料一样，在数字上并不是都相等的了。例如语文推理的“带宽”约为 78-41=37（百分等级），而计数能力的“带宽”则为 98-86=12（百分等级），余可类推。

（4）“带宽”的计法，您引用的公式 $SE_m=S\sqrt{1-r^2}$，如 r 是指信度系数 $r_{xx'}$，则不应乘方，公式应为 $SE_m=S\sqrt{1-r_{xx'}}$。因为信度定义为 $\frac{\sigma_T^2}{\sigma_x^2}=1-\frac{\sigma_e^2}{\sigma_x^2}=\gamma_{T_x}^2=\gamma_{xx'}$。

专此奉复，不知对否。

顺致

敬礼！

陈一百顿首

1983 年 10 月 8 日

（选自《陈一百教育文选》，广东高等教育出版社 1989 年版，第 125—132 页）

试谈广东高校重点学科建设问题

——教育测量与统计学发展浅议

一、本学科国内外现状和发展趋势

近二十年来，国外本学科的发展达到了新的水平，但仍有大量理论性与技术的问题有待科学家们继续开展研究解决。

（一）大量心理计量研究的新成果使测验学的发展达到了一个新的高度。

1. 在心理测量方法方面有了新的发展，如运用“项目特征曲线理论”或“潜在质性假设”于测验的编制，使有可能对不同的人编出试题取样不同的测验，而各人的得分仍落在一把共同的能力标尺上。又如试题难度分布的广度如何制约着整个测验的鉴别力功能，其规律性已逐渐被认识。

2. 新的心理测验模式，如“概括化理论模式”和新的“潜在质性模式”等已在大量使用，今后将会陆续有新的模式出现。

3. 结构效度与“领域取样”的学说为测验的效度与信度提供了更

为科学的含义，使测验得分具有更为明确的意义和使用价值。

以上所述这些发展对编好任何一类测验都提供了更为精确的、科学的武器。

（二）技术发展特别是电脑技术的冲击，为测验的发展创造了新的局面。

技术发展的冲击——带来了许多大规模的测验方案的实施和心理测量研究规划的出现，测验与教学整合为一的各种教学体制的产生，题库及电脑发动测验的运用；运算能力的提高使许多有关项目分析和因素分析的程序得以运用，极大地提高了测验的效度、信度和效用。

（三）在继续发展总结性或普查性成就测验的同时，特别侧重对结合整个教学过程为促进教和学而编制的形成性测验，充分发挥测验对学习反馈、诊断、调节等作用。这个研究重点的转移，正在对整个考试体制的所有环节引起连锁反应。如：

1. 侧重对目标参照性或内容参照性测验的研究设计和应用。

2. 开展了对各种程序化、个别化测验以及在 PSI、CAI 教学体制中的测验应用研究。

3. 入学考试不再仅起筛选作用，而是应起分类或安置的作用，测验由对别人作决策的功能转移到帮助学生对自己作决策（如选择专业、课程等）的功能，而筛选考试或分类测验也不再是立足于根据现状选取已有发展能力的学生，而是选取那些可以从大学教育的实践中有可能取得最多好处（学习成材）的学生。

4. 这整个改革都较鲜明地体现了能力发展的观点和大幅度培养各式各样人材的现代化生产的社会要求。

从上述国外本学科的成就及其发展趋势可以看到，这些国家有许多地方和我国当前形势的要求相同，其测验理论可以直接拿来为我所用，加速考试改革科学化、现代化的步骤，或是可以从中去粗取精，结合我国实际建立具有中国特色的教育测量体系。我国中断了本学科的教学科研近1/3个世纪，近几年情况虽有所改变，然仍远远落后于欧美40年代前的水平，非奋起直追，大力开展这门学科的研究，借鉴先进，有所创新，成倍地加快教育的普及与质量的提高，则在经济建设上要缩短和先进国家的差距，势将成为一句空话。我国这门重点学科的起点低，更应得到特别重视。

本学科在省内外所处的地位和优势。

本学科的发展，一方面取决于教育测量，教育学者、专家与数理统计、数学学者专家的协作，一方面也取决于各科广大教师的协助支持。自从省高教局发出号召并于去年在暨大召开讨论会以来，各高校已重视起来，且部分市属中学及业余学校也闻风而动，开始重视考试的科学化问题，但是仍存在一些问题。1. 单位领导和某些基层仍未能真正做到思想上重视，遂使重点学科的建设变成有名无实。2. 外单位协作人员的本单位的任务繁重，领导随意压下任务，难以充分发挥校际的协作关系。3. 某些部门的单位所有制的旧框框牢不可破、不肯放人，影响重点学科的单位难以补充必需的专业人员。如果上述这些困难得以解决，并力图增加对建设本门重点学科的投资，又有省教育领导部门的重视，有一批专业队伍和不少数理和电子计算机专家以及广大教师对考试改革的巨大积极性，我们发展这门学科是具有很大潜在优势的。

二、重点学科建设的三年规划

主攻方向：通过心理教育理论和数学、数理统计学的紧密配合，借鉴或总结国内外的测验理论和实践，开创一系列考试改革的专题实验，解决若干理论性的问题，为建立具有中国特色的教育测量学做出新贡献。

培养目标：第二梯队或相当讲师级的科研人员，通过科研、教学、计划进修，要达到副教授的水平，能主讲硕士研究生课程，并分担指导。

第三梯队或相当助教级的科研人员，通过科研、教学辅导、计划进修，要达到讲师的水平，能分担硕士研究生课程中的部分专题讲授。

主要科研课题：《编制初中理科标准测验与题库的建立》。

说明：1. 这是十年远景科研规划中的组成部分。远景规划包括高、初中在内的文理各科的标准成就测验的编制和与这一学制阶段相适应的多功能题库的建立；而三年规划中的主攻任务则仅仅限于编制初中阶段的理科标准成就测验和初中升学考试的改革以及多功能题库的建立。编制标准测验与建立题库既有联系又有区别，科研工作既要重点分工，又要密切配合。2. 多功能题库的建立除发挥传统性的考核功能外，主要是为了使任课教师可随时根据需要编成各个教学单元的测验或其他目标参考性测验，通过成绩反馈，提高学生学习的自觉性，促进教学。

附带科研课题：为了完成本项目的中心课题并为测验理论做出新贡献，应同时着重研究解决下述四个课题：

1. 对论文式（包括解题式）题型如何提高阅卷或评分的客观性问题。内含如下小课题如：（1）总结和验证客观式（主要是多选式）题型对测出高层次心理机能（如组织、整合、评价等能力）的可能性或局限性；（2）检验题型对不同学科、不同功能是否存在交互作用；（3）如何设计新题式以期极大限度地保持论文式和客观式各自固有的优点。

2. 根据我国当前的生产技术水平，设计直接运用电脑于阅卷、评分的机械装置。

3. 初中升学考试的统计分析和改革方案——与市教育局协作。

4. 高师教育实习评分量表的编制（在专职人员获得补充下才能进行）。

其他措施：

1. 从明年起招收硕士研究生。

2. 争取今年底、明年初购置 VAX-750 小型计算机（否则很多计划便要落空，为此，希望有关部门能重视并能拨款购买）。

3. 添置专业图书、期刊、外国测验样本。

4. 加强与协作单位的书刊交流、共同使用。

5. 定期编印科研成果，检阅成绩。

1984 年 11 月 7 日

（选自《陈一百教育文选》，广东高等教育出版社 1989 年版，第 133—136 页）

广东高校重点科学技术研究项目浅议

一、研究项目内容提要

编制标准测验与建立题库既有联系又有区别。

这个项目的主要研究内容是建立一个多功能的标准试题题库，它可以满足教育人员不同阶段不同场合的多方面需要，既可为常模参考性测验的编制服务，又可为目标参考性测验的编制服务，既可为教育机关重在筛选人才或普查成绩而编制的标准测验提供试题，也可为任课教师重在促进教学而自编的课堂测验或各个教学单元的测验提供试题。

关于各科标准测验的编制，本项目着重吸取最新发展的测量学理论方法加以运用，确保本项目成果具有较高的科学性水平。

二、研究目的、意义和国内外概况

（一）我国中学各学科目前尚未编有标准化的成就测验，我们总结经验，借鉴最近发展的外国测验理论、方法进行编制，有可能编出较高质量的各科测验，这是我国考试改革和整个教育体制改革的客观需要。

（二）各学科多功能题库的建立，在我国还是首创，国外也还不多见，其目的意义就是储存和提供符合测量学标准的各种试题，以满足教育人员不同阶段不同场合的多方面需要，既可为常模参考性测验的编制服务，又可为目标参考性测验编制服务，既可为教育机关重在筛选人才或普查成绩而编制的标准测验提供试题，也可为任课老师重在促进教学而自编的课堂测验提供试题。主要任务就是根据不同功能的测验，选择范围不同的富有代表性的被试样本群进行试测，进行项目分析的统计处理，经过淘汰、补充或修改后保留这一程序，来确保每一道题对所需要考核的目标属性，都是一个有效的测量。每科题库所存入的每道试题除将其各项可比的难度指标注明外，还必须把其各类区分度标明，并按内容目标和能力目标加以分门别类，每题注明所属门类，制成目录，便于任课教师或使用人员提取符合需要的试题加以搭配而成试卷。

（三）这种题库的建立，好处很多。例如：

1. 任课教师可以随时根据需要编成各个教学单元的测验或其他目标参考性测验，通过成绩反馈，提高学习自觉性，促进教学。同时，由于库中每道试题均登记有某些特定被试样本群的可比性难度指标，由此编成的测验也就具有考核、督促和诊断的功能，有利于普查和提高教学质量。

2. 教育科研人员可以轻而易举地编成可以交替使用的“测验复份”，为教育实验提供可比的数据，扩大应用教育实验法的园地，大大缩短教育实验准备工作的时间。

3. 各级教育部门依靠题库，可以节省大量时间和人力去编成符合不同场合教改要求的各类型标准化测验，如升学考试、安置性测验、各学科成就测验、学力测验、自学成绩测验等等。

总之，本题库的建立，虽有个由小到大，由少到多，由理科到文科的逐步发展过程，但在整个过程中都将在不同程度上发挥着作为一个提供各类有明确质量指标的适用试题的科学中心的作用。它把原来是由各地区、各单位，对编制测验所承担的一部分主要任务，通过大量调查、研究、试验和电脑操作等工作，集中起来加以完成，这就将大大有利于实现考试科学化的普及与提高，为各地区、各单位节约了人力、财力、物力和时间，考试科学化的加速发展，又将为教改的科学实验和理论探索开辟更广阔的前程，为国家制订正确的教育决策提供保证。这一科研项目如能开展得好，它所能带来的经济效益和社会效益是难以用数字估计的。

三、研究内容和工作计划

研究内容——《编制初中理科标准测验与题库的建立》方案及计划：

（一）这是十年远景科研规划中的组成部分。远景规划包括了高、初中在内的文理各科的标准成就测验的编制和与这一学制阶段相适应的多功能题库的建立，而三年规划中的主要任务则仅限于初中阶段的理科标准成就测验和初中升学考试的改革以及多功能题库的建立。

（二）多功能题库的建立除发挥传统性的考核功能外主要是为了使任课教师可随时根据需要编成各个教学单元的测验或其他目标参考性测验，通过成绩反馈，提高学生学习的自觉性，促进教学。

为了完成本项目的中心课题并为测验理论做出新贡献，应同时着重研究解决下述四个课题。

1. 对论文式（包括解题式）题型如何提高阅卷或评分的客观性问题。内含以下小课题，如：(1)总结和验证客观式（主要是多选式）题型对测出高层次心理机能（如组织，整合、评价等能力）的可能性或局限性；(2)检验题型对不同学科，不同功能是否存在交互作用；(3)如何设计新题式以期极大限度地保持论文式和客观式各自固有的优点。

2. 根据我国当前的生产技术水平，设计直接运用电脑于阅卷评分的装置。

3. 初中升学考试的统计分析和改革方案——与市教育局协作。

4. 高师教育实习评分量表的编制。

四、对研究本项目的评价

（一）关于各科标准测验的编制，本项目着重汲取最新发展的测量学理论方法加以运用，并在“效度第一”的正确理论原则指导下核计功能各异的各式效度系数，各式信度系数的数量指标，这就有助于克服当前业已出现的那种忽视效度而片面追求信度，在核算信度指标时又不顾各式指标所固有的“情境特殊性”而盲目扩大使用的简单化的形式主义倾向，有助于确保本项目成果具有较高的科学性水平。

（二）多功能题库的建立，有助贯彻测验与学习相统一，测验为促进教学服务的正确方向，从而减轻学生学习负担，提高教学质量。同时，“集体授课”和“个别施教”相结合，这是现代教育结构改革的客观要求，多功能题库的建立也是完全符合这一发展趋势的，是有预见性的。

（三）测验题型的选择是考试方法久悬未决的老问题。强调信度的测验学者多主张采用单一的客观式（主要是多选式）题型。但是，其缺点是对测量某些心理机能如解题过程、高层次心理机能等都缺乏效度，因而论文式题型近年又重新受到重视。本项目在“效度第一”“信度为效度服务”的正确原则指导下重新评价两大类型题式的价值和局限性并设计新的题型，这一研究将有助于为今后编制不同学科、不同功能的测验提供选定题型最佳方案的可贵信息或科学依据，具有首创性，对我国考试改革特别是大规模进行的统一考试的改革具有特别紧迫的现实意义。

1984 年 11 月 9 日

（选自《陈一百教育文选》，广东高等教育出版社 1989 年版，第 137—140 页）

对高师体育系“体育测量学”大纲的点滴意见

本人基本上同意1984年10月体育测量学编写组印发《讨论会议纪要》的各项意见，特别是将“人体测定”更名为“体育测量学”以及确认本学科是教育测量学的分支的两条意见是十分中肯的。至于“对国内在学术上有争议、尚未定论的内容（如有些概念等）暂不宜纳入教材”这一条，则似尚有可商榷的余地。因为所谓某一学科的成型体系，所谓“定论”都是相对的，一切都在随认识的深化而起变化，即使在教育测量学中某些最基本的概念，如什么是“测验”，ASSESSMENT与EVALUATION有无区别，以至通常用以检验常模参照性测验可靠性的方法是否同样适用于目标参照性测验等等，即在国外意见亦有分歧；在心理学中这种在基本概念、基本理论上的分歧，情况更为突出，如果严格按照这一条办理，则教育测量学和心理学都将无法作为一门学科编写教材进行讲授了。为了促进一门学科的发展，充分摆出不同观点及其分歧的关键所在，这有时是十分必要的，问题只是技术上的处理问题，以免引起思想上的混乱罢了。

1. 本学科虽属应用学科，但为了达到正确应用的目的，必须以充分阐明体育测量的基本原理、基本原则作为前提。本学科的本科《大纲》的基本理论部分（即绪言和第一章）仅占授课时间6小时，即占总学时的24%，殊感分量太少，专科《大纲》的相应部分占20学时，即占总学时的59%，加强了基本理论和一般考评原则方法的讲授，方向是正确的，但针对体育测量有别于教育测量学的特殊性，是否比重过大，亦尚有待于商榷。以教育测量学作为本科教材而论，根据1983年出版的名著F.G.Brown教授重订的《教育与心理测量学》的教材内容分配，基本理论与一般方法原则部分约占48%，而各类分科测验（如各类成就、能力、智力、人格测验等）的应用部分则约占52%。Brown教授总结经验教训，认为妨碍现代测验得以普遍应用和健康发展的主要原因在于对测验的误用，从而造成混乱，而误用的原因则在于对测量与评价的逻辑缺乏理解，因此本学科着重对测验逻辑的阐明，是完全必要的。

2. 体育测量学作为教育测量学的一个分支，参考Brown教授的意见，斟酌本专业教学大纲和教材的制订，是有意义的。为此，兹特引用Brown教授的原话如次，提供参考。

> 所谓逻辑，乃指当前心理与教育测量整个体系据以建立的各项基本原理。为此，就必须使读者注意回答如下问题，例如：为什么要测量各种心理（包括教育）特征？有哪些类别的特征能加以测量？为什么测验必须可靠、有效和标准化？在测量成就、各种能力和人格特征时，做出了哪一些假设？这些假设对测验过程的性质和测验分数的解释与使用将会带来什么意义？对这些为什么问题的考虑势将带来各种“怎么样”的问题——也就是那些涉及编制测验和评价测验的方法问题。
>
> 本书还着重于阐明测验的应用方面，着重说明各种测验如何应用于各项教育决策和就业决策的制订，以及如何促进个人的发展。这方面的内容，不仅对测验使用者而且对测验编制者和测验研究人员都同样是需要的，因为他们都同样必须充分理

解测量过程的性质，以及这一过程所依据的推理和各种假设。

Brown 氏作为一个心理与教育测量学专家，其见解与体育测量学专家 M.J.Safrit 和 T.A.Baumgartner 等最新有关体育测量专著的精神不谋而合，我认为必须充分参考 Safrit 所著 *Evaluation in Physical Education* 及 Baumgartner 等所著 *Measurement for Evaluation in Physical Education* 的精神结合我国实际对本学科专业《大纲》做出必要的调整。

3. 针对体育测量有关人体形态、机能、各专项能力以及应用各种物理测试器材种类繁多的特点，针对本学科在国内尚未成熟的特点，在如何重新确定理论与应用、特殊与一般方法原则的比重，以及如何汲取最新理论，促进本学科的逐步完善等方面，Brown 及 Safrit 等人的著作均有可借鉴之处，例如：

（1）这些作者为了着重阐明测量评价的各项基本原理和各种假设，都不试图广泛罗列现有的各种量具，而只在为了说明某一特殊的原理、概念或原则、方法时才引进某些特殊的测验。对个别测验的深入阐明只是为了促进对一般原理和原则方法的掌握，故能以较短的篇幅，较全面地阐明了本学科的重要内容。对某些限于篇幅，但又必须知道却难以深入接触的课题，则在相应的地方均举列参考书名，以便有志深造者知所问津，增加知识深度。

（2）他们总结了这门学科在发展过程中所以常走弯路、屡遭挫折的历史教训，认为症结在于人们对许多测验名词术语的含义混淆不清，对本来是正确的原理原则一知半解，从而出现生搬硬套和张冠李戴的误用现象，针对这一情况，Brown 氏专著特别着重对每一专门名词如测验、测量、评价、综合评价、信度及各类别信度、效度及各类别效度等做出毫不含糊的科学界说，反复强调各类别指标的使用具有“情况特殊性”，反复强调测验只是用以制订决策的许多依据之一，如此等等。

（3）他们的教材不满足于测验面向“现状”，而是采取发展的观点、面向未来的观点去看待测验的发展趋向的。因此这些教材不仅阐明用以考核"现状"或一般成就水平的常模参考性测验，同时也顺应时代发展的潮流，着重介绍用以通过信息反馈促进教学，发挥诊断、调整教学作用的目标参考性测验以及有助于实现人的多方面发展、因材施教的新教育体制所需要的各种测验。我国教育改革正在沿着这个方向发展，体育测量学中有关这方面的内容，在本学科的《大纲》中更宜有所反映。在 Safrit 氏的体育测量专著中对目标参考性测验及常模参考性测验的信度与效度分列专章，在 Baumgartner 等的体育测量专著内对体质良度（或适合度）的评价亦作专章论述，都反映历史发展的潮流。

总之，本专业教学大纲似有理论与实际未臻紧密结合，给人以学科体系未够完整严密之感，如能注意采取分析与综合相结合，并以特殊促进对一般的理解，则既可增广覆盖面而又可使中心更为突出，这样做可能有助于解决目前制订《大纲》所碰到的若干困难。

4. 最后，本学科作为高师院校的专业课程，似有突出师范性的必要。

"学校体育的基本任务是增强学生体质，促使学生身体全面发展，通过教学提高学生锻炼身体的自觉性、学习和掌握体育的基础知识和技术、技能，形成良好的体育锻炼习惯和道德品质。学校体育以搞好体育课为主并积极并展早操、课间操和课外体育活动。专项运动技能的训练和提高，一般是在课外活动中进行。体育是学校工作的一个重要部分。"作为高师院校体育测量课的教学大纲，必须充分反映学校体育面对高、初中学生如何实现增强其体质和促进德、智、体、美全面发展的基本要求。因此，在《大纲》中似宜增加"情感行为领域"（包括态度、动机、品格等）的测量与评价以及"知识测验"等专章。

1985 年 3 月

（选自《陈一百教育文选》，广东高等教育出版社 1989 年版，第 141—144 页）

考试命题标准化的设想

——设计一个考试蓝图

要准确地测量出教育对象所学知识和能力的高低，必须使考试与评分都是科学的。整个考评工作十分复杂，环节很多，本文只就考试命题标准化这一关键性的环节，提出我们的初步设想——设计一个《考试蓝图》。限于我们的工作、时间和水平，在本文中提出的《考试蓝图》的设想，仅就初中数学内容而言，不过，对这一问题的设想，我们认为是有一定的普遍意义的。当前，中学考试命题办法，通常是由一个或几个教有关班级的教师，根据学生已学过的内容，拟出若干个题目，举行考试；在学年考试和升学考试中则是由教育主管部门，指定一些有经验的教师拟题。但不管怎样，这种考试命题的方法，其主观随意性较强，缺乏统一而客观的标准，事实也说明（见另撰《1983 年广州市升高中数学考试卷的统计分析》一文）这种陈旧的命题方法是不利于“育才”和“选才”的。

一、评价试题的指标及其关系

评价试题的指标主要有效度、信度、难度、区分度等，这些概念的明确定义及计算公式都可以在有关教育测量学的专著中找到（我们在《1983年广州升高中数学考试卷的统计分析》一文中亦作了简单介绍），下面只想指出命题时这些指标的选取及它们之间的一些关系。

在通常的学力检查中，目的是鉴别学生的知识水平和能力差异，在这种情况下，一个自由应答式测验的平均题目难度应为 D = 0.5 $\left(D=1-\frac{\text{该题考生得分平均值}}{\text{该题的规定满分}}\right)$，即△ = 13（△ = 13 + 4z，其中 z 是标准分，$z=\frac{X-M}{\sigma}$，X 为原始分数，M 为平均分，σ 为标准差。这是以标准分 z 来表明题目的难度）。若某个测验是一个完全同质性测验（例如题目之间的四项相关 r_t 均等于 1.0），则题目的难度△应等距离地分配在整个难度全距之内，即：从△ = 3.7（D = 0.10）至△ = 22.3（D = 0.99）的距限，如若某个测验是一个完全的异质性测验（例如题目间的相关均为零），则全部题目均应具有△ = 13（D = 0.5）的难度，事实上，一般测验的同质性程度是介于这两个极端之间的。如某一个测验其各题与全测验间的双列相关 r_b 平均为 0.6 或 0.7，这样的一个测验便可视为高度“同质”的了，就这样一个的测验来说，题目难度的距限宜在△ = 9（D = 0.16）到△ = 17（D = 0.84）这个范围，这样可以对所有不同学力水平的学生均能很好地加以鉴别。一个测验其平均“题目——全测验”的双列相关为 0.3 或 0.4，就应视为是比较“异质”的了，在这样一类的测验中，为了很好地区别不同的学力水平，题目的难度距限宜在△ = 12（D = 0.4）至△ = 14（D = 0.6）左右。在理论上来说，题目的难度的离散度应比此更小，但为了取得合适内容的一些题目，限制亦不能过于死板。

以上这些原则的应用，系指自由应答题式的测验而言，至于汇选题式的测验，理论上比较复杂，因为题目答对次数受猜题的影响而增加，因此在编制汇选题式测验时，各题的 D 值应稍低，根据各家研究，最佳的平均题目难度应是猜对水平至全对水平（D = 0）的中间点；例如有五个答案可供选择的汇选式测验，平均题目难度以在 D=0.4 左右为宜。

在通常用于普查性或总结性的测验中，题目的难度以密集在 D=0.50（△=13）左右为最好。而作为一个选拔即筛选测验，则要求有所不同，这时其题目难度（D 或△）应集中于淘汰率（或录取率）之处，并且难度 D 应有适度的离散度，以期对靠近淘汰率（或录取率）的较大部分学生能够进行较精确的区分。

例如，升高中考试属上面所说的筛选测验。今年广州市升高中的淘汰率是 25%（即：录取率为 75%），按理其题目难度应群集在 D=0.25（△=10.3）左右为宜；但据我们的统计结果（见《1983 年广州市升高中数学考试卷的统计分析》一文），今年升高中考试的题目难度距限在 D=0 到=0.9，而平均题目难度 D=0.50（△=13.0），这与所要求的 D=0.25（△=10.3）相差较大。由于这次升高中考试的题目难度过宽，且平均题目难度偏高，因此，根据教育测量的理论，我们认为今年广州市升高中的考试题目作为筛选测验是不够合适的。（据我们了解，一些初中老师也认为这次考试作为重点学校的筛选测验似乎更为适合。）

对于难度与区分度的搭配，如若是普查性测验，则以能使总分分布成正态分布较为理想，因为这时鉴别力最强。而如果是筛选性测验，排除录取率 50%左右，则以使能成偏态与低峰态的分布为较好，这样才能够较精确地把学力水平接近于录取率的那一部分考生谁胜谁劣区别出来。总之，难度过高或过低于区分学生水平都失去意义。

至于效度与信度的关系，一般地说，为了保证测验具有好的效度，必须使测验具有一定的信度，为此必须系统地控制题目的难度和区分度。我们认为测验的信度系数值（用内在一致性的指标）并非越高越好，应该优先考虑的是对效标（内容与能力）的效度（即覆盖面是否相符）。如果效度太低，信度再高也没有意义。任何一次测验如果没有效度，则从根本上失掉其价值，其他如难度、区分度、信度等指标再好也毫无意义。关于信度，重要的是计算各个同质的题目（或分测验）的内在一致性信度。但如果各个题目间的交互相关很高，表示各题目多有复选因素（内容或能力），宜淘汰其复选项目。我们认为，选择原则是择其与效标相关较高，而交互相关较小者（如图1）。

图1中(A)是表示各个题目间相关低而覆盖面广，(B)是表示各个题目间的相关大而覆盖面小，效度低。两种不同结构，以图1(A)型为较好。

今年升高中统考的信度，我们用系数法计算结果为0.9，但由于这次考试的题目难度控制欠当，因此尽管取得了较高的信度，而效度却受到了损害。事实上，一些多年从事初中数学教学的老教师认为这次统考试题知识和能力的覆盖面并不广，而且，考题中还出现了一些陌生的概念而造成考生失分。因此，我们认为保证和提高效度具体来说就是一个如何命题的问题。

总而言之，只有对效度、信度、难度和区分度全面考虑和综合平衡，才能使最后编成的命题具有最高的使用效率。

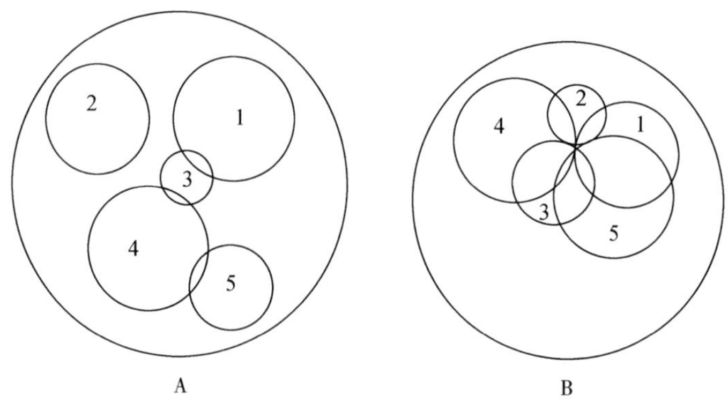

图1　题目（或分测验）与效标相关及各个题目间的交互相关示意图

说明：大圆表示效标（在缺乏外部效标的教育测验上便是教学目标的全部要求），各小圆表示组成全测验的各个题目i。i=1，2，3，…n。

另外，还应注意，确定测验的各方面内容和能力所占的比重以及给每一个题目规定的满分是否恰当，也是影响命题是否标准化的因素。在一般情况下，各个题目不能同效标或总分有等同的相关，较合理的选择是对题目与效标相关较高者在合成的分数中应予更多的考虑，而效标则根据测验的要求来确定。

我们在对今年广州市高中的数学考试卷的统计分析（详见另文）过程中发现，各个题目所得的分数之和——合成总分，其数量大小在相当程度上取决于各个题目得分的离散度即标准差。事实上，不管测验编制者的主观愿望怎样，各个题目（或分测验）都在以各自得分的离散度自发地对合成总分施加不同的影响。为了使各个题目对合成总分都起到均等的影响（亦即权重相同），我们对各个题目的考生得分分别乘以一个权数$\frac{1}{\sigma_i}$（σ_i是第 i 个题目得分的标准差），从而使各个题目具有相等的标准差。经过上述使标准差相等的处理后，我们考虑到编题者原来对各个题目有所侧重，因此，根据各个题目原来规定的分数比例，对各个题目的考生得分再分别乘以适当的权数——f_i（f_i是第 i 题原来规定的满分），从而达到合理化的目的。又考虑到目前使用的考试命题办法，由于编题者的主观设想与客观实际不一定相符（其实就是命题还未能达到标准化），因而可能造成题目难度的差距较大，这就会导致考生完成难度大的题目和完成难度小的题目其得分相同（或相近），也就是说，考生在各个题目的得分并不是等值的，它没有把考生在难度上不同的题目取得同等分数付出的不同代价包括进去；为了以题目的难度表明考生的能力差异程度，我们认为还必须对各个题目的考生得分再分别乘以该题目的难度 D，才能使权数更为合理。因此，合理加权的权数应该是f_iD_i/σ_i（D_i是第 i 个题目的难度）。这样，把原来的得分合理加权后的合成总分便能比较客观地反映出考生的学力水平的差异。经过上述调整后，我们认为并未改变原始分数的性质，因为从各个题目来看只给考生的得分无例外地乘以一个相同的“权数”——$\frac{f_i D_i}{\sigma_i}$，使每个学生在各个题目的得分都扩大（或缩小）了相同的倍数，并未改变考生在各个题目的得分排列次序（参阅表2可知，考生在各个题目的原得分和加权后得分的排列次序是一致的），所改变的只是各个题目在合成总分中的比重。加权后的合成总分不但能看出考生的知识水平，而且把考生发挥能力的不同也体现了进去，所以我们说这个加权后的合成总分是“合理”的。

但是，这样加权后的分数往往偏大，同我国长期使用百分制评分的传统习惯不一致。为了克服这个缺点，并使合理加权后的合成满分仍然是100分，我们利用下面公式计算了各个题目合理化加权后规定的满分：

$$T_i = \frac{f_i^2 D_i / \sigma_i}{\sum_k^n f_k^2 D_k / \sigma_k} \times 100$$

（这里σ_i是第i个题目的标准差，f_i是第i个题目原来规定的满分，D_i是第i个题目的难度，T_i是第i个题目合理加权后规定的满分，σ_k是第k个题目的标准差，f_k是第k个题目原来规定的满分，D_k是第k个题目的难度，n是题目数。）

然后再按公式$y = \sum_i^n \frac{T_i y_i}{f_i}$来计算考生加权后的合成总分。（其中y是考生合理加权后的合成总分，T_i是第i题的合理权分即题目合理加权后规定的满分，f_i是第i题原来规定的满分，y_i是第i题考生的原得分，n是题目数。）计算各个题目合理加权后规定的满分（又称合理权分）结果如表1。

表1　各题目合理权分与规定的满分（又称规定权分）比较表

题目	合理权分	规定权分
1	19.96	20
2	7.58	14
3	20.83	28
4	18.25	8
5	12.18	8
6	13.85	10
7	16.40	12

由表1可见，各个题目的两个权分相差较大，因而出现了如表2的情况。

从表2可以看出：811号考生和733号考生原来总分数分别高于537号考生与334号考生，但合理加权后，537号考生的总分反而比811考生的总分高出1.09分，334号考生的总分比733号考生的总分高出9.81分！

表2　考生原来的得分与合理加权后的得分对比表

考生号 \ 分数 \ 题目		一	二	三	四	五	六	七	总分
537	原得分	17	11	21	8	6	8	12	83
	合理权分	9.13	5.96	15.63	18.23	9.10	11.08	16.40	85.73
811	原得分	20	14	28	8	6	8	5	89
	合理权分	10.96	7.58	20.84	18.25	9.10	11.08	6.83	84.64
334	原得分	14	8	16	8	2	10	12	70
	合理权分	7.66	4.33	11.91	18.25	3.03	13.85	16.40	75.43
733	原得分	18	8	24	1	7	10	5	73
	合理权分	9.86	4.33	17.86	22.28	10.61	13.85	6.83	65.62

由此可见，因规定权分的主观随意性而造成这样的误差，对于我们全面评定学生的个别差异是带来一定的影响的。

另外，今年升高中统考的成绩从我们抽样分析来看是偏低的（平均分仅是43.27分），那么究竟是题目偏深离开教学大纲要求，不能反映出学生的实际情况，或是试题分量恰当，学生所掌握的知识质量及能力未达到教学大纲的要求？这涉及我们的命题是否标准化的问题。

为了克服考试命题的主观随意性，保证考试的有效性和客观性，我们认为有必要设计一个《考试蓝图》。根据《考试蓝图》命题，就能保证考试命题标准化。怎样设计《考试蓝图》以及如何根据《考试蓝图》来进行考试命题，这就是我们所要探讨的问题，下面仅从设计《考试蓝图》的方法来谈谈我们的设想。

二、设计《考试蓝图》的方法

我们所设想的《考试蓝图》首先是要根据测试的对象特点（年龄、性别、学历等）测试的效标（一般的学科测验或课堂考试往往缺乏外部效标，所谓效标只能以教学所要求达到的目标为准）——教材内容目标与能力目标，确定这个目标的各个方面所占的比重（亦即相应的权数），然后列出一个规定表，就得到《考试蓝图》的平面部分，如下表3就是根据中学数学教学大纲初中部分的要求而设想的一个适用于初中数学教学内容的《考试蓝图》的平面部分。其中横坐标表示教学大纲中所列出的初中数学教学内容，纵坐标表示教学大纲中要求在中学数学中对学生培养的特殊能力以及其他的一些一般能力，表中的百分比所表示的是各项目标所占的比重，表中的格是某方面内容与某种能力的交点，格中的数字是相应的权重。权重的分配是根据教学大纲，以及效度、信度、区分度等指标来考虑的。然后，我们就可按每一格点的要求出题目了。但是为了适用于各类不同性质的考试、测验，有利于区分各类学校不同水平的学生，我们对同一个格点规定不同的难度指标，也就是说，《考试蓝图》的竖坐标表示题目难度的大小。所以《考试蓝图》

是根据客观实际来确立的一个知识、能力、题目难度的三维空间坐标，只要设计得当，它就是命题标准化的依据。

表 3

知识目标 能力目标		…	分式	…	因式分解	…	圆	…	函数及其图像	…	总比重
			6%		5%		7%		6%		100%
⋮											
正确迅速运算能力	30%	…	0.025	…	0.02	…	0.01	…	0.015	…	0.30
逻辑思维能力	28%	…	0.015	…	0.035	…	0.05	…	0.02	…	0.28
空间想象能力	20%	…		…		…	0.01	…	0.02	…	0.20
⋮	⋮		⋮		⋮		⋮		⋮		⋮
总比重	100%	…	0.06	…	0.05	…	0.07	…	0.06	…	1.00

注：表 3 只是用来说明我们的设想的一个例子，未经过证明与实践。

设计出《考试蓝图》后，我们就可以根据其空间某一点的规定指标来设计考试题目，例如，固定难度（竖坐标），可以设计出满足某种知识内容且具有某种能力要求的题目；同理，当固定某种知识内容及相应的能力，就可设计不同难度指标题目；甚至可根据空间某一点集来设计题目（实际就是一些包括几种知识内容，不同能力与不同难度的综合题）等。最后，我们就可以设计出在《考试蓝图》上有固定位置的许许多多题目，这样便形成一个“题库”。使用时，我们可根据考试的题目的要求，在对应《考试蓝图》上的位置，从“题库”中取出若干题目进行“配方”，编制出一套标准题，然后按照《考试蓝图》上所规定的权重给每一道分配一个合理的分数（经过预测筛选后，可以使规定权分与合理权分基本一致），这样便可以得到一份标准化的试题了。如果再按照标准方法评定成绩，就可以“量”出学生的水平是否达到标准以及学生的学力差异，而且间接地还可以为教师在教学上存在什么问题提供信息。

上面我们谈了如何设计《考试蓝图》和按《考试蓝图》命题的方法。然而，标准题的题库的建立却要经过多次试测、统计和筛选的。首先，把已选出的试题分散到与将来的考生的水平大致相同的学校中进行试测（试测工作应注意保密），然后将试测的结果进行统计分析，即计算试题的效度、信度、难度和区分度等，检查这些题目是否符合各项指标要求，把符合一定要求的试题保留，把不合要求的题目淘汰或经修改后保留。然后扩大试测范围再进行试测（一般进行 2~3 次便可，但规模一次比一次大），对试题反复筛选，最后将符合要求的题目储存在《考试蓝图》的对应位置上，这就是“入库”。通过试测还可以对《考试蓝图》做适当修正，使之更加客观化。经过长期的积累，不仅可以有充足的题目，而且可以不断更新。这样，对题库中的题进行搭配，就可以编出一套符合教学大纲要求，其效度、信度和难度、区分度都好的标准试题；而且可以复制出与标准试题“等值”的许多份试卷或复份（即测量相同的学力，难度相同，同样有效可信而考题又不重复的试卷）。当考试时，便可根据需要提取相应的试卷。其实，这种标准化的做法在日常生活中是常见的，例如，把商品分类入库，图书馆工作中的编目等。补充说明一点，储存在题库里的题目可以是各种类型的，如自由应答式，汇选式，计算题，证明题等等。最后应特别指出，编制试题时，必须合适地对各题目的难度指标的分布加以控制，目的使考试具有最高的使用效率；同时，还必须照顾到各题目的区分度，使测验具有良好的鉴别力；最重要的是，试卷的各题目还必须经过有经验的教师和专家们的评定，被认为是合适的，并核对其组合确实是符合《考试蓝图》所规定的各项内容与能力的比例要求。总之，一份试卷题目的最后选定，应是对这些方面通盘考虑的结果。

综上所述，可以看出，我们所设想的《考试蓝图》是符合命题标准化的一般要求。因为：

（1）《考试蓝图》可以作为一份很好的考试大纲（指导书），它的“知识—能力”平面实质上就是具体化、数量化了的教学大纲的全部要求。从《考试蓝图》中还可以得到正确的关于考试的范围、内容及要求。更有，《考试蓝图》是公开的，它将对平时的教学起到良好的推动作用。

（2）从《考试蓝图》中提取的试题既能查出考生的基础知识又能测出考生的能力，而且两者的比例恰当。

（3）根据《考试蓝图》进行命题，其覆盖面可以尽量地大，能涉及教学目标的所有主要部分。有助于克服命题的片面性。

（4）由于《考试蓝图》已考虑了题目的难度，所以试题的难度应是比较适当的，是可以为区分度服务的。

（5）按《考试蓝图》来命题可以克服各种主观随意性的影响，因此，有利于客观地评定学生的质量。

（6）按《考试蓝图》来命题可以适应各种类型的考试，如普通考试、筛选性考试等。

以上是我们对命题标准化的一些设想，由于我们的水平不高，谬误在所难免，我们提出来是希望得到同行和专家们的指导帮助。我们认为这个设想一旦实现，将使我国的考评工作更科学化与现代化，有利于我国教育事业的发展和人才的选拔工作。

《考试蓝图》的设计，在国外已积累不少有益的经验，在我国虽然还仅仅开始，但我们有优越的社会主义制度，坚强的党领导，只要重视这项工作，集思广益，拟题、试测、筛选等方面工作在教学领导机关直接统一领导下反复进行，必将能很快取得可喜的成果。再者，随着电子计算机的不断发展与普及，上述的统计分析工作以及题目的筛选储存都可以借助电子计算机较快地完成。因此，优越的社会制度与先进的科学技术相结合，将是按《考试蓝图》使考试命题标准化得以实现的有力保证。

我们都知道，要把设想变成现实还要进行大量的工作，要克服很多困难，但我们将继续开展有关方面的研究工作，诚恳地希望得到同行和专家们的支持和帮助。

参考书目

［1］A.Anastasi. *Psychological Testing*.

［2］L.J.Cronbach. *Essentials of Psychological Testing*.

［3］R.L.Thorndike ect. *Educational Measurement*.

［4］R.L.Ebel. *Essentials of Educational Measurement*.

［5］郝德元：《教育与心理统计》，北京：教育科学出版社 1983 年版。

［6］宋兆鸿等：《关于考试的科学化和标准问题》，暨南大学油印本。

［7］张厚粲等：《对高考试题的统计分析》，《北京师范大学学报》1981 年第 5 期。

［8］《教育统计与测验文选》第 1 期。

［原载于《广州师院学报》（自然科学版）1984 年第 1 期，与梁慕超等合撰］

考试次数对于学习之影响

近今心理学家大都承认使儿童知道自己进步的情形，最足以引起他学习的动机，并且相信“分散学习”比“集中学习”更为有效。因此对于学期中的考试次数，便有认为有增加的必要。最初做这种实验者为钟氏（Jones），他将学生分为两班，一班于每次讲授后，即给以一次小考；另一班则没有小考。经八个星期后，即同施以一种测验。结果发见有小考的一班，其记忆学科内容的分量，竟较另一班多一倍。其后 Turney，Kulp，Hertzberg 等，均先后做有实验，证实考试对于学习确有相当良效。但是他们的实验，大多以考试补助教学，未能将各种因子彻底制御。对于本问题做有具体的研究的，还算本文作者凯氏（Keys）的这个实验。

本实验的程序　被试者为加省大学之教育心理学班学生，共 246 人，凯氏依照其（一）性别，（二）预试之分数，一一逐个比较，配成最相当之两班，每班 123 人。预试之测验共含 167 个正误题，包括全部学程的材料；此 167 题中之 118 题，仅包括该学程中的前部三分之二，此项题目，在学期将完时施行一次，为使易于识别起见，姑名之为测验甲。兹将两班预试之结果，表列如下：

第一表　实验组与约制组于开学时在预试所得之分数比较

组别	N	测验甲（118个试题）		预试（167个试题）	
		平均	SD	平均	SD
实验组	143	18.1	13.9	25.7	15.9
约制组	143	18.2	13.7	25.6	16.0

每组每周上课三小时，均由本文著者教授。除考试占去多少时间外，余均完全作为讲授之用。两组均于同一课堂上课，而且教授内容，也竭力使之完全一样。

春季学期的十五个星期，除去第一个星期和假期外，共分为相等的三阶段，每段包括四个星期。于第一阶段中，实验组之每周功课纲目，均由教师以油印发出，指定每星期应读何书，从何页至何页，并标明每星期之小考日期。但约制组则仅由教师告以月中应做之功课，到期即施以一次月考（平常并无小考）于第二阶段中，两组之功课均系每周指定，唯实验组每周均受一次小考，而约制组则仅受一次月考。

于第三阶段中，两组均仅受一次月考，唯约制组之功课，仅为每周指定，而实验组则否。

各阶段中所用之考试均用客观式的测验题，而且每周小考与月考的内容是完全一样，不过一则拆散分期举行，一则一次举行罢了。

为测量两组对于课程的记忆分量起见，在大考前的两个星期，复以测验甲（即包括118题者）施行一次，而事前并不通知。大考所用之测验，其格式与测验甲相仿，长短亦同，且亦仅包含该学程前三分之二的材料，姑名之为测验乙，其可靠系数前者为0.48，后者为0.70。

实验的结果　兹将两组在各阶段中所受几次考试，和在学期末于测验甲与测验乙中之分数，列表比较如下，见第二表：

第二表　两组各次小考月考及测验之分数比较表

考试类别	做题对数	实验组		约制组	
		平均 PEM	SD	平均 PE	SD
第一阶段	209	124.5±1.2	20.8	110.8±1.2	21.6
第二阶段	150	74.8±1.0	18.1	66.7±1.1	19.1
第三阶段	153	78.7±1.2	20.9	74.0±1.2	21.1
总　分	512	278.0±2.8	49.0	251.5±3.0	52.4
测验甲	118	64.4±1.0	17.7	60.2±1.0	17.1
测验乙	122	66.4±0.9	16.3	66.5±0.9	15.3
总　分	240	130.8±1.7	30.9	126.7±1.1	29.3
学期总分	752	408.8±4.3	76.5	378.2±4.5	79.8

实验组之第一第二两阶段的分数，系由每阶段之四次小考分数相加而得，从这表我们已略略可以看出两组的差别所在。

从第三表，我们可以看出在第一、第二阶段中，每周考试一次的实验组比较仅有月考的约制组，在考试的成绩上要好12%；在第三阶段中，两组均无小考，因此成绩便差得少些；但实验组仍占6%的优势，这也许是前两月小考的影响被保留下来的缘故。

第三表　两组之差异及其重要性

测验	实验组分数与约制组之比例	实验组优于约制组之差	PE diff 即差之机误	$\frac{\text{差}}{\text{PE（差）}}$	100中之机遇
各阶段之考试成绩					
第一阶段	1.12	13.7	1.7	8.1	100
第二阶段	1.12	8.1	1.5	5.4	100
第三阶段	1.06	4.1	1.7	2.8	97
总　数	1.11	26.5	4.1	6.5	100
测验甲	1.07	4.2	1.4	3.9	98
测验乙	1.00	-0.1	1.3	-0.1	53
总　数	1.03	4.1	2.4	1.7	87
学程总分	1.08	30.6	6.2	4.9	100

再看在第一阶段中，两组之差为 13.17，差之机误为 1.7；第二阶段中之差为 8.1，而机误仅为 1.5。可见两组之差，确实可靠。至于第三阶段中的差为 4.7，而差之机误为 1.7，可见这差也许出于取样之误的缘故，也说不定。再看在第二、第三阶段里，约制组的功课均每周指定，可是他们在成绩上，并没有表示什么进步。

在学期结束的测验甲中，这次测验是事前毫不通知的，实验组仍优于约制组约 7%；可是一到大考施行测验乙的时候，两组竟又毫无差别。就学期的总平均分数而论，实验组仍较约制组优越 8%；这结果与 Turney 发现的 21% 的优越，Smeltzer 的 11% 的优越，可以拿来比较一看的。

实验的纲要与结论　本实验的目的，原在研究考试的次数，是否足以影响到学习的分量；增加考试或测验，是否足以增进学生的学业。本实验分班试验的结果表明：

（一）每周小考一次的一班，较诸仅有月考的一班，成绩要好 12% 这个差别，是很有统计的重要性的；

（二）在学期将了时举行的一次测验，每周有小考的一班，比较那没有小考的一班，成绩也表示有 7% 的优越；

（三）在日期预定的大考测验中，事前学生均有充分的准备机会，两班的平均分数，竟又没有什么差别；

（四）学生的功课分周指定，抑分月指定，对于成绩的优劣，并没有什么影响。

（原载于《学术世界》1935 年 9 月，第 1 卷第 4 期，译自 Keys 著文）

第六辑

心理科学研究

工作复度、自然发育及学习曲线形态之相关

一、本文之旨趣

近年来之儿童心理实验，已昭示机构发育及生长作用在学习过程中之重要；学校教育因此亦渐由传统之注入式教授法，转而偏重于儿童之自然生长。著名生物学家珍宁司（Jennings）阐论儿童教育云："成人对于儿童之发育过程（Maturation），每多忽略，致贻无穷之弊害。盖普通青年所表之种种能力，大部仅为无障碍的、健全的发育之结果；而非纯由训练，学习，或由某一部分机构之特殊训练得来。有等技能为儿童某一期间所绝不能习得者，每能于彼达到另一相当之发育时期后，即可不假长时间的练习，而获豁然贯通之实效。此种静默的生长历程，实属与生俱来，绵延终身而无间；苟于某部机构潜能未臻成熟，而勉强加以训练，则其结果非特无益，而且有损。"

关于着重外力之学习与偏重内力之发育孰为重要一问题，实与教育措施有切肤之关系。历来之儿童教育学说，由力主放任之自由发展说，以至力主人为之形式教练说（Formal training），其间偏重偏轻，咸视此问题之解答而定；吾人之学校政策，胥亦取决于是。如本性之重要超于

一切，则行见过度之训练为多事；如认定环境之力量尤宏，则在家庭与学校中之严格训练，实为增进儿童技能之最善方法。目下心理学家及生物学家之研究此问题者，已大不乏人，然欲肯定天性与环境对于某项技能之操纵力量，从而权衡其轻重比率，则尚属难能之事。缘内外两力，诚如马归司（Marquis）所云，自始至终，即如两湍交流，无论在何期间，均难彼此辨析，即在胚胎期中，此二势力亦早已同时活动，融合为一，迨机体之年龄愈长，分析之困难愈甚，自然发育与学习之各别影响，其难于剖析，正复如是。吾人设能证明某种技能，因借自然发育之作用，竟能提高至某一层阶，与寻常借特殊练习而得之结果无殊；则此将不啻足证明欲假练习以增进该项技能之太不经济。此项问题之研讨，实足左右吾人教学之整个计划，举凡教材之选择，课程之编订，教授之方法，咸将受其影响焉。

关于自然发育在学习过程中之地位，或与此有关之问题；研寻者虽前例具在，唯研究资材大多格于初生婴儿及低级动物，直至近六七年间，始有几个以将届学龄之幼童为资材之实验研究。盖茨（Gates）及泰莱（Taylor）于研究动官及智力之功用时，曾细研进步之性质及限度，其注意方面有三：一为由基本能力增长而直接造成之进步；二为借外力刺激个体之生长，因而增长其基本能力，随而造成之进步；三为由知识方法之获得而造成之进步。二氏之实验，乃以敲击速度（Speed of tapping）为对象，被试者为幼稚生 82 人；依其年龄、智龄、性别、动官能力（由教师估计），八个动官测验之成绩，及十八日敲速练习之成绩，均分为相当之两组。实验组（Experimental group）使日为敲速练习凡六个月，统制组（Control group）在此期间内则毫无练习，期满后两组乃同时为最后之练习十七日，旋两组均休息六个月，然后再测验其成绩。计实验组练习时间共 111 日，统制组共 35 日。于最初练习期内，两组均有猛进，嗣后实验组仍继续进步，直至最后之练习期中，此进步仍赓续不已。统制组经六个月之休息后，其成绩自然逊于实验组，但却比其自身初期之成绩大有长进，且于最后练习期中，至第十一日其成绩即已追及实验组，直至最末之第十七日，两组均并驾齐驱，无分高下。再六个月后之测验结果两组之成绩亦复无殊。夫统制组经过六个月之休息，仍表现向上的进步，而实验组历六个月之不断练习，数日间即被统制组追及；于此可见此项技能之增进，长期练习实为劳而无功。至其原因，据缅奈苏打大学心理学者梅特臣（M. Mattson）氏论断，则认为出于动官关系之增进及精力之自然生长，其足以影响于该项技能之力量，原即较诸特殊练习为更伟大。梅氏所论，容无大谬，然吾人务须注意，此实验之对象仅为极度单简之敲速能力，其结论是否适用于较复杂之功能，则尚有待于其他之实验也。

美国耶鲁大学之儿童心理实验室，于杰舍路（Gesell）指挥下，曾应用“孪子统制”法，研究自然发育之功用。其法乃取业已由性情、体质、行为种种方面证实之“同卵孪子”，一对中以一为实验，以一为统制。俟两女达到第四十六星期时，乃使甲女为爬梯及堆砌方木之学习六星期，乙女则毫无练习。期满后，发见两女之砌木行为，并无差异，特殊学习，在此似无若何优效。至于爬梯行为方面，久经练习之，甲女虽较优越，但乙女于此时起仅使学习两星期，即便追及前者之成绩。于此可见乙女因学习较晚，得蒙自然发育之良效，故虽学习时间较短，而成就不劣；甲女则因学习过早，机构发育未熟，故虽久经练习，而成就不见卓越。

其后此二女复使语言学习之试验。甲女于第八十四星期起，开始受五星期之语言及生字学习，乙女则毫无学习，唯其生活环境，则保持相同。及至第八十九星期，乙女亦开始受同样之语言学习。是时乙女之进步速率，竟较甲女初时为胜，学习仅四星期，其成就已追上甲女五星期之成绩；三个月后，两女之语言能力，竟毫无轩轾。此实验所得结果之意义，虽不若前者之显明，顾其足以表明发育作用在学习过程中之重要地位，固已毫无疑义。斯泰雷（Straycr）氏批断曰：“自然发育非特左右学习之功效，且能操纵行为之全部；教练虽不足以穿透自然发育之层阶，然亦略可增进字汇之数量。”由此观之，内外两力对于技能学习之操纵，显然视其各技能性质之不同而异其分量。至其间彼此之关系及规律如何，则又非另做实验不足以明之矣。

从以上诸实验之结果观察，似乎工作之困难程度，实为决定两力比率之重要因子。卢虚（Ruch）曾选用三种难度不同之工作为实验之对象，被试者均为十四岁之儿童。试验结果：智龄与成绩之相关度，乃由卡片分类、密码替换及抽象思考三者依序增进。于卡片分类试验中，练习愈多，成绩与智龄之相关系数——即 r——愈小；于密码替换试验中，此系数亦因练习之增加而略减；至于抽象思考，则练习反足以增加二者之相关程度。于此可证吾人断不能依据某项实验，而对于各难度不同之工作，遽下一普遍性的结论，从而推断其学习曲线之形态。吾人现所确知者，则因学习之结果，个人间之差异，实视工作之困难程度而异其数量耳。

然所谓难度者，果何所指耶？吾人果以何标准断定抽象思考之确较卡片分类为复杂困难耶？含有假道八段之迷箱，果真较三段假道之迷箱为复杂耶？各家对此，迄无定论。莱斯雷（Lashley）认为增加某一问题之相似因子，或改变各因子间之关系，足以增加该问题之复度。柯柏（Cobb）及何令华（Hollingworth）则以工作所需联念之多寡，为确立复度之准绳。唯关于此项问题，迄乏实验上的证实。故吾人每次进行实验，只好同时设立复度之定义，俾将来对于结果之解释，不致发生困难。大约困难与复杂，彼此关系最密，工作之愈复杂者，必亦愈难。故吾人每以学习所需之时间，或错误之次数，为该项工作困难程度之表示；顾此仅就工作之其他条件完全相同者而言，——如言迷箱，则各真道之长短必须相等——否则测量之标准，行将丧失其意义。吾人皆知工作之复度，多各不同；但如两项工作之性质完全相异，其复度实无比较之可能。有人设能为复度立一较普遍之标准，则其有裨于心理学之前途，宁可限量耶！

二、梅特臣氏迷盘实验之设计

梅特臣氏鉴于诸家实验，均表示技能之习得与自然发育有密切之关系，自然发育之功效，复随技能之复度而异其分量，故曾作一极缜密之实验，希图发现其间彼此之关系定律。梅氏经长期之研究，始决应用迷箱为实验之工具，又鉴于此问题之密接于教育问题，故复与寻常之专以动物为实验者异趣，而以幼年儿童为实验之资料。至何种技能之当择为对象？试验迷箱之当如何构造？如何始克使实验之可靠性（Reliability）增高？此均须博稽其他实验报告始克解答者也。

梅氏实验之目的，既在研究学习与工作复度之关系，则用以试验之境遇（situation），必须为由简而繁，划然可分者方可。比较易于使合此项条件，而适用于普通之幼龄儿童者，厥为迷箱之学习。故梅氏设计之始，即属意于迷箱之构造。

查迷箱实验，前多限于低级动物，至 1912 年，始应用之于人类。埋路斯（Miles）及诺脱（Knott）于叙述迷箱实验史时，曾将迷箱归类为四：一曰“封围式”而含有许多迷道之迷箱，被试者可行走迷道中；二曰“缩小式”而以铅笔、枝条或圆球在迷道中动移之迷箱；三曰智力迷箱；四曰攀高指探迷箱。据麦金尼斯（McGinnis）于 1929 年汇举之四十个人用迷箱实验中，关于将届学龄之幼童者仅四，于此乃可恍然于缺憾所在矣。

如以迷箱为实验之工具，则迷箱学习之测量标准，实为亟待解决之问题。夷考历来诸家实验，曾用之单位有七：（1）时间分数。瓦特孙（Watson）氏常乐用之，尝认之为唯一可靠之测量单位。益克士（Yerkes）于彼舞鼠之实验中，则严斥时间之不足靠，盖以被试者常在迷道中作非学习的行为及休息故也。（二）距离分数（Distance Score），歇克士（Hicks）于 1911 年，即力倡之，唯恒以分数求之不易，被目为不切实用。迨瓦特孙氏发明以照相机附连之合金斯圆形迷箱后，距离之记录，业已不成问题。（三）试次分数（Trial Score）。柏乐棚克（Brockbank）认为较诸时间及距离，均胜一筹。（四）错误分数。此法用之者甚多，其最大缺点，乃在判定错误之不易：如在迷箱学习中，某一行为之是否应视为错误，究将以何为标尺耶？此其困难所在也。（五）动时分数（Running Score）。据李舍（Liggett）氏意见，时间之记录，可分为总时（Total time）与静时二种；所谓静时，即被试者在箱内休息之时间。以总时减去静时，即得动时分数（Running Score）。此法之困难，乃在判定休息之不易。（六）速率分数（Speed）。其计算以总时间除总距离即得。李舍氏尝论此为单独应用之最良单位。（七）剩余距离分数（Surplus Distance）。其计算乃以总距离减去理想距离而得。以上诸法，各有所长，并有所短。欲定唯一之标准，尚非可能；故吾人于测量迷箱学习时，最好数法兼用。

迷箱之可靠性，亦为实验之先决条件；如可靠性过低，则实验结果，将毫无价值可言。在昔应用于动物之迷箱，大都可靠性极低。恒特（Hunter）氏在1924年会以“单双相关法”，计算迷箱之可靠系数；彼所计出之系数共470个，全距离（Range）由-0.33至+0.85，平均仅+0.30。恒氏因此严斥应用迷箱之非计。卡（Carr）氏随即反驳，谓就统计学之原则立论，以此为个别之研究，固属可笑；然以之为组别之比较（Group comparison），固毫无可訾议之处。后经多人之研究改良，动物迷箱之可靠性，竟已有提高至+0.99者。士通（Stone）、乃斯温德（Nyswander）所得之可靠系数，即在+0.49至+0.99之间。

人用迷箱之可靠性，素较动物迷箱为高。虾士板曾计出有达0.93及0.96者。诺脱氏及埋路斯氏以指探及杖条迷箱试验盲童之学习行为，求得可靠系数自0.88至0.98。1929年，麦金尼斯以“杨格迷箱”试验将届学龄之儿童，求得可靠系数为0.83至0.98；若改用遮断视线之杖条迷箱，则可靠性减为0.33至0.66。彼得生及亚理生发现可靠性与目视分量（Visual Exposure）有密切的关系；人用之杖条迷箱，每能因目视分量之增加而增高其可靠性。旁综博考，乃知近年来人用谜箱之可靠性，多在 0. 80 至 0. 98 之间，较诸凯莱（Kelley）认为组别研究之最低标准，已高出不少；可见梅氏之选用人用迷箱，而又不使视线受隔，实深有实验上之根据者也。

梅氏迷箱之构造，与普通颇不相同；因彼以圆球代替铅笔及杖条，故又称为滚球迷盘。实验之目的，既在寻研对于或种技能之提高，自然发育是否与特殊练习有同样之效果，并同时探讨学习与工作复度之关系，故当选用何种境遇（situation）以为试验，实应大费考量。梅氏用为选择之标准有六：（一）必须借“尝试错误法”（Trial-and-error）以学习之者；（二）必须能划分为不同复度或难度之若干阶段者；（三）必须为各儿童之素所未习者；（四）其性质须适用于各被试者之年龄及能力者；（五）学习进行较速，俾能以最短期间，测量学习之进步者；（六）须能引起儿童之兴味者。比较合于一、三、四、五项者，厥为迷箱之学习，欲谋切合第二、六两项，则更有待于迷箱之设计。

梅氏迷箱之构造，颇似卡氏用以试验目视影响之杖条迷箱，唯于追寻真道时，不用杖条而改以小球滚达鹄的。其法取九方时之金属板一块，就中画一 $7\frac{3}{4}$ 吋之大方格，然后再分画之为 81 个小方格，于各线交界处钻穿一洞，全盘共 100 个；每洞钻置一 10-32 号之螺丝钉，深约 $\frac{7}{16}$ 吋。钉之上端，加钻入一同号之钉盖（Nut），使之紧贴板面。各钉间距离，自钉之中心算起为 $\frac{7}{8}$ 吋。各钉形成之空间约为 $\frac{11}{16}$ 吋；此等空间，无异即一轨道，可使一 $\frac{5}{8}$ 吋之钢质小球滚走其中。路之开闭，可借螺丝钉之高度约制之。唯各钉间高度之差异，须小至不可辨，俾被试者学习时，不能窥出真道及假道之位置所在。球之滚行方向，乃全视该盘偏斜之向左、向右、向外、向内而定。至盘之偏向，则由被试之儿童以双手制御之。

为谋切合本实验之需要，梅氏共制成异型之迷盘三具。各盘之路径虽各不同，外表则毫无差别，俾儿童学习时无从辨别。兹特将此三型及其构造法，图示如下（第一图）：

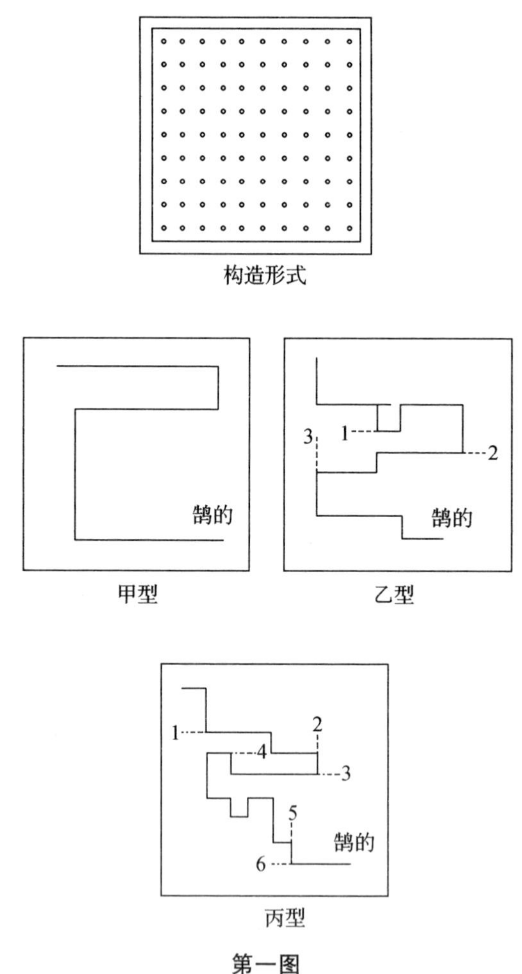

第一图

球之滚动，既借迷盘之倾斜，则球自始滚达鹄的之方式当可由迷盘倾斜之次数而定。如倾斜次数超于可能之最低次数（下称理想次数），则可证被试者尚未习识真径，或熟谙试验之方法，其多余之次数，即可视为错误。盖学习之作用，固在逐渐减除此两种错误也。梅氏有鉴于是，乃故为机械的装置，一面借之以限定迷盘之斜度，一面借之以纪录每方向之倾斜次数。其法乃在此盘底面之中心，置一圆柱，高 6 吋，按于另一木块之上。柱与盘底之联接，因为是活动的，故并无碍于迷盘之倾侧。又于木块之四周，分树以高 $5\frac{1}{2}$吋之铜柱四根，相当于迷盘之四角；因此迷盘之倾斜，遂被限定为$\frac{1}{2}$吋。又每两柱间均按置“维得计次器”（Veeder Single-action arm counter）一，当迷盘每次倾斜至与任何两柱接触时，即由该器自动录出；唯如倾斜度过微，该器则未由记录。为谋计算标准起见，更于各柱设装电线，使两柱与盘底接触时，必有震声发出。试验时之每次斜倾，必须以闻此震声为度。

本实验学习成绩之测量，以根据时间分数及错误分数为本。所谓一次尝试（one trial），乃指球滚自始至达鹄的而言。时间分数，乃取一以$\frac{1}{5}$秒为单位之速计表记录之。将每向之“计次器”某次所示之数目，减去上一次所记之数目，即得该次该向之倾斜次数，如将同向之倾斜次数加起，即得该次之倾斜次总数，或“动作次数”。再将此数减去该一迷盘之理想次数——如甲型为 5，乙型为 12，丙型为 19，即得该被试者该次之错误分数。

本实验共须复度不同之迷盘三种，上已图示此间所谓复度，既不能直接量出，故只可借真道之长短，假道之多寡及位置，转角之数目、位置及方向，种种足以造成困难之因子估计之而已。梅氏初曾制成迷盘十四五种，经过多次之试验，始就中择出畛域判然之三种。下表为十二个成人学习每型平均每次所需之时间及均方差（S.D.）（第一表）：

第一表

种类	均数（秒）	全距离
甲型（最简）	17. 75±8. 95	6 至 41
乙型（中等）	26. 54±17. 38	6 至 76
丙型（最复）	64. 67±25. 98	30 至 130

嗣后在实验本部，复试之于五十个幼童，其开始四天之成绩，亦表示同一关系，兹录其表如下（第二表）：

第二表

	甲型	乙型	丙型
错误	2. 11±1. 30	10. 88±21. 87	10. 95±4. 49
时间	17. 82±2. 56	17. 84±8. 11	85. 16±4. 52

在此三型之个人学习曲线，虽间有参差交错，然综合之组别学习曲线，则鸿沟各别；故此三型之复度，实有等级之差，已毫无疑义。为使三型之学习有互较可能起见，特将下数条件保持同一：（一）真道之长短，均为三十个单位，以两螺丝钉之距离为一单位。（二）真道均以左上角为始点，以右下角为终点。（三）假道长均一单位。（四）三型之外表相似，俾被试者无由辨认。（五）被试者可尽量运用视觉。此端亦为梅氏迷盘之优点；盖儿童对于视线之被阻，多呈反感，目视分量之增长，最足以增高迷盘之可靠性也。此曾经彼得生及亚理生证实，前已具论，兹不再赘。

三、梅氏实验之进行程序

正实验未举行之先，梅氏预为一前期实验，研究除在本迷盘所表现之学习成绩外，是否尚有其他标准，可借以将被试者分为能力相当之两组，即所谓实验组与统制组。前期实验所用之滚球迷盘，较正实验所用者略简；并以时间为唯一之测量标尺。被试者为幼稚园学生二十八人，其中男十六、女十二。每生每日在甲、乙、丙三型每型练习三次，其顺序为甲乙丙乙丙甲丙甲乙，练习总共八日；而以进步之百分比，为测量最后成绩之单位。

各生之（一）首日成绩，（二）首二日成绩，（三）智商，（四）敲速，（五）某种迷箱学习之成绩，及（六）综合现况（综合年龄、性别、敲速，及迷箱尝试三次之成绩）一一求出后，乃轮流根据一项为标准，将各生配成最相似最相当之一对对，凡共十四对，然后使每对之一人的进步百分比，与该对另一人的进步百分比相关（to correlate with）。因全体人数仅十四对，故宜以斯批门（Spearman）之“级序相关法”计算之。兹特将由各项标准分别配成之两队成绩相关系数表列如下（第三表）：

第三表

配偶标准	ρ 相关系数
1. 首日成绩	0. 24±0. 17
2. 首二日成绩	0. 68±0. 10
3. 智商	−0. 04±0. 18
4. 敲速	0. 17±0. 18
5. 某种迷箱成绩	−0. 30±10. 9
6. 综合（年龄，性别，敲速，三次尝试）	0. 46±0. 15
机遇	0. 19

观此表，可知除以迷盘自身之成绩为标准，可得较高之相关系数（ρ=0. 68）外，其余无一有统计学的重要性者；使与全假机遇之抽签法而算出之相关系数一较，更可了然其不足重视矣。梅氏有鉴于此，复鉴于第二项之系数较第一项为高，是不啻表示所根据迷盘成绩所跨之时日愈长，其相关性愈有增高之势，故决以首四日之成绩，为正实验分组之标准。

前期实验既毕，梅氏即进行其主要实验，被试者均为四岁另十月起至六岁之幼稚园儿童，人数共五十，其详情如下表（第四表）：

第四表

	均数	标准差	全距离
年龄 CA	64.70（月）	3.82	72—59（月）
智力商数（IQ）	103.40	6.36	85—121

梅氏初令各生为四日之练习，然后按其性别、年龄，智商，及四日中之平均成绩，配成最相当之二十五对；然后再就每对抽一归入实验组，另一归入统制组。兹将根据迷盘首四日成绩而分配之两组情形表列如下（第五表）：

第五表

被试者	实验组				统制组			
	M	T	MT	S	M	T	MT	S
1	308	586	894	251	265	544	809	348
2	246	521	767	358	253	547	800	328
3	255	480	740	352	260	450	710	362
4	323	683	1006	254	287	750	1037	264
5	283	567	850	301	316	534	851	299
6	298	623	920	271	257	637	894	313
7	262	537	799	336	247	524	771	348
8	293	614	907	287	265	678	942	272
9	291	793	1085	298	272	836	1109	238
10	289	604	893	297	255	664	918	309
11	248	540	788	348	275	557	831	317
12	242	577	820	339	293	516	810	311
13	269	501	771	337	251	518	769	333
14	268	535	803	318	249	511	760	344
15	326	681	1006	198	297	683	980	279
16	298	642	1020	140	264	704	968	280
17	258	543	802	324	239	595	834	309
18	271	546	817	319	286	561	847	301
19	338	630	968	245	276	643	969	287
20	269	629	898	309	303	581	884	254
21	285	669	954	250	269	688	957	259

（续表）

被试者	实验组				统制组			
	M	T	MT	S	M	T	MT	S
22	263	569	832	322	302	536	838	287
23	263	511	775	343	252	536	788	331
24	222	511	733	378	249	495	744	559
25	268	611	879	298	268	589	856	301
均数	282.50	590.80	869.80	202.94	269.30	622.00	868.60	307.34
S.D.	37.23	69.86	92.04	52.49	19.13	90.60	95.01	34.64

M＝动作分数（在甲乙丙三型每日均数之和）

T＝时间分数（同上）

MT＝动作与时间综合分数

S＝动作与时间综合之Z分数

观此，可知每对能力之相当，及其相似程度矣。两组之MT均数，一为869.8，一为868.6，相差仅1.2，均方差虽相差颇大，顾尚无碍于组别之比较。两组之年龄及智商分配，亦列表如下（第六表）：

第六表

	年　龄		智　商	
	实组	统组	实组	统组
M	64.84	64.56	102.68	104.12
S.D.	3.73	3.91	7.10	5.43

练习时间之分配，约略如下。两组既经选定，乃使实验组开始为二十六天之练习，统制组在同期间内，则毫无练习；期满后，乃将两组同时加以八日之测验。嗣再使两组均休息两个月，然后再加以八日之复试，其分配如下（第七表）：

第七表

组别	初期	练习期	测验期	休息期	复试期	总练习日数
实验组	4	26	8	60	8	46
统制组	4	0	8	60	8	20

又每日练习时，在甲乙丙三型之尝试次数，均各为三次；其顺序为甲乙丙乙丙甲丙乙甲，故为易序，以免学习结果受先后之影响。实验时之种种条件，均严加统制，以免学习受其他意外因子之影响。练习室须与外界隔绝，除主试者与被试者两人外，余皆摈绝。环境之一切，务使保持相同。练习时间，每日亦均有一定。又本实验之可靠性，依照士通及乃斯温德倡用之“单双日相关法”计算，全距离为 0.62 至 0.97，与他家同类实验不相上下。

四、实验结果之数量的分析

进行主要实验时，两组之学习成绩，均以时间分数及错误分数记录之，逐日记填，即可制成两组之“时间曲线”及“错误曲线”，借以比较两组之差异，及代表不同复度之三型间之差异。此等曲线，均表现同一趋势，即起首低降极速，按学习之递加，而渐趋缓化。其关系约为 $x^2y=ax^2+bx+c$，兹将其时间曲线附下（第二图）：

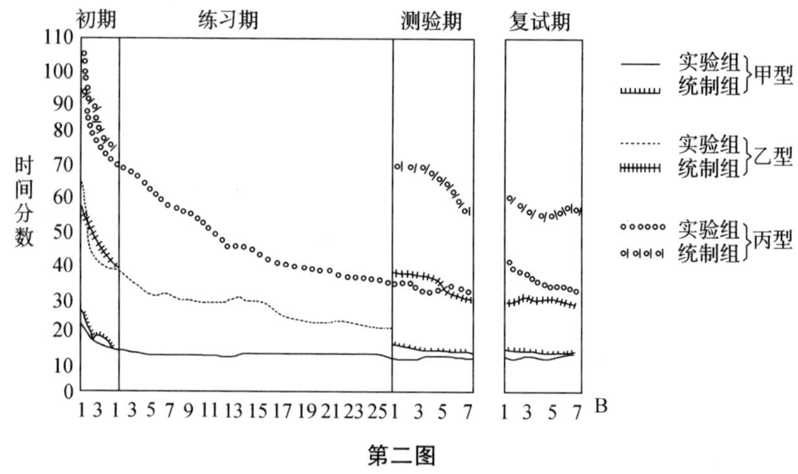

第二图

实验组以练习期及测验期中，均露急度之进步；在甲型之进步，至第三十一日始停，在乙丙两型之进步，则始终绵延不绝。统制组于测验开始时，亦微呈进步，但却逊于实验组。二十六日不断练习之结果，果足令实验组之技能超越统制组不少，工作之复度愈高，两组成绩之差别亦愈大。此中关系，虽经两个月之休息，犹明白表现于复试期中。从此种学习曲线之形态批断，可知工作之愈难，特殊学习之效力亦愈宏也。

金加特（Kincaid）论学习进步之测量及比较，以为非同时应用两个以上之方法，不足以明真。梅氏因亦同时运用四法：一曰各期间两组成绩均数之差异，二曰各期间两组成绩之比例，三曰两组由初期至次期之绝对进步，四曰两组由初期至次期之进步百分比。其最足以概状两组之学习情况者，莫如应用第一法而求得之下表（第八表）：准此，可见练习组因借特殊学习，其成绩必超越于辍业组，其超越之程度，实随工作难度之增高而愈加显著。设 D = 实验组与统制组成绩之差，x = 工作之复度，k = 常数，则于学习保持常态之下，D 与 x 之关系，约为 D = Kx。特殊学习工作复度之关联，以此益可了然矣。

第八表

	M	D（差）	D/σ 差
初 期			
甲型			
实组	17. 83±2. 17	0. 02±0. 72	0. 03
统组	17. 81±2. 90		
乙型			
实组	47. 08±8. 70	1. 52±2. 27	0. 67
统组	48. 60±7. 30		
丙型			
实组	84. 98±14. 24	0. 36±4. 11	0. 09
统组	85. 34±14. 78		
测 验 期			
甲型			
实组	10. 84±. 63	2. 71±. 40	6. 73
统组	13. 55±5. 12		
乙型			
实组	18. 82±2. 85	15. 00±1. 17	12. 80
统组	33. 82±5. 12		

（续表）

M		D（差）	D/σ差
丙型			
实组	30.86±6.36	32.94±0.30	14.34
统组	63.80±9.70		
	复试期		
甲型			
实组	11.07±0.71	1.27±0.37	3.73
统组	12.44±1.56		
乙型			
实组	20.18±7.55	7.09±1.29	5.51
统组	33.82±5.12		
丙型			
实组	34.00±7.55	20.68±3.08	6.71
统组	54.68±12.32		

关于智力与工作复度之关系，卢虚曾计出智力与卡片分类、密码替代，及抽象思考三者间之相关系数，各为0.18、0.67及0.80（年龄保持相同）。可证工作之复度愈高，其与智力之相关度亦愈大。梅氏此次实验，亦曾发现同一趋势，故其算得之相关系数甚微，不足重视。关于两性之学习行为，梅氏亦作比较，但毫无差别可言，此或因人数过少之故，未可以为定论也。

实验中有一现象最足注意者，即休息期中学力之增长是已。在26日之练习期中，实验组之时间曲线不断下降，即在8日之测验期中，此趋向亦赓续不已。统制组在此期内，虽毫无练习，故于测验期开始时，其能力竟超越其本来之成绩；换言之，被试者之迷盘技能，虽毫不假练习，竟亦提高。其提高之程度虽小，计甲型为$\frac{1}{2}$秒，乙型3秒，丙型4$\frac{1}{2}$专秒（注意：秒数之减少，即技能提高之表征）。三型均表示同一现象，且型之愈复，其省下之时间愈多。梅氏对此，认除归之于自然生长或发育外，实难加以解释。盖统制组辍业之期间，虽仅46日（实验组之练习日数为26，另加星期六星期日之休假日数，共为46日）；然以儿童生长之速，此短期间，实足以产生可观之效果。或者谓统制组虽未参与迷盘之特殊学习，其日常生活环境，容有供给其另为较普遍性的学习之机会，因而使其迷盘能力增高；顾自然发育与普通学习两者之势力，现尚无割分之善法，究应如何解释，梅氏以为目下尚难确断。

关于辍业期中之能力增长，本文篇首已有举例。卜克（Book）于试验成人之打字技能时，发现一年半之休息，足使打字速率增加，而准确程度则否。据希朗（Heron）发表报告，谓彼于试验白鼠之问题箱（Problem Box）学习行为时，尝于练习期内间以一长约 60 日之休息期，结果诸鼠之学习行为，均表现有长足之进步。由是观之，梅氏之发现，固不乏前例也。

兹请阐述梅氏实验复试期中之学习行为。复试期前之两个月休息，并未能使两组之技能增长；统制组于复试开始时，在甲丙两型之时间成绩，均逊于 8 日测验终了时之成绩；实验组在甲乙丙三型之成绩，亦均不如从前。下表可见两组于休息两个月后，在复试期开始时所表现之进步或退步（注意：秒数之减为进步，秒数之加为退步）（第九表）：

第九表

盘型	实验组	统制组
甲	+1（秒）	$+\frac{1}{2}$（秒）
乙	+4（秒）	$-1\frac{1}{2}$（秒）
丙	+12（秒）	$+6\frac{1}{2}$（秒）

从上表数字观察，似乎某项技能在辍业期中所获之进步，与本人原已习得之程度，适成倒置之关系。查统制组于第一次之休息期后，其迷盘技能较诸初期末日之程度，进展由$\frac{1}{2}$秒至 $4\frac{1}{2}$秒（即时间节省$\frac{1}{2}$秒至 $4\frac{1}{2}$秒）。再就第二次之休息期而论，统制组计曾共历 12 日之练习及两

次长期的休息，其于复试时所表现之时间分数，较诸测验期末日之分数，相差由$-1\frac{1}{2}$至+6秒。至于饱经38日严格训练之实验组，于复试时，其在甲乙丙三型之时间分数，均属增加由+1秒以至+12秒，无一减少者，此即不啻表明统制组所受之损失，尚不及实验组之重大。此种现象，并表现于错误曲线中。

此外更有一事最宜留意者，即前段所举关于统制组于第一次休息期后技能之突进，乃仅就其时间性方面立论。至于错误分数，除于甲型尚表现0.75之减少外（减少即进步），乙丙两型均各增加1.0及1.25。就大体言，被试者于休息期后，时期分数多呈减落，而错误分数，则转见增高。此中原因，殊为费解。反观他例，则卜克氏之打字试验，发现经一年半之休息期后，速度难呈增长，而错误亦见增多。希朗氏之白鼠试验，亦仅谓60日之休息，足以使白鼠重新学习所需之时间减少。他如盖茨、泰莱及歇克士之实验，亦仅证明时间性方面之蒙受利益。苟辍业期中之技能增长，系造因于自然发育之作用，则显然发育作用之影响于时间性的进步也深，而影响于空间性之进步也不著矣。

趋异量（Variability）之研究，亦属重要。个人间成绩之差异，究随学习之增加而增加？抑学习之结果，将使个人间之差异逐渐低减？实为教育上一富有价值之问题。怀前人多以智能为研究之对象，以成人为试验之资料，其结果又多相互矛盾，难以凭信。彼得生及巴洛（Barlow）之试验结果，表示此差异之或大或小，实随技能之难度而改变。梅氏根据此次实验之数字，应用$V=\frac{100\sigma}{M}$一公式，分求出初期与测验期在三型中之趋异系数，从而剖析特殊学习对于趋异量之影响。就时间分数而言，由前期而至后期，趋异量系数在甲乙两型均呈减小，在丙型则有增加。错误分数方面，亦呈现同一趋向。此不啻表示：于较单简之技能中，个别差异，每因练习之增加而减小；于较复杂之工作中，练习乃反足以增加个别之差异也。其表附下（第十表）：

第十表

	实验组			统制组		
	甲型	乙型	丙型	甲型	乙型	丙型
初　期	12.18	18.49	16.76	60.66	31.90	25.30
测验期	5.69	15.15	19.95	56.36	48.07	40.25

此外尚有一现象，颇堪注意者，即借时期分数及错误分数而算出三型之复度，始终皆保持固定的比例，曾不因中间之休息或练习而改变是也。试将初期、测验期、复试期三期中每型之均数，各除以该期中之甲型均数，其所得商即可直接表示各型间彼此之关系，盖以甲型业已化成用为比较之单位 1.00 之故（十一表）。

兹请先论实验组。由此组时间分数计出甲乙丙三型之复度比例，在初期约为 1:3:5，俟经二十余日之练习后，在测验期所计得之比例，约为 1:2:3；旋经两个月之休息，其在复试期中所得之比例，仍为 1:2:3，并不因停止练习而改变。由错误分数计出之比例，末两期俱为 1:10:25，亦无更变。至论统制组，就时间分数计算三型间之复度比例，三期中均为 1:3:5。错误分数方面，得数虽较参差，固亦表示同一现象。由此观之，无论工作之复度如何，遗忘之进行似均保持同一之速率也。

第十一表

		初期		测验期		复试期	
		M	比例	M	比例	M	比例
实验组	甲	17.83	1.00	10.84	1.00	11.07	1.00
	乙	47.63	2.64	18.82	1.74	20.18	1.82
	丙	84.98	4.77	30.86	2.85	34.00	3.07
	甲	3.43	1.00	0.29	1.00	0.37	1.00
	乙	10.50	4.49	3.14	10.33	3.89	10.51
	丙	21.15	8.70	7.54	25.31	9.55	25.81

（续表）

		初期		测验期		复试期	
		M	比例	M	比例	M	比例
统制组	甲	17.81	1.00	13.55	1.00	12.44	1.00
	乙	48.60	2.73	33.82	2.50	27.27	2.19
	丙	85.36	4.79	93.80	4.70	54.68	4.40
	甲	1.80	1.00	0.48	1.05	0.44	1.00
	乙	10.89	6.05	7.93	16.52	5.00	11.35
	丙	18.85	10.47	17.74	36.96	15.30	34.91

五、对梅氏实验之批评

杰舍路、盖茨、卜克诸家之实验，已确切证明对于或种动官技能（motorskill）之增长，自然发育每与特殊学习有同样之功效。梅特臣氏之迷盘实验，亦发现儿童之学习行为，于达到某一阶段后，虽不继续练习，如经过之时日较长，则因借自然发育之作用，亦将表现若干进步。唯此进步乃就时间性方面而言，如速度之增加是；至于空间性方面，如准确与合度等，则似无若何影响。吾人于指导儿童学习时，如能安排作业之先后合度，使能充分领受自然发育之良效，则尽能借最少之学习，求达最高之发展，岂非事半而功倍？顾诸作业中，何者可借自然发育而见功，何者必须多假特殊学习而致果，则又非切实研求不可已。据梅氏实验结果表示，工作之复杂程度，实为决定发育与学习孰重孰轻之主要因子，工作之愈繁复者，其有待于学习之处愈多，故学习者之优越于辍业者之差别亦愈大。兹特将由读梅氏之实验而得之结论，列举如下：（一）实验组因二十六日迷盘学习之结果，其能力均优越于统制组；其优越程度，实与工作之复度作正比的关系。（二）学习迷盘之动官技能，可借自然发育之作用而增高。故知某种技能之学习，于加以相当学习外，尚须假以相当时日，使得充分蒙受自然发育之良效，然后成就始著。(三) 迷盘学习因借自然发育之作用，时间方面虽可节省，错误则反形增多。由是可知发育之有裨于时间性的进步也较深。而有裨于空间性之技能也不著。(四) 关系迷盘学习之能力，男女两性，似无差异。(五) 经已习得之技能，于一度辍业期后，究将表现进步抑退步，及其进退之分量如何，实与该项技能于辍业期前所已达到之程度，成反比的关系。如辍业发生于学习之初期，当时间及错误曲线方急剧降落，结果该项技能必将呈现进步，即有退步，亦比较轻微。如辍业发生于学习已比较成熟之后，尔时学习曲线业已展平，结果，技能之损失，必较为显著。(六) 于学习保持常态之下，个别差异 (Individual Difference) 实因复度之增加而增加。于复度保持常态之下，个别差异则因学习之增加而增加。(七) 如以 p 代表学习程度，以 m 代表发育之阶层，以 c 代表复度，k 为一常数，则三者之关系，约为 c = kmp。(八) 于学习比较成熟后，六十日之休息期，并不足以改变三型间复度之比例。换言之，遗忘进行之弛缓，似与工作之复度无关。

统观梅氏之迷盘实验，由始至末，均极缜密，一切装置，亦力求切合科学原则。特孟 (Terman) 教授因年来对于发育问题，极为注意，故去年于彼所开之教育心理研究班中，曾以是项实验提供讨论。顾余则以为梅氏之实验结果，对于学习、复度、遗忘，及趋异量相互间之关系，固有所明，唯对于篇首所标榜之自然教育，其发现实乏统计学上之重要性 (statistical significance)，盖以其所用为试验之型数仅三，且前后两期秒数相差甚小，殊无以别于因机遇而起之差异故也。欲求可靠之解答，余以为至低限度必须增设复度不同之型数，俾能测验辍业期后时间分数之减少，是否为一贯的现象 (consistent fact)。同时并设法研究辍业中之进步，是否确出于自然发育之作用，抑出于其他原因 [参考实业心理学关于休息 (Rest Pause) 之研究]。虽然，梅氏实验之足为吾人取法者至多，吾人固可仿其方法，而易其对象（如以智力功能代替动官功能），变其境遇（Learning situation），另为一更缜密之实验，以明学习与自然发育之关系也。此将有裨于儿童教育之前途，更何待言。

【附注】 本文乃根据1933年4月号之发育心理专门论文杂志 *Genetic Psychology Monographs* 专载之M. L. Maltson— "The Relation Between the Complexity of the Habit to be Acquired and the Form of the Learning Curve in Young Children" 一文，参以己见，并参考以下诸篇而作：

1. Burlingame, Stone. Family Resemblance in Maze Learning Ability in White Rats. 27th Year Book Nat. Soc. Stud. Educ., 1628.

2. Gessell A. Infancy and Human Growth.

3. Gessell A, Thompson H. Learning and Growth in Identical Twins. Genetic Psychol. Monog., 1929.

4. Lashley K. S. Brain Mechanisms and Intelligence.

5. Myers C. S. Industrial Psychology.

（原载于《教育杂志》1934年第24卷第3号）

实业心理与心理工程

一

实业心理一名词，在中国还很是新奇，恐怕有许多人连它的含义也不知道，然而它之成为专门科学，在英、德、美各国却已有二十多年的历史了。盖自工业革命以后，各工业国因产业上的竞争，对于改进生产方法的研究，真可谓苦思焦虑，没有一刻放松过，可是在这初期设计增加生产的人，均着重于生产机械之改良①，对于使用器械之工人，与足以影响工人心理的种种因子，却鲜有加以注意。所以机器的效率，尽随着机器的改进，及机械工程电机工程等学科的进步而登峰造极；而使用这种机器的人，却依然像旧时一样的仅做着机器的奴隶，没有人注意到他。直到欧战前后大家发现工人的效率，对于产量的影响，与机器有同样重要的时候，始渐转移视线于工人及工作条件之研究，因而先后产生两种崭新的运动：一为美国工程师泰莱（Taylor）氏所倡导之科学管理运动，一即以英国为领导的实业心理研究运动。

泰莱主义之中心目的，乃在怎样改良工作的条件，如工时长短、动

① L.Walther. La Technopsychologie du Travail Industriel.

作弛缓、工作方法、工资付法、工场管理等，使工作达到最高的效率，因而增加厂方的产量①。

泰氏为谋确立其学说，最先在美国伯塞伦钢铁公司（Bethlehem Steel. Co.）完成他那举世闻名的“铣铁搬运”实验，证明该厂工人平常每天平均只能搬运铣铁十二吨半者，在他的指导之下，可以增至四十七吨以上。他在该厂后来又进行另一试验，将铲铁工人加以选择和训练，并增加工资，及实施器械标准化，结果也证实工人的效率大为增进，产量有显著的增加。计每人每日之平均作业量由 16 吨一跃而为 59 吨，每人每日平均工资由 1. 15 金元增为 1. 88 金元，每搬运 2240 磅之平均消费额，由 0. 072 元减为 0. 023 元，而厂方雇用做这项工作的工人，从前须五六百人者，今则仅 140 人已足。在这一年中厂方之消费比较旧法竟节省 36417. 69 金元，此后平均每年均可节省 75000 元至 80000 元之谱。

泰氏学说既有理论的根据，复得事实之证明，因此乃大为当时工商界所器重，一时科学管理的呼声，凡遍全球。各工商业机关为谋自身之经济利益，当然也乐于与这班专以改进工作效率为前提之科学家合作。自泰氏于 1910 年退职后，其同志复依其所定之原则及方法，做大规模的应用，浸假而形成所谓“实业工程”一学科，各大工厂及公司，除照常聘用机械方面的工程师外，多加聘有实业工程师，专负责人事方面的设计，使一切工作条件适合该工厂的特殊情形，而谋最高工作效率之达到。

其实关于人事方面的重要性之认识，原非自泰莱和这班工程师始。以前之心理学家如 Mosso，Kraepelin，Laby，Bryan 及 Harter 等，皆已见及。德国心理学家蒙士特伯（Münsterberg）对于心理因子之足以左右产量一点，尤具卓识，当时即已详细规定实业心理之范围；不过他们多是在实验室里做研究，不以增进厂方之经济利益为号召，故不为一般企业

---

① 关于泰莱学说之大要参看 G.D.Babcock. The Taylor System in Franklin Management. Application and Results，p.17.

家所注意。便是在科学管理运动发生以后，他们所标榜的“实业心理学”也不如科学管理运动之惹人重视，这一方面固是因当时的实业心理学比较幼稚，一方面实因二者之注重点不同：科学管理之倡始者为一工程师，其目的在以增加厂方之产量为前提，对于工人之福利，每弃置不问，有时为欲增加产量，即将工人之福利牺牲，亦所不惜；而实业心理之倡始者为纯粹之科学家，其兴趣固亦在研究种种因子与工作效率之关系，从而谋工作效率之增进，然而他认为工人之福利与工作效率实有同样的重要，而且承认须保持工人最高之福利，始有达到最高工作效率之可能。二者因注重之点不同，因而行世有兴替之别，这是毫不足怪的。

二

实业心理学之基础，虽已由蒙氏于 1910 年间树立，但其发煌光大，却在欧战发生以后，最先对这科做有系统的研究和应用的，可算是英国于 1915 年设立的军械工厂健康委员会。这个机关后来改组为实业疲劳研究所，旋又改名为实业健康研究所，其唯一任务，乃在研究一切工作条件，如工时长短、工作方法等，对于工人健康与工作效率之关系；并负有将研究结果推行于全国各工业的责任。1921 年在迈尔斯领导之下，复有全国实业心理研究所（National Institute of Industrial Psychology）之设，集合全国实业心理学家数十名，除随时为各工商业机关分别设计外，并从事训练实业心理人才，使将来可分遣各处服务。该机关所印关于实业心理之书册，已不下数百种，对于实业心理之贡献至大。实业心理学之所以有今日，而居然能与其他工程学科，在实业界分占一重要地位者，实不能不承认大部分是出于此等心理学者之功。

美国方面，自 1917 年参战后，因实业上分工之需要，及测验编制方法之进步，实业心理亦渐露头角。其中人物如渥海大学之 Burtt 教授，哥伦比亚大学之 Poffeuberger 教授，确而盖大学之 Laird 教授，乔治·华盛顿大学之 Moss 教授，均有相当之贡献。各大私立工商业机关，鉴于实业心理之贡献，多先后聘有实业心理学家，专负人事设计及选择雇员之责，如美国涡基电力公司之聘任 Shellow，斯尚维制造厂之聘用 Pond，及斐来特斐亚电力公司之聘用 Viteles，均其彰明较显著者。各厂均设有极完备的心理试验室，并置有种种特制的仪器，举凡关于工人之选择、工作之分配、工作时间之长短、休息时间之分配、工人之训练、工资之付给法、工场之光度温度与布置等，悉由此等心理学家处理。这班心理学家在厂里的地位，亦属非常重要，恰与一个主要的工程师差不多；因为经过他们的设计后，厂方每年总可节省十数万以至数十万元的费用，除产量有显著的增加外，工业灾害又可减至最低限度。此外各实业心理家尚有自己组成之机关，如 Achilles 领导下的心理会社（The Psychological Corporation）及宾咸（Bingham）领导下的人事研究协会（Pcrsonnel Research Fcderation）等，随时与各工商业机关合作。各工厂在人事方面遇有难题的时候，每每委托此等会社代为解决，其功用几与一个工程公司相仿佛。

在德法俄三国，欧战以后，实业心理亦继科学管理运动而大放光彩。德国方面，1916 年即成立实业心理研究院一所，由李门（Lipmann）氏主持。1919 年，又有实用心理研究所之组织，计截至 1922 年 6 月，德国大工厂公司之设有心理实验室者，已不下 22 家之多。俄国方面，近年来对于实业心理的研究，比较别国尤为猛进，莫斯科在 1922 年即已设有大规模之实业心理实验室一所，各大工业机关，亦多附设有实业心理试验室。单就莫斯科之运输业心理技术研究所而论，已足豪视一时，盖该所除聘用心理技术家 20 人外，尚用医生 15 人，办事员 80 余人；有 12 条铁路附设之心理实验室，均受其节制。

除此每数年尚有国际实业心理会议之举行，自波范（Bovet）及克拉伯（Claparède）于 1920 年一度召集于日内瓦后，会继续召集过两次，嗣复扩大组织，成立万国心理技术总会（International Congress of Psychotechnology）轮流在欧美各大都市召集。总观以上种种，实业心理在今日工商界中的地位，已可概见，它所以能在欧战以后风靡一时，几有凌驾实业工程而上之势者，实因它的观点原较后者为完全，而且在实际的工作上，曾表现了惊人的成绩的缘故啊！

其实在最近的几年中，实业心理与实业工程两者，因研究对象的大致相同，已很难找出截然的沟界。实业心理家对于实业工程所指示的路径，大部分都毫无成见地加以采纳，所以我们虽说现代的实业心理，乃建筑于泰莱主义的基础上，亦不为过。同时一班实业工程师，因觉悟其自身之缺点所在，亦多爬入心理学的领域，或采纳实业心理家研究之结果，为解决问题之借镜。因知识之交换与融合，所以现在竟有许多学者，如 H.W.Heinrich，J.E.Ives，C.P.Yagloglon 等，我们竟不能指出其为实业心理家，抑为实业工程师。实业心理与实业工程之所以能有今日灿烂的成绩，这种知识的融汇，实也是一个很大的原因啊！

在生产非常落后的中国，人们多归罪于机器的不发达，其实机械能力之薄弱，固是工业衰落一个最大的原因，然而人事管理和工作条件的忽略，也是妨碍生产的莫大症结。我们设能从这方面加以改良，则工商界因不景气而破产倒闭的数量必可大减。最近两三年来，因国内工商界之觉悟，似已微露一种科学管理运动的曙光；有不少实业机关，已毅然聘用专家作人事上的设计。这不能不说是一种好现象，可是实业心理之重要，却仍不为国内工商界所认识。实业心理在欧美实业界有那么盛大的贡献，而且如火如荼地欣欣向荣；在中国却还是一个不易听到的名词，这不能不承认我们实业之落后，原是咎由自取的了。

三

实业心理是应用心理学的一种，但是他与其他的应用心理除研究的对象不同外，在实用的程度上也大不相同。普通的应用心理如教育心理、法律心理等，多在发现一种原理，在遇着某种情境时，直接予以采用；这种应用，是比较含有普遍性的。可是实业心理的目的，除在实业情境内发现种种普遍原理，如工时长短与产量之相关，温度与疲劳之关系等外，尚须做进一步的探讨，以谋所应用的原则，适合于某工厂或工场的特殊情境，这种应用是比较含有特殊性的。因为实业的情境异常繁复，掺杂着许多互相关系的因子，所以虽明知工时长短与效率有相依的关系，工时愈短，效率愈高；或就某工业研究结果，如每日工作五时半可得最高之产量；但我们决不能就以此做普遍的应用，因为各种工业的性质不同，各工厂又各有特殊的情境；五小时制适用于此，未必适用于彼；某厂工作平面须十烛尺之光度始可维持最高效率，在另一厂或须增至25烛尺之光度，故实业心理家之任务，一如普通之工程师，须就某厂里的特殊情境，将种种因子一一估量，然后方能予以一个特殊的设计。故实业心理家所重者，在设计和技术；他在厂里的职位，恰与一个工程师相仿。所以我们与其叫他作一个心理学家，不如叫他为心理技师（Psycho-technician），或心理工程师（Psychological Engineer）之为妥当，与其笼统地称这种学问为实业心理学，不如将其分为理论的与技术的两部分，前者仍以实业心理名之，后者则不妨仿照苏联及一部分学者名之为心理技术（Psychotechnology）或依宾咸氏名之为心理工程（Psychological Engineering）之为愈。二者之关系，正如普通之机械工程，与物理学的关系一样。这样的命名，实可以避免许多意义上的误会。现在英美各实业心理学作家，虽尚多统称之为实业心理，而招致许多不便，但照我个人观察，现在已有分别命名的趋势，而且就便利上说，也实有分名之必要呢。

这种分别，我觉得是非常重要。譬如说：实业心理与实业工程两者的目标，都在研究怎样去增进工人的工作效率，而在厂里服务的心理家和实业工程师的任务，又均相同；可是一提起实业工程，我们就知道它是一种设计和技术的学问，一提到实业心理或实业心理学家，便不会联想到他是一种技术，或是负有工程师一般任务的人。

实业心理既含有普遍性与特殊性的两部分，恰如物理科学之含有物理学与机械工程的两部分，则这两部分自有分立的必要。前者仍名之为实业心理，关于设计与技术的一部分，则应名之为心理工程或实业心理工程。这样的命名，非但可以表出实业心理技术之特点，且可将实业心理的设计一部分，别之于实业工程，因心理工程与实业工程虽同属于工作效率之设计，可是一则以工人为本位，从心理分子之分析方面着手，一则以实业为本位，对于心理方面却比较忽略。顾名思义，我们也可约略领悟到两科根本上的异同啊！

四

实业心理与心理工程的区别，不过在应用的程度上略有不同，它们研究的对象，实在是大致相同的。我们要明白这两科的范围，不妨把历来所认为实业心理的范围先说一下。据迈尔斯（Myers）所下定义，实业心理的目的，乃在发现人类工作的最良条件，无论其为职业的选择，工人的选择，减少疲劳的方法，或研究如何改良各种物质环境，如灯光、空气、工场布置等，以增加工作的效率，均属实业心理的领域。英国之国家实业研究所对于实业心理的界阈，亦曾有详细的规定。简约论之，实业心理的对象，可分为两方面：一方面乃在研究如何使工人适合于工作和工作环境；这便包括工人之选择，和工人之训练等问题。另一方面乃在研究如何使工作或工作环境适合于工人；这便包含疲劳之减除，工时休息之长短，工场之布置与设计，光度温度等物质环境之改善等问题。宾咸氏（Bingham）所列一表，论实业心理之范围最为详尽，兹附录如下，阅后不难想象本科内容的繁杂：

（甲）实业行为之可量者

1. 出品

品质（货物损坏之比例）

数量

出品数量之变异度

2. 请假

3. 迟到

4. 工资

5. 储蓄

6. 改业

7. 守业（工作年限之久暂）

8. 改业

9. 学习所需之时间

10. 健康

医验结果

疾病记录

11. 安全

遇险次数及程度

时间损失

12. 冲突

违抗行为

罢工

强制停工

13. 疲怠

出品减低

能力消费

14. 对工作之兴趣

兴奋，潜心工作

厌倦

15. 工人态度

（乙）控制行为之因子

1. 工作是否适宜

个人之能力、特性、年龄、学力、经验、兴趣、志向、情感、智力、健康、体力等

2. 社会及经济状况

3. 训练

4. 管理

监工之态度及方法

5. 工作状况

工场布置，材料供给

工作方法、工具、机器，及工作姿势等

6. 工作时间

7. 休息时间

8. 工作环境

光线、温度、空气、嘈声、音乐、工友等

9. 经济条件

薪金、工资

支薪方法

10. 非经济条件

上司之鼓励

工友之赞赏

团体竞争

出品数量之图示

11. 升级之机会

12. 各种忧念，如关于减薪、遇险事件之发生、疾病、失业等

13. 工余之生活状况

食物、睡眠

生活程度

家庭状况

观此，我们已可略见实业心理的内容。所以实业学家最大的任务，便是去找出种种实业行为，与凡足以影响实业行为的种种因子间的相互关系。譬如工作时间之久暂，和休息时间之多少，均足以左右工人之效率；实业心理便要研究每天应规定工作几小时，或休息几次，才能保持工人的最高效率，因而使产量达到最高的水平线。工时过长或休息太少，非但足以使工作效率低落，同时还足以破坏工人的健康，增加遇险的可能性。这些关系，实业心理均应同时考虑。再者，工业有轻重的不同，轻重之间又有性质上的差异，若干长度的工时适合于某种工业，未必适合于别种工业；若干次数的休息，足以使这工场保持最高的效率，未必能使另一工场获得最优的效果；所以再进一步的研究，便是在发现种种因子与实业行为的关系外，更为某一特殊的实业环境设计，以谋最高工作效率之达到；这部分设计的工作，我们说，便是心理工程的任务。

又如乙项中“工作是否适宜”一因子，非但足以影响甲项中出品之品质与数量，同时还足以影响到请假、迟到、改业、安全、健康、冲突、疲怠、兴趣、态度等其他实业行为。出品的质量，除受“工作是否适宜”一因子的影响外，同时还免不了要受其他种种因子如训练、管理、工作时间、工作环境、经济条件、工余生活等所影响，它非但受着多种因子的影响，同时还要受其他实业行为，如请假、迟到、工资、改业、安全、健康、兴趣等所影响。因此之故，我们要寻求每种实业行为

的因果关系，从而谋工作条件之改进，真是一件很繁难的工作；然而十几年来，因研究工具的改良，和最新科学方法的利用，一班实业心理家已建树了惊人的成绩。我们对此，不能不叹服科学方法效用之宏了。

实业心理学家用以解决各种问题之方法，最普通的有统计法、实验法、个案法三种。何舍何从，每视问题之性质和应用之利便两定。如关于光度、湿度、空气、嘈声、休息之研究，多应用实验法。关于实业灾害之预防，工时之多寡，和单词之研究，多采用统计法。关于工人之选择，工人之训练，和工人困难之诊断，则常应用个案法。此不过就大体而论，有许多实业心理上的难题，实在非同时应用几种方法不能得到正确的解答的。

实业心理所要研究的第一个大问题，便是实业疲劳的减除；换言之，便是怎样可以使工人保持其最高的效率。我们知道工作是一种生理上的消费，工作时人体器官因某种化学物质之堆积，而形成所谓疲劳的感觉，这是工作的必然结果，无法避免的；但是有许多疲劳的形成，乃由于工作方法的不善，物质环境的不适，或工作时间分配之不宜，这种疲劳确是无须有而可以预为防免的；实业心理的任务，便在考查这种无须有的疲劳（Unnecessary fatigue）的成因，从而设计使工作保持最高的效率。

1. 工时的长短

以前的工业家，多以为工作的时间愈长，则产量愈多，因此工人每天的工作时间，总在十二小时以上，这实在是一个很错误的观念。自从泰莱（Taylor）、几柏烈士（Gilbreth）等的实验发表后，世人始渐知每天工时的减少，若在相当限度以内，决不致使产量减少，因此在最近的30年中，美国工业已由十小时制一变而为八小时制，昔日之每周工作六日者，今则仅令工作五日半。这种运动一方面固是爱护工人的表现，实则对于厂方亦是大有利益的。据立门（Lipmann）氏统计18国234种工业的结果，发现每日工时之愈少，其每小时之产量必愈大，无一例外。于此可知工时较少，反能保持较高之效率。某兵工厂将每周工时由58.2减至50.6后，每小时产量反增加39%，全产量亦增加21%。

工时之减少，非但可以增加产量，而且可以减轻遇险性，以及破损数量。某机械厂实行12小时制时，较诸改行10小时制后，遇险次数要多三倍；换言之，即改行十小时制后，工业灾害竟减少70%。某厂将每天工时增为15小时，在四个月中，破损质品竟增加两倍，产量亦同时减少10%。于此我们可知工时之多少，实大有研究价值的了。

2. 休息之分配

缺少休息也是造成过分疲劳的绝大原因。要保持工人的最高效率，必须于他们的工作曲线达到最高峰后，即予以一次休息，俾能恢复精力以再从事工作，否则工人因疲劳之故，必不免私自休息，这种私自休息，厂方实无法防止；而且工人于私自休息时还带着恐惧的心理，其对于恢复精力的功效，是极微乎其微的。所以要保持工人的最高效率，正式休息时间之长短与配置，实是一个很重要的问题。

据某心理学家考察结果，某厂工人于无正式休息时，平均每小时可制成货品16件者，于每工作25分钟即给予一次5分钟之休息后，每小时产量可增至18件；于每工作17分钟即给予休息3分钟后，每小时产量增至22件；若于每工作10分钟即给予一次2分钟之休息，则每小时产量竟增至25件，是此项工作每隔10分钟休息一次，较诸无正式休息时，产量要增加60%。

休息非但足以恢复工作者之精力，而增加休息期后工作之效能，且对于休息期前之工作，亦发生良好的影响，因工人知于不久的将来即有一次休息的机会，工作时反能用心不懈。若工时过长，又无预期之休息，则对于工作反生厌倦之念；工作效能之低落，是毫不足怪的。唯休息太长或太多，亦足以使产量低减。而且每种工业因性质的不同，而有不同的需要，关于这点，便非心理工程师去实地试验不可了。

3. 单调，动作，与工场布置

我们寻常以为机器的精细分工，可以使工人集中精神于做某一件事，而且很机械地去做，不致多耗精神，这对于工作效率上，必定是一个很大的帮助。是不错，这固然是机器时代与手工时代一个绝大的分野，然而近世机器之日趋分工，遂致工人的工作异常单调，有的竟终日工作，而不过手之一举指之一动者，周而复始，绝无变化，这种单调感觉的结果，小则可以增加过分的疲劳，加重对于工作的厌倦；间接上增加遇险的可能性，大则或致形成精神的变态，贻害工作者的终身。所以在单调的工作中而欲保持最高的效能，我们非找出相当的补救方法不可。

据实业心理家的研究，智力之高下与忍受单调的能力，是有相反的关系的。大凡智力愈低，愈适于单调的工作，所以对于单调的工作，我们不应选择过于聪明的人去做。一个人忍受单调的能力，此外还可以用其他更有效的方法去测验出来，实业心理家的任务，便在研究和应用这种种方法。

我们若使工人于每工作若干时间后，即改作另一种工作，换言之，即工作之变换，亦足以减轻单调的感觉。如某香烟厂曾做一试验，其程序如下：

第一次　工人制烟，或切或卷，各随其便。

第二次　每卷一小时后，始切割之。

第三次　每卷一时半，然后切割之。

第四次　每卷三小时后，始切割之。

第五次　全日卷烟。

试验期间共十星期，结果第五次之产量最低，其出产曲线常在其他出产曲线之下。第二次试验，即每卷一小时即将工作变换者之产量最高，其生产曲线几成为一直线，而均在其他曲线之上。于此可见是项卷烟工作，实以每小时变换一次为最适宜。

此外如休息次数之增加，音乐之设备等，均有减低单调之可能。实业心理家在研究疲劳问题时，便不能不注意于此。

其他如动作之不得当，方法之不善，和工场布置之无系统，均足以使工人受过分的疲劳。

实业心理所要研究的第二个大问题，便是工作环境的改善。我们知道人类的心理状态，是没有一刻不受物质环境的影响的。即如光线之强弱，对于工作之效率，便有莫大的关系。最有利的光度，自然是日光，普通大约等于1000烛光尺，而普通灯光在工作平面上之光度则为五烛光尺，至三四十烛光尺不等。据英国实业疲劳研究所发表的实验报告，谓在某印刷厂试验各种光度对于工作效率之影响，发现在二烛光尺之工作平面上，较诸在日光下的工作，产量要减少25%，错误则增加10%，在七烛光尺之工作平面，产量要减少10%，错误亦略有增加；若将工作平面之光度增至20烛光尺，则产量可保持日光下之状态。

据某工厂报告，该厂自将光度由3.8烛光尺，增至11.4后，产量即增加8.5%。又据美国芝加哥爱迪生联合公司调查93处工厂之结果，发现自经采取新式配光方法后，产量均有8%至27%的增加。

唯光度虽属适合，如安置不当，亦将引起不良的结果，他如光线的颜色，有时亦与工作效能有关。工作过于精细，有时还须加配某种特制眼镜，方能免除工人视觉器官之疲劳。这种种都是实业心理家所应研究，而为心理工程师设计时所不可不熟知的。

温度，湿度，与空气三者，亦最足以影响工作的效率，大约做粗工的人，在气温72度时所做的工作较诸在90度的高热中，可多两倍；较诸在110度的溽热中，可多六倍。嘈声亦至足以扰乱工作者的神经，减低工作的产量。某电报公司之电话部，自设法将嘈声减去10%后，错误次数竟减低42%，同时每次接话之消费，亦大为减少。至于嘈声之如何避免，除根本改良机件外，如吸声墙之设立，隔音器之装置，耳塞之应用，均为方法中之颇有效力者。至在某种工场里，究如采用何法；冀同时又无碍于实业行为之其他方面，这便是实业心理家和心理工程师所应潜心讨究的了。

实业心理所要研究的第三个大问题，便是实业灾害的预防。遇险事件的发生，已成为现代工业上一个最严重的问题。这非但在人道上说，是一件莫大的不幸，便是就经济上说，也造成资方和国家的莫大的损失。关于遇险的发生，机器的不良固常负一部分责任，但据英国统计三万余件灾害之原因，其中90%，却都是出于人事上的疏忽。所以怎样从人事方面去减少灾害发生，实是急不容缓的重大工作。我们对于此点，因篇幅关系，不必详说。单将普通实业心理家所认为间接直接可以造成灾害的因子，举列如后：（一）疲劳，（二）年龄与经验，（三）体格，（四）工作速度，（五）温度，（六）光度，（七）单调，（八）个性不适等。有些是属于工作的条件的，有的是属于物质的环境的，有的是属于工人的自身的；所以实业心理家和心理工程师在研究预防灾害时，一方面要从改善工作的条件着手，如工时之长短，休息之多少与分配，工作方法之改善等；一方面从改善物质环境着手，如配置适宜之灯光与空气流通器等；一方面还须着重于工人之选择，用各种可靠之测验与仪器，测知每个工人之是否适用。这样，实业灾害才能减至最低限度。

实业心理的第四个大问题，便是关于工人的选择和训练，使每个工人都适合于所做的工作。要做到这步，非大量地编造各种工业能力测验不可，有时还得设计制成各种小模型的机器借以测知各工人对于该种机器的运用能力。我们不妨略举数事，以示这项工作的重要。据美国米路华基电力铁路公司报告，自该公司采用新法选择车夫后，车夫因遇险而遭辞退之人数，由 14.1%减至 0.6%，因他故而遭辞退者，由 7.2%减至4.8%。斐城电力公司自实业心理学家怀特利（Viteles）在彼处任职后，分站的开机错误，亦逐月锐减。其状约如下图所示：

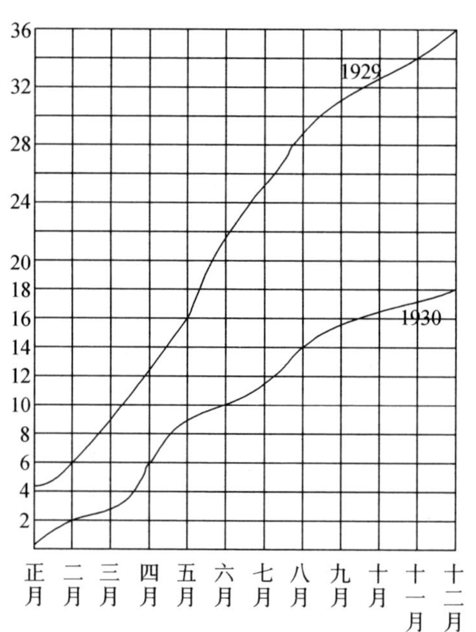

斐城电力公司于1930年应用心理测验法后

分站开机错误次数与上年之比较

统观以上种种，我们已可略见实业心理与心理工程的内容，它们在现代工业上地位的重要，亦可不言而喻。欧美工业之所以能够出人头地，机器的进步，固是根本的原因，而他们善用人力，使工作的效能达于较高的平面当然也是一个不可忽视的原因。我国因经济与物质的落后，在机器方面既难与之争长，可是在人事方面的改进，只须我们有决心、有充分的努力，我想一定可以略挽现在的颓势，证以欧美各实业心理家和心理工程师在他们各工厂里所造成的惊人成绩，这并不是过分的奢望呵！

（原载于《学术世界》1935年第1卷第1、2期）

光度与工作效率及工业灾害

人类的行为，无时无刻不受着环境的支配，各种物质因子如气温、湿度、光照、嘈声等，均能直接引起工作者生理上和心理上的变化，而形成工作曲线之升落现象。诸因子中尤以光照之影响为最显著。不良的光照，为造成疲劳的最大原因，有许多工厂里产量有低落和遇险事件之过频，都间接的肇因于此，此外工人的视觉器官和身体健康亦每于不知不觉中遭其破坏，而造成工业中劳工疾病、请假，和劳工转换诸问题。反之，从各工厂的实地考察，却无一不证明经过科学设计的光照制度，足以增加生产的数量，改进货物的品质，减少工作的错误和消耗，并减少事故的次数。各工厂添设新法光照后，产量每能增加 10%至 20%左右，而实施新法所需增加之费用，不过占全工资的 12%罢了①。

视觉器官为人体上感觉最灵敏的一部分，当双眼在使用的时候，即有许多视官筋肉在不断地动作。借瞳子大小的变化，以适应光度之强弱。借调和筋肉的伸缩，以适应视体的距离，此外于注视同一物体时，

① Welsh, Miles. *Industrial Psychology in Practice*, pp.96.

双目归合一处尚需运用许多筋肉，以保持视线的均衡①，若光度过弱，或光照的散布不均，如黑色机器里间有一发光的部分，每能使此项筋肉运动加剧，而招致双目的极度不适和疲劳。所谓目眩和头痛均其必然的结果。盖双目对于光耀的物体，原有一种“反射的反应”。自动的转向，俾由物体回射的光线可以集中于网膜的中心（Fovea），眼官筋肉对于亮体既有这种反射性或必然性的反应，若工作时双目却需注视另一暗体，而发生另一方向的筋肉动作，则这两种矛盾动作的结果，当然要招致过度的筋肉疲劳。且网膜的中心部分原为接受强的光线的，其周围部分乃为接受弱的光线的，这是天然的结构，今如强使中心部分接受弱光，而令另一强光从旁射入网膜的周围部分，则这种违背反射动作的结果，当然要使工作者感到极度的不适了②。所以要增加工作者的舒适，单谋光度的加强还不够，同时还须顾到光照的散布是否适宜。此外光的颜色对于视觉亦颇有影响，工作时究以何种光色为宜，亦为光照工程中所应研究的一个问题。大概言之，光照设计的主要方面有三，一为光之强度问题，二为光之散布问题，三为光之颜色问题。

发光体光度之强弱，普通以烛光为测量之单位，而某工作平面光照之强度，则以烛尺光 Foot-candle 表示之，所谓一烛尺光，即工作平面与一标准烛（其直径大约为一英寸）相距一英尺时所受之光度。夏日晴天郊外所受的光度有时在一万烛尺光左右③，树荫下的光度大约为一千烛尺光，据许多人研究结果，这实为工作时最理想的光度。普通工场内或室内之平均光度不过十烛尺光左右，若用人造光，则犹不及此，有许多写字间的办事人和工场的工人都在三烛尺光的光度下工作。

---

① A.M.H.Davis. “Lighting in the Factory”. J.Nat. Inst. of Ind. psy, 3（1927）, p. 382.

② A.T.Poffeuberger. *Applied Psychology*, 1927, pp.575.

③ M.Luckiesh, F.K.Moss. *Seeing*, 1932, p.6.

光之强度问题 缺陷的光照非但足以使精力的消耗量增加，而且据发里（Farree）、兰特（Rand）等研究表示，还足以引起不愉快的心境。在明亮的场地，工作者因受明亮的环境所刺激，每有增加活动的趋向；黯淡的光度，却令人昏昏欲睡。故可知光照实有一种刺激的力量，好比兴奋剂一样，便是在无需乎视觉的工作中，充分的光度也能使工作的效率增高。据刘克许(Luckiesh)及莫斯(Moss)报告某种实验，谓有某种仅凭触觉的工作，各工作者可在黑暗中进行，唯于各人各戴上一副不透明的眼罩，而受着光的刺激后，其作业量竟较在完全黑暗中增加8%。①

光度的强弱对于工作效率的影响 我们试将各厂日间的产量与在灯光下的产量一较便知。据在某印刷厂排字间之观察报告，在二烛尺光下之工作较诸在天然光（即日光）下的工作，产量减低25%，错误增加10%。在七烛尺光之工作较诸在天然光下的工作，产量减少10%，错误亦略有增加。当光度达到20烛尺光时，始能维持与寻常日光中相仿佛的工作效率②。

又据亚当斯（Adams）及威斯登（Weston）报告，在某厂试验五个女工结果，于平均光度由1.7烛尺光增至4.7烛尺光时，产量计增加6%。后将这些女工迁至另一应用天然光的场所，产量又再增加6%③。

天然光的光度较强，且因来源甚远，光线为平行的，故散布较人造光为均匀，所以天然光实为最理想的光照，我们应尽量地利用它。唯普通的工场很大，如何可使全部工场受到充分的天然光，实为工场建筑中一个很重要的问题。如屋顶齿形窗之运用，墙壁颜色之选择，反照镜之应用等，均为利用天然光时所应研究的。

---

① M.Luckiesh, F.K.Moss. op. cit.

② L.A.Legros, H.E.Weston. "On the Design of Machinery in Relationship to the Operator". Ind. Fat. Res. Bd. Report, no. 36, pp.34.

③ Tenth Annual Report. Ind. Fut. Res. Bd, 1930, p.7.

夏天日长夜短，冬天则日短夜长，所以四季能利用日光的时间亦有长短的不同。同是日间几小时的工作，日长时的工作曲线与日短时的工作曲线，形式上也大不相同，大约日短时早晨第一、二小时天还没有大亮，下午四、五时天又已变黑，因此在这时的工作的产量终不及日长时同一时间的产量。试观第一图所示某丝织厂三个期间内之每小时平均产量曲线，我们即不难看出光度强弱对于工作效率的重大影响。

天然光的强度，四季既有不同，即在同一日里，变化亦很大，某君曾在某内室的一长桌测验两天，其光度之变化度第一天计由 43 烛尺光至 266 烛尺光，第二天由 21 烛尺光至 495 烛尺光，其变化之大，可以代表一般。如天然光的强度低过某限度，则临时应用人造光为之替代，实为预防产量低落之必要方法。至于日夜交替时，如何使天然光与人造光适当地衔接，使工人不致发生过于显著不同的感觉，亦为心理工程师与实业工程师所负责计划的。

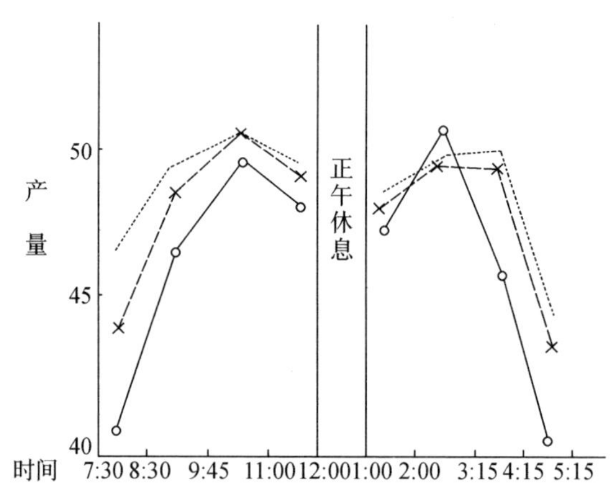

第一图　某丝织厂三时期中每时期平均每月每时之产量曲线

○——○＝第四周至第六周（即正月五日至二十四日）

×---× ＝第七周至第九周（即正月二十六至二月十四）

……… ＝第十周至十二周（即二月十六至三月六日）

人造光包括一切灯光，如电灯、煤气灯、水银灯、火炬等其应用由来已久。唯昔时因不知光照对于工作效率有这样密切的关系，或知之而吝于筹算，故至今仍有许多厂家对于灯光的设置，但求其有，而绝不顾及光度之是否适宜的，这真可谓短视之至了。兹特举数例，以证光照强度之有补于生产。

1. 产量之增加

美国渥海州之打夫制造厂以工资之 2. 5%，为添设新式光照制度之用，结果产量竟增加 12. 5%。又据芝加哥之爱迪生总公司调查 93 家工厂结果表示，自光照制度经过新式设计后，产量计增加 8%至 27%。又据在某煤矿区实验结果，自采用一种较寻常光强六倍的灯后，在六星期中煤之产量增加 14%，废物则减少 20%①。

2. 工作之速度

某君曾在某处邮局做一试验，在各种不同的光度下令被试者将信件归类，每半小时将其所已归类的信件，称量一次，作为工作速度的代表。计收信部于光度由 3. 3 烛尺光增至 7. 2 烛尺光时，速度共增加 12%；发信部于光度由 3. 3 烛尺光增至 5. 9 烛尺光时，速度共增加 20%。纽约某邮局共有佣员 5 000 名，自将光度由 3. 6 烛尺光增至 8 烛尺光后，类别邮件的速率计增加 4%，每年工资可省下 148 000 金元，而实施新法所加多的费用不过 39 000 金元罢了。②

3. 错误之减少

据在许多排字间或印刷公司所做试验，均证明光度加强之足以减少错误，上述李格乐斯（Legros）及威斯登（Weston）二人关于排字之报

① Welsh，Miles. *Industrial Psychology in Practice*，p.98.

② Welsh，Miles. *Industrial Psychology in Practice*，p.98.

告，亦足证明①。

4. 工业灾害之减少

工业灾害为许多不良因子之结果，过分的疲劳实为其中最大的一个原因，过分的疲劳底形成，缺陷的光照又为其最大的原因，所以光照制度的良窳，实大有关于工人的安全。据斯蒂文孙（Stephenson）发表统计，谓冬春两季因日短之故，晨初与午末每须应用人造光，而彼根据这两季在此时辰所发生灾害的次数，拿来与日子较长而无需用人造光的夏秋两季同一时辰内所发生灾害的次数一较，竟发觉前者较后者多两倍以上，这实足证明光度的明暗，实足以左右遇险的次数②。又据迈路司报告，某机关共有工人 1 000 名，遇险率每年约为 400 件左右，厂方所需负担之抚恤金及医药费不下 3 000 金镑，自经心理工程师将光照制度设计改良后，所增电费约为 500 金镑，然而遇险率一降而为 150 件左右，因抚恤及医药而受的损失较前竟减少 1 500 金镑以上。

至于光之散布，亦属非常重要，光照强度纵极充分，如发光体安置不适当，致令工作平面发生截然的明暗部分，则仍不能保障工作的最高效率，故某种工作究应装置局部光照（Locol lighting），抑应装置全部光照（General lighting），或应两者兼用，都需予以特别设计。又如光色问题，近来研究者亦颇不乏人，在应用人造光中，大约以黄色为较优，然往往亦有例外，关于光之散布及颜色问题，兹以篇幅关系暂不多述，容当另文论之。

（原载于《学术世界》1935 年第 1 卷第 3 期）

---

① L.A.Legros, H.E.Weston. “On the Design of Machinery in Relationship to the Operator”.

② M.Viteles. *Industrial Psychology*, p.368.

工业心理学对于遇险预防问题之贡献

近世因工商业发达及极度机械化之结果，遇险已成为社会上一异常严重之问题。单就汽车交通而论，据美国全国安全运动协会报告，于1930年度一年中，已酿成33 000余人之死亡，此外尚有100万人遭受伤害，总计所受金钱损失，不下10万万金元[①]。若就全国各业统计，每年至少发生遇险300万件，所受金钱损失至少在50万万元以上[②]。吾国虽无完备之统计足资参考，然观于工商业机关对于工人幸福之漠视，及安全设计之忽略，每年因意外事故而蒙受之耗费，其数目当亦大有可观。

遇险事件之发生，前人每认为机器之过失，或出于当事人之疏忽，故早期之工业安全运动，多仅着意于机器之改良，及戒人疏忽之文字宣传，其后因其成效甚微，始渐渐移力量于真正原因之探讨。据专家分析工业遇险三万余件之结果，竟发现其中肇因于心理因素者占90%，而肇因于物理因素者，则仅占10%。是可知欲图遇险事件之剧减，非从心理

① Report of the National Conference on Street and Highway Safety Washington, 1926.

② H.W.Heinrich. “Cost of Industrial Accident to the State, the Employer, and the Man”. Mo. Labor Rev, Nov, 1930, pp.72-80.

因素方面着力不可①。

据近代工业心理学家研究结果，足以促成遇险之心理因素至为繁杂，大别之可分为两类：（一）直接的因素，如身体缺陷、情绪、智力、年龄、经验等身体内之因子，直接足以影响个人之遇险感受力者是。（二）间接的因素，如工时长度、休息分配、生产速率、光照、湿度温度等体外因子，举足以影响个人之感觉，而间接即足以左右彼之遇险可能性者是。两类之中，尤以第一类之影响为著，兹特详细论之。

查对于本问题研究最早者，厥为英国之实业疲劳研究所。由活特士（Woods）、纽保德（Newbold）诸人大规模之统计研究，始证实遇险感受力之个别差异，实为造成遇险事件之最大原因。盖个人容易发生遇险之倾向，亦犹其他各种心理性能一样，各不相同。有的工人因神经系及感官之缺陷，或其他种种复杂之关系，往往较他人更容易发生遇险。遇险感受力高者，虽在极安全之工作环境中，亦常发生意外，遇险感受力低者则虽置身极危险之场地，亦不易发生意外。果尔，则可知徒凭防险器械之设备，及警戒疏忽之宣传，实未足以消弭遇险事件于万一也。

格连枯（Greenwood）及活德（Woods）二氏曾用极精密之统计方法，证明遇险易遭性之存在②。据二氏长期观察佣工之结果，发现大部分之遇险事件，常由一小部分工人所造成。有一部分工人在某一定时期中，每人曾发生多次遇险；有一部分仅发生一次；有一部分则绝不发生。欲解释此种遇险之分配，可有三种不同之假设。一、个人之本性实与遇险之发生无关；换言之，即某人之将否发生遇险，全属机遇，如由许多纸牌中任抽一牌者然，此种形式之分配，谓之“简单机率之分配”。二、一集体中各个人对于同一危险性之工作之感受力，原皆相同，唯某人若一度不幸遇险，则此

① Welch, Miles. *Industrial Psychology in Practice*, p.139.

② M.Greenwood, E.H.Woods. “The Influence of Industrial Accidents, with Special Reference to Multiple Accidents”. Ind. Fat. Res. Brd. Rep, No. 4, 1919.

后即有重演之倾向，与曾一度患肺病者较易感染第二次之肺病，其理相同。遇险之发生，如系出于此项原因，其所得之分配，必为一"偏重之分配"(Biassed Distribution)。三、一集体中各个人易于遇险之倾向，禀性便各不同；有的工人生性即较他人为易于发生意外，换言之，其遇险易遭性本较别人为高。如此理果确，则该厂所得之遇险分配，必与前二者不同，此种分配可谓之"偏向各异之分配"(Distribution of Unequal Liabilities)。

格活二氏曾将调查所得各工厂之遇险人数分配，即曾发生零次、一次、二次、三次等遇险之各组人数，与根据上述三种假设而算出之各得分配互相比较，而发现由第三种假设所算出之分配与实得分配最为接近。兹举二例为证，见第一表。表中将甲乙两厂曾发生零次、一次、二次遇险之人数列出。甲厂共有女工 648 人，如第一种假设属实，则曾发生零次遇险者应有 406 人；如第二种假设属实，则曾发生零次遇险者，应为 453 人；如第三种假设属实，则曾发生零次遇险之人数应有 442 人。吾人试将厂中各组之实有人数，与此三种假设之应有人数一一比较，不难发现第二、三种假设之各组人数与事实较接近。于此可知个人之发生遇险，实非偶然；换言之，即在同一环境条件之下，个人易于感染意外之程度，实各不相同也。

第一表　甲乙两厂女工之遇险分配与理论分配之比较

厂别	遇险次数	人数	第一假设	第二假设	第三假设
甲厂	0	447	406	452	442
	1	132	189	117	140
	2	42	45	56	45
	3	21	7	18	14
	4	3	1	4	5
	5	2	0.1	1	2
总计		648	648.1	648	648
P				0.13	0.39

（续上表）

厂别	遇险次数	人数	第一假设	第二假设	第三假设
乙厂	0	397	397	403	398
	1	133	163	125	136
	2	47	36	44	38
	3	5	5	10	10
	4	1	1	2	2
	5	…	0.1	0.3	0.6
	6	…	…	…	…
	7	1	…	…	…
总计		584	584.1	584.3	584.6
P				0.30	0.16

格活二氏又尝应用相关法研究本问题①。二氏根据某厂女工八个月之遇险记录，将前后两时期中之遇险次数计其相关，看前期之遇险次数多者，后期中是否遇险之次数亦较多，前期之不常发生遇险者，后期是否亦较不易发生遇险。其根据四种工作而求得之相关系数分别为 0.72，0.69，0.53 及 0.37。其中三个颇高，足证各人对于遇险之感受力，实不相同。常人每以为一人于曾受一次伤害后将更谨慎而避免重演，然此殊与事实相背。参阅第三表。

二氏又将该厂 2 月至 7 月各工人遇险每月之平均次数计出，凡于 2 月时绝无遇险发生者，其后五个月之平均遇险次数为 0.15；其于 2 月时曾有遇险发生者，其六个月中之平均遇险次数为 0.41（见第二表）。于此可见，如以 2 月之记录为审查之根据，凡在该月内曾有遇险者，其后数月亦易接续发生遇险。

① M.Greenwood, E.H.Woods, "The Influence of Industrial Accidents, with Special Reference to Multiple Accidents". Ind. Fat. Res. Brd. Rep, No.9-10, 1919.

第二表　某厂各月份之平均遇险次数（1917年2月至7月）

月份	二月中无意外发生者	二月中有意外发生者	差及机误
二月	……	1.31	……
三月	0.06	0.65	0.50±0.04
四月	0.30	0.45	0.15±0.07
五月	0.10	0.21	0.11±.04
六月	0.26	0.40	0.14±.07
七月	0.01	0.03	0.02±.02
总计	0.15	0.41	0.26±.06

吾人既知“简单机率分配”一假说之纰谬，至于第二假设与第三假设之孰为真确，格活二氏亦有精密之研究。查遇险重演之事实，同可以“偏重之分配”及“偏向各异之分配”二法解释之。唯据二氏统计分析结果，后者所获之结果实较为圆满。况就上举某厂两时期之遇险相关系数而论，如第二假设较合于事实，则吾人若将前一时期绝无遇险之工人除去不算，则所得之相关系数，自必增大。顾格活二氏依此计算。所得之相关系数，非特不见增大，且微见低减。（见第三表）于此可证第三假设之优越矣。

第三表　某厂各工人前后两时期遇险次数之相关

工作	前后二期之相关	除去前期绝无遇险之工人后所得前后二期之相关
甲种	0.69±0.06	0.63±0.09
乙种	0.72±0.07	0.61±0.12
丙种	0.53±0.09	0.37±0.14
丁种	0.37±0.12	0.18±0.17

由此观之，在同一外界环境之下，各个人发生遇险之次数，竟各不相同，可见此种差异，纯造因于个人品性之差异，而非出于任何外界之显著因素。（外界因子如机器之危险性、光照、温度等之足造成遇险，

自不待言。上例以此种因子保持同一状态，故可作此结论。)

个人之发生遇险，既有重演之倾向，则吾人殊可根据某一期间之遇险记录，以预测其后一时期之遇险趋势。如厂内有工人于某期间内，曾发生多次意外，则此等工人自宜改派担任其他危险性较轻之工作。

德国心理学家马布（Marbe）氏，曾力证此种预测法之效验，并证明根据此种预测所得之结果，实较根据工作之危险程度而得者，较为可靠。换言之，即工作危险性之足以造成遇险，其力量尚不若个人感受力之著。马氏曾根据德国3000余士兵在某保险公司之遇险记录。此等士兵均已有十年之意外保险。马氏先依据首五年之各人遇险次数，分为三组，即（一）零次组，（二）一次组及（三）多次组。然后将各组在后五年中之平均遇险次数求出，见第四表①。

第四表　3000士兵后五年之平均遇险次数

组别	遇险平均次数
零次组	0.52
一次组	0.91
多次组	1.34

保险公司常依各士兵所任工作之危险性，分成三组，（一）凡任文书之职位或在办公室者，（二）在营地服役者，及（三）担任极危险之职务者。将此三组在后五年之平均遇险次数求出，各组间之差异：竟不如根据首五年经验所得者之显著。见第五表。

第五表　根据职位分组所得之后五年之平均遇险次数

组别	遇险平均次数
低危险性组	0.60
中危险性组	0.81
高危险性组	0.88

① K.Marbe. “Uber Unfälluersicherung und Psychotechnik”. Prakt Psych, 4, 1923.

于此可知普通保险公司之每依工作之性质分类，以定保险率之高低，实非良法，仍不如根据个人在保险前或保险时所发生之遇险次数为较可靠。盖易遭意外之个人，其心理生理的赋性，显与他人略有不同。吾人于选择工人时，除视其能力是否胜任外，倘能测知其遇险感受力，作为选择工人或分配工作之参考，则今日工商业因遇险而遭受之重大耗费，必将大减，可以断言。

上述之遇险重演法则，德人每称之为“马布定律”。士密特（Schmitt）尝应用之于铁路机关，希戴朋（Hildebrandt）尝应用之于各大工厂，均获优异之成绩。抑据纽保德氏研究结果，重演法则非但运行于实业情境中，即在工人之厂外生活，亦通用无阻。吾人每可根据一人在厂外所遇之意外，以卜其入厂后将遇之意外。

个人对于遇险之感受力，既各不同，吾人苟能将此感受力直接量出，岂非佳事，范孟（Farmer）及程伯司（Chambers）曾用“点子测验”“反应时间测验”“心理电反射测验”及“前进米突尺”等测验许多工人，然后根据其成绩分为优于全体总平均者与劣于总平均者两种。对于每一组又计算其平均遇险率，此项遇险率乃系以其所在之工业团体平均定率之百分比表示之。例如若某工作中，平均定率为 1 000 小时之工作有五次遇险，则一人在此长度时间中发生遇险四次，则其遇险率为 80%。范程二氏曾以此法研究四种不同之工业团体，发现在甲团体中，凡测验分数优于平均者，其平均遇险率为 85%，劣于平均者，其平均遇险率为 120%。若四团体综合计算，测验成绩优者之平均遇险率为 77%，测验成绩劣者之平均遇险率为 125%。两组之差别为 48，其机误亦不甚大，可见此项差别，实颇重要。大概遇险易遭性与感官及情绪之缺陷，颇有密切之关系。故范程二氏曾以感官能力测验及智力测验施行于 1 800 余工人，结果，总分最低之 25% 之工人，其遇险率竟较其余 75% 之工人者大两倍以上。

美国各工业机关，鉴于遇险感受力之足以左右遇险率，故对于工人之选择，极为注重。各机关类多聘有工业心理专家，专负其责。尤以汽车公司之应用为广。某汽车公司曾应用“恐惧的反应时间测验”为选择司机之工具。其法为令被试坐于一排小灯及反应键之前，当灯亮时须依照指导将键子按下。若有任何非常之事件发生，彼即须做某种特别反应，如以脚按下一物，同时以左手推动另一器具等。开始试验后，主试即于被试正在工作时，突在其面前放一电弧，此乃意外之事，被试者应按照预定之方法反应之。同时预置在邻室内之机械即自动记下彼需要多少时间由惊异中回复原状并做适当之反应。据报告，该公司自联用此项测验及另几种测验之结果，竟将肇祸事件减少 1/3 以上。其效不可谓不宏，又何怪各汽车公司之群起仿效乎。

以上所述，不过为造成遇险或事故之心理因素中属于直接的一种，其他如工时长度、生产速度、物质环境等间接的因素，亦极重要，容当再为文详论之。

（原载于《学术世界》1935 年第 1 卷第 9 期）

从心理学的观点批评减少假期缩短学年案

据最近心理学家研究结果，充分休息实为增进工作效率之要素；作业之成绩如何，每视工作与休息之时间如何分配而定，有时一日之休息，反胜于两日之工作；故欧美国内工厂及办事机关，为欲提高工作效率，多将每日之工作时间减少，初由12小时而10小时而8小时，且有再行续减之势①。昔日之每周工作7日者，亦渐次减为6日，5日半，或5日不等。良以作业之多寡，并非以连续的作业时间为比例；若工作时间超过某种限度，其作业效率反致减落；其原因或为疲劳之形成，兴趣之消失，或为单调及其他不豫之心理所致。总之，工时增加之足以减低工作效率，殆已成为公认之事实②。减少假期提案之最大弱点，即存忽视此等心理现象，兹特分而陈之。

（一）关于每周之上课日数，各国原无一定，如英德学校多为5

① G. H. Shepard. "Effect of Rest Periods on Production". Pers. J. 4 (1928), pp.185-186.

② F.B., L.M.Gilbreth. *Fatigue Study*, N.Y, pp.159-161 及 F.H.Taylor. *Shop Management*. New York, p.207.

日，美为 5 日半，我国则为 6 日。其孰得孰失，因其中因子之繁杂，难于控制，故迄无实验之研究。唯从其他研究方面结果，工作之“理想周间”（optimal working week）①，鲜有多于 6 日者，即际欧战期间，各国兵工厂因须赶制弹药，每将工人之每周工时增加，但结果均发现工时增加后，每小时之生产量及每周之生产量反形减落，于是又复将工时减少。

据惠路斯（Welch）及迈路斯（Miles）报告，英国某弹药厂本系采用一周 7 日制，每周工时为 66 小时，平均每小时可制药线 108 件；及将每周工时减为 54 后，每小时产量竟增至 131 件，唯就一周之产量而论则未有变动；该厂后复将星期日之工作取消，并将每周工时减为 47，结果每小时之产量竟增至 169，即就每周之总产量而论，较诸以前之无星期休假者，亦高出 13%。另一工厂将每周工时由 66 减少至 48.6 后，其每小时之产量亦较前增加 68%，每周产量则增高 15%②。

又在德国之某化学工厂，于废除星期六、日工作，并将每周工时由 52 减为 42 后，亦产生良好之结果，唯其功效须延至改革后之第六七星期方始表现耳。此种缩短每周日数或时数之事例，在美亦多；皆足证明每周工日或每日工时之减少，非特不足为害，且有增加生产之特效。虽然，此减少当亦有相当限度，若过此限度，每周之生产量，当亦不免减少，然而就每小时之产量而论，终属有加无减，屡试而不爽者③。至于缩减每日工作之时数，更足以助长生产，泰莱（Taylor）、葛路伯司（Gilbreth）④ 等之实验，及美国公共卫生会之研究⑤，均足证之。立门

---

① O.Lipmann. Das Arbeit Zeit Problem, p.188.

② Welch, Miles. *Industrial Psychology in Practice*, pp.10-11.

③ Viteles. *Industrial Psychology*, p.465

④ F.H.Taylor. *Shop Managerment*, pp.207 及 F.B and L.M. Gilbreth. *Fatigue Study*, pp.159-160.

⑤ Public Health Bulletin, Na. I06, U. S. Public Service。

(Lipmann)更曾就18国234种之不同工商业，研究减时对于产量之影响，发见每日工时之减少，皆足使产量增加，无一例外①。凡此种种研究，均指示欲谋工作效率之增加，非特不宜将每日之工时及每周之工日增加，且宜与以酌减（当然在某种限度以内）。实业情境与学校情境容多不同之处，未可尽以此例彼，然读书与工作同属一种精神消费，用心程度，虽有不同，其足以引起生理上之变化，而形成所谓疲劳现象者则一。各种实验之结果如此，而各国学校之每周日数，又均无多于六日者，则吾人之遽然将每周增为14日，其结果是否将如提案中所云“上课之日数既有增加，学课之程度自可提高”者，实一极大疑问。提案中云“吾国工商两界多无星期制，并无如何不了之事，又将何说”，以证取消星期休假之无损。吾意吾国工商界之是否已受缺少星期休假之损，尚属一问题，殊不能作为取消星期日之佐证也。

（二）每日工时之过长，或每周工日之过多，既足以形成疲劳，减低作业，其补救之方法，或为工时工日之减少，或为休息段落之增加，均著良效。“规定休息”②之足以增加生产，殆已成为铁律，Amberg，Karaepelin，Wyatt，Richter③等之实验，均已证之，故欧美工商业机关，为欲提高工作效率，多有增设休息段落者，将每周之工日减少，其实亦即增加休息时间之一法耳。查休息之功效，非但可使休息后之个人精神焕发，作业增加，即对于休息前之工作，亦发生良好影响；盖工作者既知不久即有休息之机会，工作时反能用心不懈；苟工作时间过长，中间又毫无“规定休息”，则工作者对于时间殆有漫漫长夜之感，因而作业减低，此非由疲劳所致，实缺少一种期望之心理（Anticipation）使然也。

---

① O.Lipmann. Das Arbeit Zeit Problem, p.188.

② 英文为Authorized rest，即平常规定之休息或放假。

③ S.Wyatt. “Rest Pauses in Industry”. Ind. Fat. Res. Bd. Req. No.42, pp.2-3.

某心理实验室曾做一实验，令被试者练习加法，发现于上下午工作期中各加入一次休息（Rest pause）后，非但在休息后之工作时间内之作业量，有22%的增加，即在休息前之工作时间内，因被试者预知不久即有休息之故，作业量较以前之同一时间内者，亦增加16%（见第一表）。准此可证预知休息之心理，实大有利于工作之进行。吾人平常在学校中每勤读数日，必有一例假，于严肃空气之中，精神上每得一种解放。此种预期之心理，实为工作上一种极有利的刺激。若上课之期间太长，假期过远，而平常又无节假，则预期之心理，一变而为绝望之心境，工作者终将自视如处囚笼，常生异想，非特生活过于单调及机械无味，足以减轻工作之兴趣也。

第一表　有休息时较无休息时作业量增加之百分比

练习间期	上午	下午	平均
休息前	12%	20%	16%
休息后	20%	24%	22%

（三）提案中尝举述星期制之弊，谓“星期日放假，颇足影响星期六及星期一两日之学业，每当星期六因计划星期日时间之消磨，教学两方，往往多不专一；每当星期一因星期日游玩之疲劳未复，或放心未收，教学两方常有不能专一者……”因而谓“星期日放假既无补于学生健康，又有碍于其学业”。夫休假后开始作业之初期，工作效率每颇低落，自属事实①；各项周间工作曲线（Weekly Work Curve）中，均露此现象；此诚如提案所云因放心未收之故。然此固不足为放假病，盖此种低落现象仅属于暂时性质，在工作曲线中谓之激发现象（Incitement）；过此期后即节节向上，而达最高峰，此时期谓之安定现象（Settlement）；

① G.H.Shepard. “Effect of Rest Periods on Production”. Pers.J.7（1928）, pp.186-200.

过此期后，因疲劳之形成，乃渐有降落之势，此谓之疲劳现象。就一周之工作而论，激发现象多发生于星期一，最高峰发现于星期三，疲劳现象发现于星期五、六。就一日内之工作曲线而论，则早晨初工作时为激发现象，由是而渐达最高峰，继而因疲劳而逐渐下降。如午间有休息之机会，则下午初复工时又有激发现象，由是又渐进于高峰及感遇疲劳始又下降，直至放学时始已。兹将一日中及一周中之工作曲线图示如后：(见第一及第二图)①。

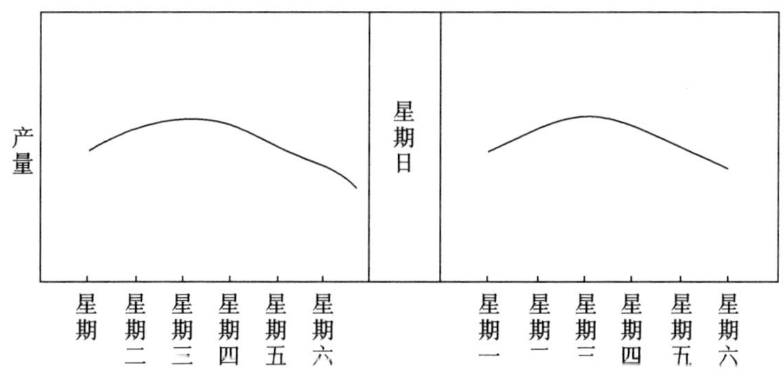

第一图　周间工作曲线之形态

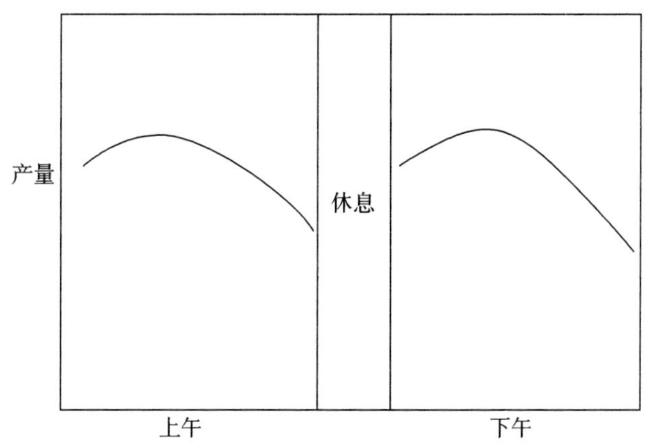

第二图　日间有休息之工作曲线形态

① 取自 Burtt。

星期一或初工作时之低落现象，乃为适应新环境及“散心未收”所造成，此确为休息后所难免者。但此殊不足为害，盖由此瞬即可上达前所未有之高峰，此时工作效率之增高，实因前曾休息所致。设无星期日之休息，则星期二、三绝不能达此高峰，其势必如上星期五、六之继续下降。就一日之工作而论，如无正午之休息，则下午绝无再达高峰之可能，而全日之曲线将于早晨一度达最高峰后，即不断地下降以至于作业完结为止。故休息及假期实足以助长一工作时间中之工作效率，唯此效率须经过相当时间始行表现耳。兹将一日中有休息与无休息之工作曲线一较，即可恍然于休假之功用矣①。

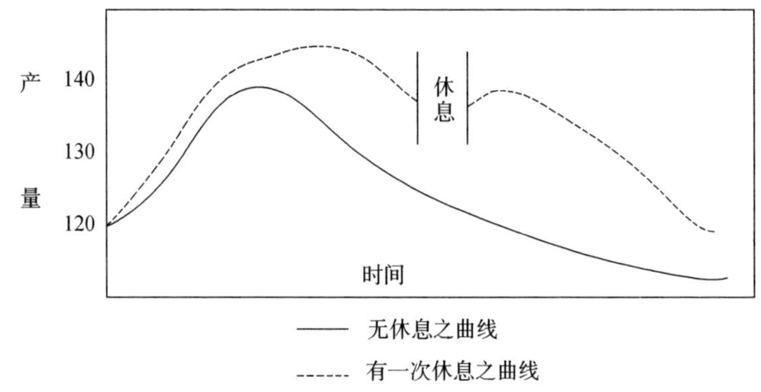

第三图　连续工作与间断工作之效率比较

各心理家鉴于休息之功用，故曾总结而成一定律，谓“如欲维持某一工期中之最高效率，应于曲线刚达最高峰后，即予以一休息机会，俾此后又可再达高峰，达此高峰后又予以一休息，俾此后又可再达高峰，如此则全工期之曲线始可维持最高之地位”②。由此可知欲求工作者最大之努力，与最高之进益，尚须多设休息时间，俾工作者可暂时变换其努力之方向。至于所谓休息当非必指完全不做事而言，唯所作之事，其

① 第三图为修匀英国实业疲劳研究局之第三十二期报告之插图而得。

② S.Wyatt. “Rest Pauses in Industry”. I.F.R.B Rep. No. 42（1927）, pp.2–3.

性质必须大异于平常之工作。欧西工商机关中每多利用休息之时间，令作业人员一致体操或歌唱①，仍不失为最有效之休息者，即此之故。学校中数日一假，使学生于六日之机械工作中，于疲劳已达顶端时，得一精神上的解放，实极合于上述之心理定律。至于如何利用此休假，如多作学校旅行，或多开音乐会运动会等，俾能收到休假之最大效益，而同时又可避免假中熏染恶习之弊者，则诚堪研究之问题也。

（四）如其他种种因子相等，则于高气温环境中之工作效率，必较寻常环境中之效率为低，殆已成为公认之事实②。盖高热之足以推进生理上及心理上之变化，如脉搏之增加，体重之减少等，因而使思想迟滞，已属毫无疑义。故若种种因子，如教法、课程、动机、课堂设备等，均予保持不变，则于暑期中上课之进益，必不如春秋季同一期间内之进益，可以断言。学校中情境因不易于控制，故缺乏比较的研究，唯就其他研究，如维农氏（Vernon）之根据五个制锌厂六年之纪录而得之结果，实可证气温与工作效率实有相反的关系；气温愈高，则工作效率愈低，其关系如第四图所示③。

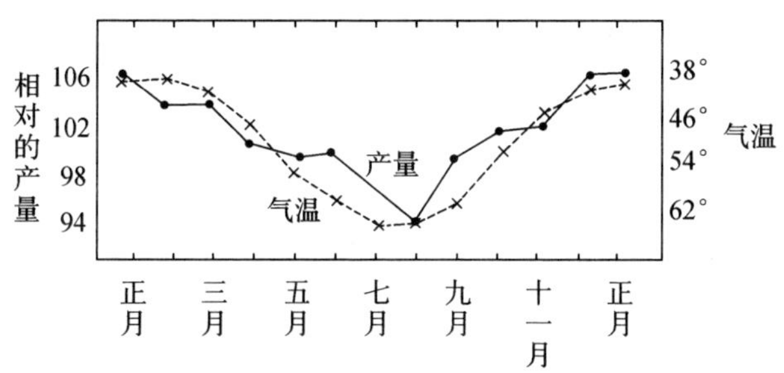

第四图　气温与工作效率之关系

① Welch, Miles. *Industrial Psychology in Practice*, pp.18-19.

② R.R.Sayers, D.Harrington. “Physiological. Effects of High Temperature and Humidity With and Without Air Motion”. U. S.Bureau of Mines, Rep. sf Investigation, Serial No.2426.

③ C.S.Myers. *Industrial Psychology*, p.49.

其他类此之实验尚多，今不具述。又暑期中因工作者或学生之“不规定休息”（Unauthorized rest）①，及由疾病怠倦而起之请假之增加，其上课或工作之“实际日数”或“实际时数”（Actual hours），与“名义日数或时数”（Nominal hours）之相差必愈大②。故吾人纵能借缩短寒暑假而使三年之上课日数相等于目下之四年制，若其他种种因子相等，则三年制之进益亦决不如四年制之大，此可借已知之事实推论而得，不待亲做实验而后知者也。唯目下暑假之是否太长，是否应规定于气温达到某限度后始应停课，或学校于假期中如充分与儿童之家庭联络，俾能在无背于“疲劳定律”之范围内，充分利用可用之时间，则确为值得研究之问题耳。

窃谓暑假之功用，在心理方面有三：即（一）减少疲劳，俾下期之工作得以提高；（二）破除单调感觉，直接可使身心愉快，间接可增作业兴趣；（三）高热中之作业效率，实远逊于普通气温中之效率。其他在社会方面及教育方面之功用尚多，以其非本文范围，姑不具论。顾论者或谓工商业中如银行界等，并无暑假，尚未见有大碍，何独学校需此悠长之暑假？余以为对此可分两方面解释。第一，吾人因无实验，尚不能贸然判断此等工作人员，如果加设暑假，其办事效率必不较现在者增高。反之，从各实业心理家研究休息之结果，正足表示增设假期之必将较为有利。况工商业机关如银行公司等之不放暑假，实因营业上不能间断，或办事人员不宜中途替换之故，其实就办事人员之个人效率言，若能给予假期，其作业效率未始不可提高，不过就该机关之营业言，则因营业不便之故，故不得不取消暑假。今学校之注重者既纯为各学生自身之进益，则长期休假之价值，固不能以此绳之也。

第二，依据心理学实验报告，疲劳与环境之不利因子，如过热、过

① 此乃指缺课迟到早退，及由疾病而起之缺课而言。

②“实际时数”等于“名义时数”减去缺课及请假时数。

寒、过湿、过干等，虽足以阻碍学习或工作之进展，但若给予一强有力之引力（Incentive），则工作者有时亦可暂胜此种因子之阻力①。在工商业所常引用之引力，厥为薪金与红利，工商业之有此特殊之引力，而犹不免于受缺乏暑假之害，则无此种引力之学生，欲求不蒙其损得乎哉？虽然，学者如已有一强有力之动机，如越王勾践之终日以复仇为念，因而卧薪尝胆，数十年如一日，当亦可不以气候及疲劳为虑；然而能有此种动机者，究属少数志士，欲求普通一班学生均能有此动机，非当局下令全国动员，或另设其他办法，如提高学生对课程之兴趣，则吾恐单以国难当前一语相勉励，仍不足以激发学生自愿努力之动机，而克服种种由长期工作所造成之不良影响也。故吾以为暑假非不可缩短，特须缩得其道，且能于缩短后，力谋其他因子之改进，或予以一种极有效之动机，方可保持平常之学习效率耳。

（五）星期休假及暑期放假，对于中小学之教师，其效用尤为显著，盖教师劳心劳力，二者兼之，彼等平均每日总有五六小时之课堂工作，课后又须改卷，仍无充分之休息，其由精神上之消费而引起之疲劳程度，较诸普通工商业机关之工作人员，尤或过之。据欧西工商界之实验报告，既已证实星期休假对于工作效率之功用②，即据吾人之有教师经验者，亦均深感星期休假之有补身心，故吾认欲谋教师之最大努力，六日一息实已为最低之限度（有人如力斯奈脱等且预测将来或将认三日一息，或两日一息为最有利，亦未可知），今忽然改为十三日一息，并减短假期，如另无补救之法，吾恐因教师工作效率之减低，学生之学业当亦不免受其影响矣。

---

① E.L.Thorndike. “The Curve of Work and the Curve of Satisfyinguess”. J. App. Psy, No：1，（1917）.

② Welch，Miles. *Industrial Psychology in practice*，及 G.H. Shepard. “Effect of Rest periods on production”. pers. No. 42，pp.2–3.

结 论

以上所举，均指明长时间之不断工作，必将引起过度之疲劳，引起单调感觉，减低作业兴趣，并促起其他不良之心理，因而使作业之效率降落。论者或谓中国目前学校之学生，大都荒废学业，课后多非专心研读者，有何疲劳与单调之可言，顾其工作效率之低下，仍为有目共睹之事实。故缩短假期，延长学期，实为补救之方法。余意欲谋学生学业之改进，为有心教育者之共同目的，提案之最大目的，除缩短学年外，当亦不外此。顾造成目前学校之"不良"现象者，原因甚多，如教法之不善也，设备之不周也，课程选材之不当也，时间分配之不宜也，学习动机之缺乏也，举不胜举，如其病症在于教法之不善，则当从改进教法方面补救之，如为学习动机之缺乏，则应从动机方面补救之，总宜对症下药，方为有效。吾人既不能证明此"不良"现况，乃由星期休假制及假期太长所造成，则自不宜毅然以废除星期制及缩短假期为补救之法。况各方实验，既均证明每周之工作时间，决不宜多于六日，有等且谓将来或竟有减为五日、四日或三日之可能①，则可知吾人如能设法将学校中之其他种种因子改善，则每周上课三数日，已足保证学业之最大进益。反之，如此种种因子不谋改善，虽将每周延长为十四日，并加长学期，亦决无良好结果。唯如决意将此种种因子改善，使学生均能利用时间充分工作，则据上述各种实验表示，六日制已嫌其长②，何况增之而为十三日，岂不更将学习效率减落！即撇开效率不论，如提案之目的，单在缩短大中学之修业年限，俾各可早一年毕业，为国家效忠，其意固至善至美，但既欲使学生于三年中获得普通四年之程度，又安可撇开效率而不问？作业时间之过长，既足以减低效率，故可知欲使学生早

① R.Knight. "Work and Rest" in Myer's Industrial Psychology.

② 见提案原文。

达毕业之程度，绝不宜在废除六日制及延长学期方面着手，而应注意于其他种种有关因子之改良；如能将此种种因子加以改良，或更将现有之星期制中多设休息时间，则三年中之努力，或可到达四年之程度亦未可知。今不此之图，而竟竞焉于上课日数之计较，吾恐其结果非但不克以三年竟四年之功，且因违背心理原则，徒令学生于三年后有毕业之名，而无毕业之实也。总之，减少假期虽可使三载之上课时间，等于目下四年之上课时间，但如其他种种因子保持不变，则因（一）由平常缺乏休假而造成之学习与工作效率之低落，（二）暑期中学习效率之低落，（三）教师教授效率之低落，及（四）自修时间之减少，可知大学学生于三年制中之进益，必不如效率较高而自修时间较多之四年制，中学生于五年制之进益，亦必不逮普通之六年制，可以断言也。即退一步言，吾人如已认定学年有缩短之必要，而教学效率之低落，又可如桑戴克（Thorndike）等所云，以荣誉之竞争，工作之变换，金钱之酬报，或其他有效方法冀增学者兴趣，以补救其万一，但此种种补救办法，牵涉整个的课程分配问题，时间分配问题，学校经费问题，教授方法问题，学校设备问题，欲令全国学校，于实施新制时，均能采取此种种难于实施之补救办法，吾恐亦非事实上所允许。故减少假期缩短学年之先决条件甚多，而此等先决条件又牵涉整个的教育改造问题，其解决至属不易，故欲缩短学年减少假期，而又不欲将程度降低，实至难能可贵者也。

【附注】工作或学习之效率（Efficiency）应以“工作曲线”（或称疲劳曲线）（Work Curve）表示，而不应以“学习曲线”（Learning Curve）表示；因进步与效率之意义不同，“学习曲线”表示进步之程度，实未顾及学习时之效率；而“工作曲线”则系在进步保持恒常下，表示工作之效率者也。普通引用之“学习曲线”，多未将效率加以控制，实非代表真正进步情形之良法，盖若学习之时间过长，则因效率之低落，其所表现之进步当亦发生影响也。近人所做实验，多证“分散学习”之优于“集中学习”①，此殆即因“集中学习”之工作时间较长，容易引起疲劳及厌倦，工作之效率较低，因而进步较缓之故也。

又本文所举关于效率之实验，多系属于实业情境者。查实业工作中如打字、计数、发电报等，以至工厂中工作之凡须用注意、观察、记忆或决断者，均属精神工作②，与学校课程之为精神工作相同。精神工作之效率，均须以每单位时间所得工作物之质或量表示之，由此而得之工作曲线之形态，大致相同。

（原载于《教育杂志》1935年6月第25卷第6号）

① Noel Keys. The Influence Learning and Retention of Weekly as Opposed to Monthly Tests, The Journal of Educational Psychology, Vol. XXV, No.6.

② 见朱君毅编：《教育心理学大纲》，北京：中华书局1931年版，第34页。

诚实测验编制之方法及计划

一、命名：诚实测验

二、范围：本项测验暂包括下列两大类

1. 欺骗测验。

2. 谎语测验。

三、问题之重要及其功用

考教育之目标，不仅在养成国民之生产知识与技能，而实在造成整个之良好人格。唯以往编造之测验，多偏于智能方面，而一切教育事业之效率，亦多仅以智能之造就为衡量之标准，此实与本来之教育目标相背。年来德性教育之呼声日高，因此测验之编造，亦渐转移于人格之测量方面。考人格中最为重要之品性，莫诚实若。孔子曰："人而无信，不知其可也。"西谚亦云："诚实为最妥之方策。"故信实一特性，尤有设法测量之必要。此种测量之成功，其将有裨于儿童及训育问题之研究，实未可限量。

四、欺骗测验之编造

1. 留痕法——此法为 Voelker 所创，今可仿造而略加改良。其法如下：

（a）试验为一纸对折而成，共四页，开口以一封条贴着，第一页为填字式或他式之试题，第四页为已有答案之试题，第二页完全空白，第三页则涂有一层薄蜡。

（b）测验时，试卷第一页朝上；主试旋宣称有答案之试题印在第四页，即底页，非至记分时勿得翻阅。主任此时须在场监视，以防作弊。

（C）规定时间到后，主试即令各被试拆开封条，将试卷展开，使底页与第一页均向上，俾被试可同时看见第四页与第一页，以便校对记分。

（d）主试随令各生参阅第四页之答案，为自己之试卷记分。

（e）被试之是否作弊行骗，主试只须比较第一页试卷之内容，与第三页蜡面所留下之痕迹便知。

（f）记分法可参照 Cady 所创拟者。

2. 复试法——可参考 Raubenheimer 之夸大测验编造方法。大致如下：

（a）试卷分为两部，两部之问题，除用为练习者外，数目大致相等，且亦关于同一事物，上部问题之方式如左：

问题	分数
1. 你知道美洲大陆是谁发现否？	（　）
2. 你知道金字塔在何处否？	（　）
3. 你知道孔子是哪一朝人否？	（　）
4. 你知道孙总理是哪一县人否？	（　）
其他	

测验时，令被试在每题下面括弧内，依照下列标准，为自己记分：

本人认为完全知道的	2 分
本人认为约略知道的	1 分
本人认为完全不知的	0 分

本试并给予充分有力的动机，使其欺骗同时并以最有效之方法，遮盖本测验之真正目的。

（b）上部做完后，即施以下部测验，稽核被试对于自称完全知道之题目，是否确能对答无误。下部测验决定为普通之汇选式，则其与上部相对之题目应如下：

1. 美洲大陆之发现者为（　　）。

（一）达尔文　（二）俾士麦　（三）哥伦布　（四）威灵敦

2. 金字塔在（　　）。

（一）亚拉伯　（二）埃及　（三）巴力斯坦　（四）罗马

3. 孔子生活的时代为（　　）。

（一）夏　（二）秦　（三）宋　（四）周

4. 孙总理的故乡是（　　）。

（一）檀香山　（二）香山　（三）广州　（四）南海

（c）记分之精密方法，尚待研究。

3. 复份法——此法为 Hartshorn 及 May 所创，实为测验诚实最精密之方法，今可参考编制之。其法如次：

（a）测验中可分为难度测验及速度测验两种。难度测验可包含：（1）算术测验；（2）见闻测验；（3）造句测验及；（4）相反字测验等。速度测验可包含：（1）划字测验；（2）两位数加法测验；（3）替代测验等。

（b）根据大规模测验之结果，将每测验分成完全相等（Equivalent）之两复份。

（c）测验时，一份于有作弊可能之情境中施行，一份则于绝无作弊可能之情境中施行。其法不详。

（d）两份之难度或长度既完全相等，被试如未作弊，两次之分数，当大致相等。如两次分数相差超过某一定限度，则可决其有作弊行为。

此所谓限度，并不难以统计方法计出之。

（e）利用统计方法，亦可计出每人作弊多少之程度。

4. 画图法——修订美国德性教育研究会所编之“Cardboard Test”，此法似颇可靠。

五、欺骗测验信度之决定

1. 重试相关法。

2. 覆份相关法。

3. 各测验交互相关法。

六、欺骗测验效度之决定

1. 测验结果与训育处记录之相关。

2. 测验结果与秘密观察结果之相关——此法为新创，似为较可靠之标准。

七、谎语测验之编造：参考 Hartshorn 及 May 所创之方法编制之。

八、本项测验之适用团体：中学及小学。

九、需用材料

1. 特制之测验试卷二千份。

2. 参考书籍及测验十余种。

（原载于《学术世界》1936 年第 2 卷第 2 期）

实验方法在教育心理学中的地位与作用问题

实验方法在马克思列宁主义方法论的指导下能否成为心理学研究中的重要方法，这是一个长期争论的问题。国内心理学者对此多持肯定的态度，其中如陈元晖同志甚至认为实验方法是心理学研究中的首要方法①。广州心理学界最近展开有关心理学方法论的讨论，认为教育心理学的研究同样须以实验方法为主这一论点，亦为参加讨论的同志所普遍接受，分歧之处却在于对自然实验法与实验室实验法的地位与作用，彼此的估计不同。部分同志强调自然实验的优越性、教育心理学的实验研究应以自然实验法为主，而另一部分同志则提出与此不同的意见②。

争论的双方均承认实验室实验较易控制，较精确，但强调自然实验法的同志认为：（一）实验室实验法仅适用于研究低级心理如感觉知觉的过程，对于比较复杂的心理现象的研究，它就只能起印证与补充的作用；（二）自然实验法虽不如实验室实验精确，易控制，但由于接近生

① 陈元晖：《心理学的方法学》，《心理学报》1960 年第 2 期。

② 陈汉标：《关于心理学研究方法的若干问题》，《学术研究》1962 年第 6 期。

活实际，因而较易于发现因果关系，易于取得学校教师合作，而实验结果亦较能直接应用于实际。以此为论据，这些同志便认为教育心理学的研究应以自然实验法为主。强调实验室实验法的同志则认为：（一）对方所指实验室实验仅宜于研究低级心理过程，殊无事实依据，且亦未能从发展中看待问题；（二）实验室实验由于和生活现实有距离，虽或有时会导致对客观因果关系的歪曲，但这个缺点可以通过模拟社会环境等方法去防止，不能成为致命伤，而自然实验法则由于具有不精确、难控制这个致命缺点，因而在科学性上就绝不能与较精确、易控制的实验室实验法同日而语。这些同志在论证实验室实验优越地位的同时，还尖锐地指出对方既承认实验室实验较精确，易控制，而又认为它不如自然实验法易于得出因果关系，这是个难于自圆其说的矛盾。

在教育心理学的实验研究中，自然实验法与实验室实验法孰较优越，孰为主要，这是关系到今后心理学工作者总的努力方向问题，必须取得比较一致的认识。中南区五省心理学科学研究和教学研究协作会议最近在广州举行，在争论中笔者曾提出个人对这一问题的不成熟意见，兹再就原日论点略作补充，以就正于国内学术界。

一

从有关实验方法的讨论中，可以看到，争论可以归结为下列三个问题：一、适用性问题，即实验室实验与自然实验是否同样适宜于研究教育心理学的对象；二、精确性问题，即两种方法能否同样精确地揭露在教学——教育条件下学生心理活动的客观规律；三、应用性问题，即从组织实验和结果的应用着眼，两种方法的应用价值孰大。必须正确回答这三个问题，并以此为衡量的尺度，才能对某一方法应占的地位作出恰如其分的估计，但要正确回答这三个问题，又必须以划清所谓自然实验法与实验室实验法的概念界限为前提。界线不同，辩论就无法对准口径，应该说，这就是当前争论所以产生重大分歧的主要原因。

什么是实验室实验法和自然实验法的概念内容呢？

把实验方法分为实验室实验和自然实验两种基本形式，这是苏联心理学的分类法，我国亦相习沿用。按其原型来说，实验室实验导源于自然科学特别是生理学，是以固定于一定室内地点，严格遵从单一变量的原则，并通过种种必要的仪表设备，对各种因素条件予以直接的控制为特征的；而自然实验首倡于俄国心理学家拉朱斯基，却是以保持正常的教育教学条件，进行有控制的系统观察，并以不让学生自觉居于受试者的地位为特征的①。两种方法的界线本来很容易区分，并无混淆不清之处。然而随着实验方法实践的不断发展变化，假如今天仍要求按这个标准分类，我们就会遇到极大的困难。

必须指出，无论是原型的实验室实验法或是原型的自然实验法，都是有较大的局限性的，为了适应心理研究课题日益复杂化与多样化的客观要求，随着时间的推移，实验方法的具体实践早已经历了深刻的变化。一方面，某些运用自然实验法的心理学者，为了在某一研究课题达成某一特定目的，往往不得不在全班中人为地挑选出一部分儿童，并在不显著地妨碍正常教学秩序的情况下，使他们接受一种不是那么“自然的”实验处置。这种实验程序既不排除儿童意识到自身是受试者，也不排除可以在特别布置的场所内进行，这就表现为不同程度地破除了原型自然实验法的束缚。另一方面，惯于运用实验室实验的心理学者，在研究某些问题特别是有关高级心理过程的时候，为了增加观察的人数，扩大探究的视野等，有时又不得不跳出固有的实验室圈子，把必要的仪表器械或传统的实验程序搬到生活现场或学校现场中去，从而使实验表现为不同程度地向“非实验室实验”的方向转化。与此同时，在实验技

① *Annual Review of Psychology*, P.548, Vol.13, *Annual Reviews*, Inc, Palo Alto, Cal.

术水平不断提高和现代科学综合利用的基础上，更有一些在教育现场进行实验研究的心理学者，往往把数学法、测验法、调查法与传统的心理实验程序密切结合于同一实验设计中，从而使自己的实验结构表现为既不同于实验室实验而又区别于原型自然实验法的新的特点。应当说，心理实验的原来分类标准已远远落后于当前的实验心理学的客观水平。如果必须按照原来分类的标准区分，则今天许多实验设计像以费奢（Fisher）方差分析法为基础的因子式实验，以皮亚杰（Piaget）学派所倡用的揽导法为中心的种种实验，以及类如包若维奇（Божович）① 所倡用新型实验法等等，均势将无所归属。

在这新出现的总的情况面前，我们可以看到，在吸收了一切可供利用的控制技术的基础上，实验室实验已无须局限于运用直接的控制手段和遵循单一变量的原则②，从而也就丧失了作为实验室实验法的原始特征，实验室实验的水平是大大提高了，而所谓自然实验法亦已明显地分化为停留在原地的原型自然实验法和经受了重大改组的改造性实验法两种基本形式。这两种基本形式在控制性能上虽有巨大差别，但出于均是在教学——教育的现场中进行，因而也就可以总称为现场实验法而和在非现场条件下进行的实验室实验法相对立③。其间关系，可表列如下：

- 心理实验法
  - 实验室实验法
  - 现场实验法或自然实验法（广义的）
    - 原型自然实验法
    - 改造性实验法

① 包若维奇：《中小学生个性形成的若干问题及其研究途径》，A.B.维焦诺夫等著．“心理学译报”编辑部编：《个性心理学问题讨论集》，北京：科学出版社1957年版。

② 这是就“单一变量原则”在形式上的表现而言——过去是每一因素必须分别实验，而现在却可以使两个或更多的因素各自独立变化，这种新的形式也可以认为与单一变量原则的真正意义没有什么矛盾。

③“现场实验法”西方心理学者有时亦称“非实验室实验法”。

如果承认上面提出的分类标准比较符合于当前实验研究的实际，那么我们在讨论的时候，就决不能把自然实验法仅仅理解为原型的自然实验法，而必须把包括改造性实验法在内的广义的自然实验法或现场实验法作为评价的对象，否则便会导致低估自然实验法的作用；在评价实验室实验法的时候，也必须考虑到实验室实验法的现有技术水平。否则也会导致于低估实验室实验法的作用。同时，由于缺乏全面的观点，这种讨论也会显得缺乏现实意义。这是在进一步分析讨论这些实验方法有关适用性、精确性和应用性等问题以前所必须加以明确的。

二

在评价实验室实验和自然实验的适用性、精确性或应用性的时候，当前论者多从两种基本方法的一些所谓特点出发，直接导引出孰优孰劣的结论，而没有考虑到这些所谓特点早已成为过时了的东西这一历史事实。正如上文所指出的，实验室实验和自然实验之间，由于实验技术的互通有无和现代科学的综合利用，早已消失了先前那种不可逾越的鸿沟。如果我们把一些实际上已不复存在或偶然的表面的特点作为论据，那就无助于问题的解决。事实上，在当前的情况下，实验室实验法和自然实验法之间，除了实验的场所有所区别之外，我们还没有能从心理实验研究的方法实践中把它们的专门特点总结出来，更谈不上有什么实验标准规程可资依据。唯其如此，我们就必须从一切实验方法所必须具备的本质特征或本质要求出发，根据不同实验场所不同条件实现这种本质要求的潜在可能性，作为解决问题的纽带。

实验方法的本质特征就是它的控制性。不论实验室实验也好，改造性实验也好，原型自然实验也好，都必须对某些实验条件加以控制。一种实验方法的控制性能愈高，就愈能精确反映有关因素间的客观联系。因而一种实验方法的精确性如何，科学性如何，就主要决定于这种方法对于研究对象所必须控制的条件因素能否实现最有效的控制。

争论的双方大都认为实验室实验的控制性能胜于自然实验或现场实验，这种看法大有商榷的余地。我们还必须结合特定的研究课题进行具体分析，不能一概而论。应当指出，实验地点的纯空间差别并不能干扰实验的结果①，只有依存于地点之上的整个环境，才是作用于受试者行为反应的条件刺激物，因而实验者才有必要把它作创制整个实验设计的一个有机组成部分来加以考虑。对于当前研究课题的性质与要求来说，如果利用实验室的现有环境或适当加以改造比之利用现场的环境更有利于实现有效的控制，那么实验就应在实验室进行，反之，就应在现场进行实验。因此，实验结果的精确性，严格说来，并不决定于实验是在什么场所进行，而决定于研究者是否善于根据实验室或教育现场所能提供的条件，为特定课题的实验要求提供，一个最有效的实验情境。归根结底，这是个实验设计的问题。

有些同志过分强调实验情境的“正常性”，认为让儿童意识到居于受试者的地位，就会影响到实验结果的精确性，并以此作为实验室实验的致命伤；而为实验室实验法辩护的同志，从这一点出发，又不必要地过分强调社会模拟等补救措施。这也不能认为是全面的看法。必须指出，所谓“正常”，所谓“自然”，只有相对的意义，即使在日常的课堂教学中，教材教法的任何革新，对于学生来说也不总是那么“正常”的。在一般实验学校里学习的学生，也都是意识到自己居于受试者的地位的。然而这些都没有被认为妨碍了实验研究者可以从中得出正确的结论。事实是，环境的是否正常、实验能不能让受试者意识到等等，这些是否构成对实验结果的扰乱因素而必须加以控制，要看研究课题的性质而定。例如有些研究课题，如比较不同评奖方式对学生学习动机的效应

---

① J. C. Townsend. *Introduction to Experimental Method*, MeGraw · Hill Book Co., 1953, P.58.

等，这是决不宜让学生知道居于受试地位的，但如研究不同识记方法对保持量的关系等等课题，让学生知道一般也不会影响到实验的精确性。因而针对不同课题要作具体分析，不能一概而论。如果不适当地强调实验的“正常性”，不仅会低估实验室实验法的作用，同时也将使现场实验法的运用受到极大的限制。

以上所说，都旨在说明要判断一种实验方法控制性能的高低，必须根据实验场所条件结合具体课题性质辩证地加以考虑，不能一般地简单地得出哪一种方法控制性高、精确性大的结论。至于谈到在一般的情况下，实验室的条件较之现场条件对于实现有效的实验控制是否能提供较大的可能性，要回答这一个问题我们就必须首先分析实验方法的整个控制机制。

我们知道，在任何教育心理的实验中，都包含有（一）自变因素，即实验因素，（二）共变因素和（三）因变因素三种因素。除因变因素——即用以判断实验效果的依据——只需详确纪录，不应加以控制外，自变因素和共变因素都是必须分别予以调节或控制的。实验方法的目的就是驾驭自变因素，控制其他足以干扰因变因素的一些共变因素，从而依据因变因素所呈现的变化来判断自变因素即实验处置的影响作用。心理学研究课题所涉及的种种因素条件虽远较一般自然科学为复杂，但由于控制技术和实验设计水平的提高，许多过去被认为难于从复杂的总体中分离出来的条件刺激物以及被认为难于实施控制的一些内外部条件因素，如逻辑推理、创造思维、年龄特点、性格特征等，现在都可以通过对实验情境的直接调节、实验材料的选择、受试者的选择、配对、等组化、机遇化以及其他设计，使它们有可能作为实验因素或共变因素加以处理了。应该说，现代心理学已经建成了一整套可以媲美于自然科学的控制技术，这是实验室实验法的财富，也是一切现场实验法的财富，而实验室实验或现场实验根据现实条件究有多大可能分享这些财富，在一定程度上就成为这两种实验方法精确性与科学性的标志。我们现在就从这个角度加以分析。

首先，从运用直接控制的可能性来看：如果实验课题所涉及的自变因素或其他无关常性因素必须运用机械、电气、药物、手术等措施加以调节或控制者，往往以进行实验室实验为宜，例如要消除声音的干扰，就必须利用实验室的隔音设备。但这也不能绝对化，许多物质设备和轻便仪表是同样可以提供现场实验使用的，例如为了消除“教师在场”对学习效果的干扰①，不同设计的教学机器及“自动查对”的简单设备就曾在教学现场被利用，而通过单向透视屏来窥察儿童的活动更是众所周知的了。然而总的来说，在研究课题的性质必须运用直接控制手段的场合，实验室实验就会显得具有较大的精确性。

其次，从运用间接控制的可能性来看：为了控制某些无关常性因素如年龄、性别、能力、经验等的影响，一般可以采用受试者的机遇化分组、配对分组、等组化等方法，强迫这些常性因素的影响以变性因素或变性误差的形式表现出来，从而使我们有可能估计不同实验处置的纯净影响。由于教育心理学研究对象的特殊性质大都不可能采用直接的物理控制，这就决定了上述这些间接控制的办法必须成为教育心理实验设计的重要内容。然而采用这些分组方法进行控制，实验结果的精确性又往往是跟受试取样人数的多少不可分地联系着的。这些控制手段虽同样可以应用于现场实验与实验室实验，但由于实验室条件的限制，受试人数一般较少，因而实验结果也就往往不如现场实验精确。撇开数量上的精确性不谈，为了便于揭露心理过程的质的变化机制，现场实验有利于扩大受试者的取样，亦是具有重大意义的。从这一个角度看来，有关教育心理问题的研究，现场实验就具有优于实验室实验的有利条件。再则，

① *Annual Review of Psychology*. P.37-379, Vol.13 *Annual Reviews*, Inc., Palo Alto, Cal.

在探究某一实验因素的作用的时候，什么是制约着因变因素的主要共变因素，除了根据已掌握的事实知识可以确定者外，往往是实验研究者当前所无法断定的。由于无法断定应以什么共变因素作为分成等组或配对的根据，那么等组法与配对法也就无法使用，而只有诉之于机遇化的分组法，以达到消除这些未知的共变因素影响的目的。但为求确保实验结果达到必要的精确度，在这种情况下被试人数又必须酌量增加。遇到这类的问题，现场实验就显得具有更大的优越性。

也许有人会认为上述种种间接控制手段都要求把学生人为地分组或重新编班，在执行上有很大困难，不便于推广，应用价值不大。其实，为了加速心理教育科学的发展，要对学校学生进行一些必要的分组实验，不管是在现场或实验室进行，只要不妨碍教学的正常秩序，实验每次费时不多，要取得学生及学校行政上的支持协作，是没有很大困难的。如果实验属于长期连续的性质，也尽可以在开学以前按等组法或机遇化分组的要求进行编班，使实验能在更正常的教学教育条件下进行，而同时又达成了控制的目的。如果实验必须在学期中间插入，利用现成的班级进行等组法的实验，那么实验者也可以在实验结束时才补作等组的处理，把那些在实验前观察或在据以等组的共变因素上不符合等组要求的一部分学生从最后结果的处理中予以剔除。自然，采取这种移后等组化的办法，迫使抛弃许多受试者，反过来又会使实验结果的精确性有所降低。然而，如果实验者这时愿意借用以“公差分析”为基础的种种方法，也还可以利用全班学生的事实资料而仅仅在最后结果的处理时作必要的校正，这样他也就可以无须抛弃许多受试者而又确保了实验结果的精确性。这一点也说明了便于利用种种间接控制手段的现场实验，是可以通过种种不同的途径去克服种种困难的，因而在某一些场合它也具备较大的实践意义。

也许有人认为上述种种间接控制手段的运用，不管是在现场实验也好，在实验室实验也好，它只能是遵循单一变量的原则，在实验中仅仅变化一个实验因素而控制其余因素使之不变或消除其影响，这就是把复杂的现实条件简单化了，并不能如实揭露众多因素在相互依存彼此制约之中对行为反应的影响。应当承认这是一切单因实验所共有的缺点。如果实验者在进行实验以前，对这些相互制约的诸种因素缺乏足够的估计，那么由单因实验所得的结论确是有歪曲客观现实的危险的，特别需要引起从事心理实验者的警惕。但是，我们也不能由此而简单地否定单因实验在一定前提下的巨大价值。它的科学性早已被自然科学的长期实践所证验。我们更不应把单因实验的局限性和当前控制手段的性能等同起来。必须指出，由于方差分析与公差分析方法的运用，间接控制手段已被推达更高的水平。这些手段已使我们能够从单因实验设计的局限性中解放出来，通过多因式的实验设计，使实验在更接近日常生活现实的情况下，对多种相互依存的内外部因素条件同时予以调节变化，从而确定诸因素条件间的交互作用，揭露出诸因素在相互联系中心理现象的变化发展规律。如果看不到间接控制技术的这些进步和发展的前景，其结果不是趋于迫使我们的研究实践局限于原始形式的实验室实验的小框框，就是使之停留在原型自然实验法的范围之内，这都是不利于教育心理学的发展的。

在教育心理学的研究中，间接控制机制的运用较之在普通心理学中是更具有普遍的意义的。这是因为教育心理学所涉及的研究课题，除了像上文所说的必须借助于这些控制机制，把一些内部化了的东西如能力、兴趣、动机、态度等作为共变因素加以控制，借以观测一些外部刺激物的影响作用外，同时由于这些内部化了的东西对个体的反映过程并不是漠不关心的，因而教育心理学者也就有必要把像能力、兴趣、性格特征、意识倾向这些内部化了的东西作为自变因素或实验因素来加以驾驭，以期揭露这些心理特征的影响作用。他必须回答像这类的问题：如果学习或训练的方法控制不变，不同的年龄或性格特点在学习所需要的时间上将出现什么变化？如果课内课外的学习时间控制不变，不同的动机或自信心所要求的训练方式又有什么不同？要回答像这一类的问题，实验者就必须善于设计把所要研究的某一种意识倾向或个性特征从复杂的心理现象中隔离出来，通过按心理特征分组的形式，把它作为实验因素加以驾驭，而把其他内外部因素作为共变因素加以控制。遇到这一类课题虽然也可以在实验室的条件下进行，但因为这一类型课题的实验因素和共变因素往往都只能通过间接的手段来加以控制或驾驭，由于被试者取样的限制，实验室条件下的实验就往往不够精确，而比较缺乏代表性。反之如果改用现场实验，精确性一般是可以大大提高的。罗维尔（Lovell）与奥吉维（Ogilvie）重复皮亚杰（Piaget）关于儿童物质守恒概念形成过程的实验研究①，由于受试的人数较多，控制的程序较好，因而在论证了皮亚杰实验结果的主要论点之外，还能揭露出更多的因果关系。如皮亚杰发现形成守恒概念的认识前提条件仅有三种，而罗维尔与奥吉维二氏的实验却补充为六种。从这些地方，我们也可以清楚地看到，现场实验由于具有充分利用各种间接控制机制的可能性，因而就更适宜于研究教育心理学所提出的许多课题，基于同样的原因，其精确性也获得较有力的保证。

（原载于《学术研究》1963 年第 3 期）

① *The British Journal of Educational Psychology*, June, 1960, PP.109-118。

陈一百著述年表

1928 年

1. 陈一百著:《曹子建诗研究》，上海：商务印书馆。

1934 年

2.《工作复度、自然发育及学习曲线形态之相关》，《教育杂志》第24卷第3号。

1935 年

3.《实业心理与心理工程（未完）》，《学术世界》第1卷第1期。

4.《实业心理与心理工程（续）》，《学术世界》第1卷第2期。

5.《光度与工作效率及工业灾害》，《学术世界》第1卷第3期。

6.《考试次数对于学习之影响》(译)，《学术世界》第1卷第4期。

7.《讲演式教授法之估价》(译)，《学术世界》第1卷第5期。

8.《工业心理学对于遇险预防问题之贡献》，《学术世界》第1卷第9期。

9.《从心理学的观点批评减少假期缩短学年案》，《教育杂志》第25卷第6号。

1936 年

10. 陈一百等编译：《生物学讲话》，上海：商务印书馆。

11.《诚实测验编制之方法及计划》，《学术世界》第 2 卷第 2 期。

1948 年

12.《因素分析与心理研究》，《教育研究》第 110 期。

1957 年

13.《关于修订综合大学专业教学计划草案的几点意见》，《中山大学周报》第 189 期。

14.《“因材施教”在教育方针中的地位问题》，《广东盟讯》第 2、3 期。

15.《党委与校长平行负责制刍议》，《中山大学周报》第 203 期。

1958 年

16.《论“全面发展”与“因材施教”在教育目的论上的对立》，《中山大学学报》第 1 期。

17.《实现教育科学大跃进的重要关键》，《理论与实践》第 1 期。

18.《从“论纸老虎”学习毛主席的科学预见》，《理论与实践》第 12 期。

1959 年

19.《抚今思昔庆佳节》，《理论与实践》第 10 期。

1963 年

20.《实验方法在教育心理学中的地位与作用问题》，《学术研究》第 3 期。

1973 年

21.《新西兰的教育》(译)，收录于《陈一百教育文选》，广州：广东高等教育出版社1989年版。

1975 年

22.［澳］P. 比斯库普、B. 津克斯、H. 纳尔逊著，陈一百等校：《新几内亚简史》，广州：广东人民出版社。

1976 年

23.［美］J. W. 库尔特著，陈一百等译：《斐济现代史》，广州：广东人民出版社。

1978 年

24.［美］J. B. 康德利夫、［新］W.T.G. 艾雷著，陈一百等校：《新西兰简史》，广州：广东人民出版社。

25.《"教育不全是上层建筑"的阐明对教育科学研究的启发》，《学术研究》第4期。

1980 年

26.《思想教育辩证法》(与孔棣华合撰)，《广东教育》第7期。

1981 年

27.《试论教育本质的三种属性》(与孔棣华合撰)，《学术研究》第1期。

28.《做好教育的普及和提高工作》，《教育研究》第8期。

1982 年

29. 叶佩华、陈一百等编:《教育统计学》，北京：人民教育出版社。

30.《学业成绩检查与评定初探》，《教育研究》第7期。

31.《同心同德，办好师院——在干部会议上的讲话》，《广州师院学报》，9月。

1983 年

32.《试论高等师范院校学生的培养方向》(与孔棣华合撰)，《民进》第3期。

1984 年

33.《一九八三年广州市升高中数学考试卷的统计分析》，《广州师院学报》第1期。

34.《考试命题标准化的设想——设计一个考试蓝图》(与梁慕超等合撰)，《广州师院学报（自然科学版)》第1期。

35.《试谈广东高校重点学科建设问题——教育测量与统计学发展浅议》，收录于孔棣华选编：《陈一百教育文选》，广州：广东高等教育出版社1989年版。

36.《广东高校重点科学技术研究项目浅议》，收录于孔棣华选编：《陈一百教育文选》，广州：广东高等教育出版社1989年版。

1985 年

37.《对高师体育系“体育测量学”大纲的点滴意见》，收录于孔棣华选编：《陈一百教育文选》，广州：广东高等教育出版社1989年版。

38.《F.G.勃朗原著〈教育与心理测量原理〉简介》，收录于孔棣华选编：《陈一百教育文选》，广州：广东高等教育出版社1989年版。

39.《尊师重教，育才兴邦》，《民进》第9期。

40.《从历史发展趋向看学业成绩考评方法的现代化》，《教学参考》第20期。

1986 年

41.《加速教育改革　提高教育质量》，《高教探索》第3期。

1987 年

42.《百年大计　教育为本》，《广东民进》第 4 期。

43.《博采众长，探索教育理论——为十二省市教育学院合编的〈教育学〉而写的序》，收录于孔棣华选编：《陈一百教育文选》，广州：广东高等教育出版社 1989 年版。

1988 年

44.《现代教育是发展生产力的决定因素》，《文教信息》第 17 期。

1989 年

45.《与测量学界同行论学术书稿杂辑》，收录于孔棣华选编：《陈一百教育文选》，广州：广东高等教育出版社 1989 年版。

46.《布卢姆的精通学习理论》，收录于孔棣华选编：《陈一百教育文选》，广州：广东高等教育出版社 1989 年版。

图书在版编目（CIP）数据

教育必须是科学的：陈一百教育文选/ 陈一百著；裴云选编.
--北京：开明出版社，2023.1
（开明教育书系/蔡达峰主编）
ISBN 978-7-5131-7727-6

Ⅰ.①教… Ⅱ.①陈… ②裴… Ⅲ.①教育科学-文集
Ⅳ.①G40-53

中国版本图书馆 CIP 数据核字(2022)第 190527 号

出 版 人：陈滨滨
责任编辑：乔 红 张慧明

教育必须是科学的：陈一百教育文选
JIAOYUBIXUSHIKEXUEDE：CHENYIBAIJIAOYUWENXUAN

出 版：开明出版社
（北京海淀区西三环北路 25 号 邮编 100089）
印 刷：保定市中画美凯印刷有限公司
开 本：710×1000 1/16
印 张：18. 25
字 数：235 千字
版 次：2023 年 1 月第 1 版
印 次：2023 年 1 月第 1 次印刷
定 价：60.00 元

印刷、装订质量问题，出版社负责调换。联系电话：（010） 88817647